Christian Strzoda

Tut das weh, wenn ich hier drücke?

Christian Strzoda

Tut das weh, wenn ich hier drücke?

Die besten Geschichten aus meinem Leben als Notfallsanitäter

riva

Bibliografische Information der Deutschen Nationalbibliothek:
Die Deutsche Nationalbibliothek verzeichnet diese Publikation in der Deutschen Nationalbibliografie. Detaillierte bibliografische Daten sind im Internet über http://d-nb.de abrufbar.

Für Fragen und Anregungen:
info@rivaverlag.de

Originalausgabe
1. Auflage 2020

Nymphenburger Straße 86
D-80636 München
Tel.: 089 651285-0
Fax: 089 652096

Redaktion: Caroline Kazianka
Umschlaggestaltung: Georg Feigl
Umschlagabbildung: © Vreni Solms; shutterstock/s_maria
Satz: Digital Design, Eka Rost
Druck: CPI books GmbH, Leck
Printed in Germany

ISBN Print 978-3-7423-1085-9
ISBN E-Book (PDF) 978-3-7453-0716-0
ISBN E-Book (EPUB, Mobi) 978-3-7453-0717-7

Weitere Informationen zum Verlag finden Sie unter

www.rivaverlag.de

Beachten Sie auch unsere weiteren Verlage unter
www.m-vg.de

Für meine Loni,
mit der ich die Weltherrschaft an mich reißen werde! :)

Und für meine Katze Herrn Schneider, die mir tausend Mal erfolgreich demonstriert hat, dass die felinen Bedürfnisse deutlich wichtiger sind, als die Kapitel dieses Buches in mein Textverarbeitungsprogramm zu tippen. Es machte ihr tierischen Spaß, für das Titelfoto zu posieren. Dafür versteht sie nicht, weshalb sie Herr, und nicht Frau Schneider genannt wird.

Inhalt

Auf ein Neues

Wenn man ein Staatsexamen bestanden hat, heißt das noch lange nicht, dass man seinen Job auch sicher beherrscht. Im Rettungsdienst gibt es Eventualitäten und viele Komplikationen, die Ihr Retter-Leben in einen Scherbenhaufen verwandeln können und die Sie professionell und routiniert im Auge behalten müssen. Es treten Zustandsänderungen auf, die man niemals erwartet hat. Oder der Patientenzustand geht rapide und steil bergab. Wenn einem in der Situation nichts Passables einfällt, fährt man mit dem Patienten zusammen auf direktem Weg in die Hölle – man selbst, weil man versagt hat, und der Patient, weil er das nicht überlebt.

Als Praktikant im Rettungsdienst bewegte man sich noch auf sicherem Terrain. Man hatte den verantwortlichen Rettungsassistenten dabei, der jederzeit in die Bresche springen konnte, wusste man als Praktikant nicht weiter. Man trat dann einen Schritt zurück, hob die Hände und sagte: »Könntest du bitte übernehmen? Danke.« Je nachdem, ob der Praktikant während seiner Ausbildung eine funktionsfähige Verbindung zwischen Theorie und Praxis herstellt, kommt er im Anschluss sicher oder weniger sicher durch das Rettungsdienstleben. Irgendwann war es bei mir so weit: Ich hatte meine Urkunde, einen Dienstvertrag und eine Menge Motivation, Menschen auf professionellem Niveau zu helfen. Der verantwortliche Kollege war ab diesem Zeitpunkt ich. Einen meiner ersten Dienste als Rettungsassistent Mitte der neunziger Jahre werde ich nie vergessen.

Die Rettungsleitstelle schickte Lenny und mich zu einer »unklaren Befindlichkeitsstörung«. Das ist ein fantasievolles Einsatzstichwort, wenn man bedenkt, dass die Leitstelle mit ein oder zwei Fragen den Sachverhalt genauer hätte ermitteln können. Der Disponent hatte hier äußerste Flexibilität hinsichtlich Verdachtsdiagnose und Abfragekompetenz bewiesen. Als Lenny den beigen Mercedes 312 mit quietschenden Reifen in der sommerlichen Mittagshitze vor dem Wohnkomplex geparkt hatte, schafften wir unseren Kram in den dritten Stock. Das Treppenhaus war mit einem blauen Farbstreifen in Kopfhöhe verziert, der an manchen Stellen mit dem Weiß darunter verlaufen war. Wir betraten die Wohnung durch die geöffnete Wohnungstür. Lippert stand auf dem Klingelschild.

»Hallo. Wir sind vom Rettungsdienst. Was ist denn passiert?«, fragte ich die Frau, die rückwärts vor uns herlief und uns wie an einem unsichtbaren Seil hinter sich herzog. Lenny streifte eine Blumenvase mit der Kante des EKGs. Ein nasser Scherbenhaufen mit buntem Gemüse blieb zurück.

Herr Lippert stand in der Raummitte und hielt sich mit der linken Hand den Hals und mit der anderen die Brust. Sein blaues Business-Hemd schien ihm zu eng zu sein. Schweiß rann ihm die Stirn hinab. Er schien an starken Schmerzen und Atemnot zu leiden und wirkte, als zöge ihm jemand einen unsichtbaren Strick um den Hals zu. Seine Augen fixierten mich und schrien um Hilfe. Zu spät. Herr Lippert verdrehte die Augen und brach leblos auf seinem lachsfarbenen, dicken Wohnzimmerteppich zusammen. Ich höre es noch heute – die Schnappatmung des Sterbenden und die spitzen Schreie der Ehefrau, die mir wie eine Rasierklinge in den Rücken fuhren. Die Fenster standen offen, es roch nach Fritten und Sommerwind. Jemand unter uns kochte. Frau Lippert sagte, ihr Mann hätte sich gerade einige Male an die Brust gegriffen. Lenny packte den Mann, drehte ihn auf den Rücken und riss ihm mit einem Ruck das Hemd auf, dessen weiße Knöpfchen zur Seite sprangen. Ich packte die Geltube, trug das Gel auf die Paddles des orangefarbenen Defibrillators mit der Aufschrift

Corpus 300 auf und verteilte es mit kreisenden Bewegungen. Laden auf 160 Joule. Das Gerät bot nur diese und noch 320 Joule zur Auswahl an. Der Drucker des EKGs surrte automatisch los und dokumentierte alles in Form eines schmalen EKG-Streifens. Dann drückte ich die Paddles fest gegen den Brustkorb des Mannes, der mittlerweile tiefblau angelaufen war. Ein Dauerton, der in die Ohren stach – die Kondensatoren des Gerätes waren geladen. Ich zögerte. »Mann, drück endlich ab«, zischte Lenny in meine Richtung. Ich merkte, dass ich eine Hemmschwelle zu überwinden hatte. Für mich fühlte es sich an, als würde ich dem Patienten Schmerzen zufügen – und das, obwohl der Patient in diesem Moment tot war. Während der Defibrillation durfte niemand den Patienten berühren, und es war meine Aufgabe, dies sicherstellen. Ansonsten bestand durch den hohen Stromfluss Lebensgefahr für denjenigen, der Kontakt zum Patienten hatte. Niemand bewegte sich. Keiner atmete. Ich blickte zu Lenny, der mit seinem Blick »mach jetzt endlich was« signalisierte, und drehte meinen Kopf. Frau Lippert hielt sich beide Hände vor das Gesicht, starrte mich mit aufgerissenen Augen an und zitterte. Schweißperlen rannen ihr den Hals hinunter. Ich wandte mich wieder Herrn Lippert zu, dem mein allerletzter Blick vor der Stromabgabe galt. Gleichzeitig drückte ich beide Knöpfe der Paddles. Der Mann zuckte zusammen. Kurzes Innehalten und der Blick auf den Monitor. Die unkoordinierten Zacken auf dem EKG, die für den Tod stehen, waren in eine gleichmäßige, koordinierte Form übergegangen.

Ein Grund dafür, dass ich mich unwohl fühlte, war die Tatsache, dass dem Rettungsdienstpersonal anno 1996 Maßnahmen, die in die Unversehrtheit des menschlichen Körpers eingriffen, nicht erlaubt waren. Die Defibrillation mit einem manuellen Gerät war in den Augen der Akademiker eine rein ärztliche Maßnahme, von der der Nicht-Arzt schön brav die

Hände zu lassen hatte. Niemand sollte den studierten Medizinern schließlich die Butter vom Brot nehmen. Wenn ein Sanitäter einen venösen Zugang gelegt hatte, bekam er in manchen Kreisverbänden Ärger – bis hin zur Kündigung. Unglaublich, sagen Sie? Nein, Normalität. Eigentlich galt man unterm Strich als Taxifahrer mit medizinischem Hintergrundwissen. Der Grund war das Rettungsassistentengesetz, nach dem es dem Mitarbeiter nur gestattet war, als Helfer des Arztes tätig zu werden. Etwas in einen Menschen hineinzuschieben, hineinzustechen oder Strom anzuwenden war lediglich erlaubt, wenn ein rechtfertigender Notstand gegeben war. Übersetzt heißt das: War ein Mensch in Lebensgefahr und kein Arzt verfügbar, brach man das Heilpraktiker-Gesetz, um ein Leben zu schützen. Um ansonsten Heilkunde auszuüben, musste man aber Arzt oder Heilpraktiker sein. Die Ärztelobby schien riesig. Jeder, der hier eine Änderung durchzusetzen versuchte, kämpfte einen einsamen Kampf gegen Windmühlen. Dabei war eines sicher: Niemand wollte (Not-)Ärzte aus dem System der Notfallmedizin herausdrängen und ein Paramedic-System einführen, das unflexibel und starr erscheint. Stattdessen sollte nur versucht werden, das System zu verbessern.

Mittlerweile ist der Beruf des Rettungsassistenten abgelöst. Seit Anfang 2014 gibt es als höchste nicht-ärztliche medizinische Fachkraft in der Notfallmedizin den Notfallsanitäter, der mehr Möglichkeiten mit auf den Weg bekommen hat, um Menschen zu helfen. Im Gegensatz zum Rettungsassistenten darf der Notfallsanitäter explizit invasiv tätig werden, solange er aktuell gültige Leitlinien beachtet und die Grenze seines eigenen Könnens nicht überschreitet. Als Nicht-Arzt ist es aber sowieso ratsam, keinerlei Experimente am Patienten zu probieren und Maßnahmen durchzuführen, die man nicht sicher beherrscht. Der Haken an dieser Sache war für mich: Um den begehrten Titel

Notfallsanitäter zu erlangen, musste ich selbst als langjähriger Rettungsassistent ein zweites Staatsexamen ablegen. Und na ja – ganz ehrlich: Das ist der einzige Beruf, in dem man nach 30 Jahren erneut ein Staatsexamen absolvieren muss, um weiterhin seinem eigentlichen Job nachgehen zu dürfen. Einfach mies durchdacht.

Der Druck war immens, denn es gibt nur zwei Versuche, das Examen zu bestehen. Wenn man beide vergeigt, ist das Ende der Teerstrecke erreicht: Notfallsanitäter ade. Ab spätestens 2024 dürfen die Betreiber Rettungsassistenten bundesweit aber nur noch als Beifahrer in einem Krankentransportwagen oder als Fahrer in einem Rettungswagen einsetzen. Das Zepter hält ab diesem Zeitpunkt ein Notfallsanitäter in den Händen. Für mich war daher glasklar: Ich musste das Staatsexamen zum Notfallsanitäter bestehen. Und am besten gleich beim ersten Versuch.

Gesagt, getan. Im Winter des Jahres 2016 saß ich schweißgebadet nach einer harten, aber fairen Prüfung im Vorraum zwischen einem alten Kicker und einem Getränkeautomaten und wartete darauf, dass man mich zum Blutgerüst rief. Zwei Prüflinge vor mir kamen mit leeren Händen und eckigen Gesichtern aus dem Lehrsaal. Jeder von uns wusste, was die Stunde geschlagen hatte. Einer der beiden hatte feuerrote Augen. Die Typen griffen nach ihren Unterlagen und verzogen sich, ohne ein Wort über das Desaster zu verlieren. Trotz der Kühle draußen fühlte ich mich, als wäre ich in Timbuktu. Das Aroma von eingetrocknetem Kaffee und der Geruch des Angstschweißes der Anwesenden stießen eine Lanze in meinen olfaktorischen Cortex. Mein olivgrünes Shirt klebte an meinem Körper, als jemand meinen Namen aufrief. In diesem Moment war es mir egal, ob man Schweißflecken sehen oder mich riechen konnte. Ich spürte meine Herzfrequenz, meinen Blutdruck und einen pochenden

Kopfschmerz. Es fühlte sich an, als würde mir jemand in der Geschwindigkeit meines Herzschlags rhythmisch in die Eier treten.

»Wir waren uns nicht ganz einig, weil Sie dem Patienten im mündlichen Fallbeispiel Dormicum in die Vene gejubelt haben.« Hatte ich mich gerade noch gefühlt wie in der Sahara, befand ich mich plötzlich in der Arktis. Vor meinem geistigen Auge lief der Film ab, den ich zwei Stunden zuvor live erlebt hatte. In dieser Situation, die der Prüfer bildreich beschrieben hatte, hatte ich auf theoretischer Basis einen Mann in den Zwanzigern zu versorgen. Der Mann hatte einen epileptischen Anfall, als mich das Prüfungskomitee in diese Szene beamte. Ich sagte, dass ich ihm einen venösen Zugang legen und Midazolam geben würde. Ein Benzodiazepin, das die Pharmaindustrie auch unter dem Handelsnamen »Dormicum« vertreibt. »Ah ja?«, meinte einer der drei Prüfer, den man mir vorher als Arzt vorgestellt hatte und der scheinbar das Ruder in der Hand hielt. Ich wähnte dies als Versuch, mich zu verunsichern, und blieb bei meinem Vorgehen, das Medikament zur Anwendung zu bringen. Bei der Nachbesprechung fragte mich der Arzt, weshalb ich kein Lorazepam gegeben habe, wie es die Ärztekammer bei den zukünftigen Notfallsanitätern gern sähe. Dass uns in meinem Rettungsdienstbereich nur Midazolam zur Verfügung stünde, schien ihn nicht sonderlich zu beeindrucken. Er quetschte mich daraufhin wie eine Limette bis zum letzten Tropfen über Benzodiazepine aus. Ich war froh, dass ich über die Pharmakologie dieser Stoffgruppe und zu allem, was zu GABA-Rezeptoren und deren Effekt gehörte, bestens Bescheid wusste – wie auch über alles, was danach folgte. »Aber … Sie haben gar keine Kontraindikationen abgefragt, bevor Sie das Medikament in den Patienten gespritzt haben …« Ein Schauer durchfuhr mich. Mir war danach zu rülpsen. Hätte ich vorhin die Cola nur nicht so in mich hineingeschüttet. Ich überlegte. Dann fiel mir ein, dass man in unserem Algorithmus einen Krampfanfall behandeln muss, bevor die Anamnese und die Frage nach Allergien erfolgt. Somit war ich fein raus. Der Arzt verzog keine Miene, machte scheinbar einen Haken auf seinem Blatt und stellte die nächste Frage. Die Luft aus meinem oberen Verdauungstrakt blieb zum Glück dort, wo sie mir bis zum Ende der Prüfung noch reichlich Unbehagen bereitete.

»... haben Sie trotz aller Kritik ein sehr hohes Maß an Fachwissen gezeigt«, ploppte meine Denkblase weg. Der Prüfer schüttelte mir die Hand, sagte, dass ihn auch die makellose praktische Prüfung beeindruckt hätte, und drückte mir die lieblos gestaltete Bestätigung in die Hände. Ich grinste debil, las »bestanden« und »Notfallsanitäter« und wankte aus dem Raum. Die Prüfung war vollbracht. Der ganze Aufwand und die monatelange Lernerei hatten sich gelohnt.

Ich kann immer noch aus tiefster Überzeugung sagen, dass ich 1994 die richtige Entscheidung getroffen habe, als ich in den Rettungsdienst ging. Für mich persönlich ist der Beruf des Notfallsanitäters einer der besten und spannendsten Jobs, die man ergreifen kann – selbst wenn wir häufig zwischen Tod und Zerstörung agieren und in Abgründe blicken, die Sie sich nicht mal im Traum vorstellen können. Als ich die Notfallsanitäter-Urkunde einige Tage nach meiner Prüfung endlich aus meinem Briefkasten fischte und betrachtete, musste ich an einige der Notfälle denken, die ich im Laufe meiner Zeit im Rettungsdienst erlebt habe. Einige der eindrucksvollsten Geschichten habe ich für Sie aufgeschrieben. Machen Sie sich einen Kaffee, suchen Sie sich ein gemütliches Plätzchen und lassen Sie sich von mir unterhalten, denn auf diese Einsätze nehme ich Sie jetzt mit. Schön, Sie wieder dabei zu haben.

Herr Lippert hat seinen Herzstillstand damals übrigens überlebt. Wir brachten ihn mit notärztlicher Unterstützung in ein

Herzzentrum, wo sein Infarkt der Hinterwand im Herzkatheter-Labor ohne Folgeschäden beseitigt wurde. Vor Kurzem, 25 Jahre nach diesem Einsatz, habe ich ihn in einem Einkaufszentrum mit seiner ergrauten Ehefrau an der Käsetheke stehen sehen. Die Gesichter der beiden habe ich nie vergessen.

Fontäne des Todes

Das Oktoberfest – in Bayern nur die »Wiesn«. Für den einen ein glitzerndes, überdimensionales Volksfest, für Tausende von Menschen jeder Altersklasse die Möglichkeit, sich zwei Wochen pro Jahr in der Öffentlichkeit hemmungslos gehen zu lassen. Wenn Sie die Wiesn besuchen, kommen Sie, je nach Route, am sogenannten Kotzhügel vorbei. Das eindrucksvolle Schauspiel, das sich in den beiden Ausnahmewochen dort abspielt, könnte dem ein oder anderen den Appetit auf Bratwurst, Bier und Brezn gehörig verderben. Da lehnen gestandene Mannsbilder verloren an leidenden Bäumchen und pissen in eindrucksvollem Strahl in die Prärie. Direkt daneben können Sie sich das Pornokino sparen und fremden Pärchen beim Vögeln und kunstvollen Blowjobs in allen möglichen Positionen zusehen. Mal mehr, mal weniger schön. Keine zwei Meter weiter entledigen sich andere ihres Sauerbratens und der fünf Maß rückwärts. Sie sehen – auf dem Hügel ist für jede Gesinnung etwas dabei. Das Blöde für uns Retter in diesem Spiel: Wer auf die Wiesn gefahren ist, muss danach auch wieder nach Hause. Die Rettungsdienste direkt um die Wiesn beneide ich nicht, weil sie ausschließlich als Entgiftungs-Shuttle ins Krankenhaus gebraucht werden.

Die Wiesn selbst befindet sich in der nahe gelegenen Großstadt. Folglich ist sie zu weit entfernt, als dass wir im Außenbezirk normalerweise mit richtig betrunkenen Menschen von dort zu tun bekämen. Das Problem ist nur, wenn man mit dieser Annahme in die Nachtschicht geht, trifft einen Edward Murphys Gesetze wie ein Faustschlag: Was schiefgehen kann, geht schief. Und es wird in der ungünstigsten Reihenfolge passieren. Und: Der Patient wird Sachen tun, zu denen er nüchtern nicht in der Lage wäre.

20:15 Uhr: Lenny hatte sich gerade seine frisch eingeschenkte Tasse Kaffee in den Schritt gekippt und winselte vor sich hin. »Top, noch keinen Einsatz gehabt und schon Flecken auf der Hose«, spottete ich. Als der Piepser ging und uns die Leitstelle alarmierte, befand Lenny sich gerade auf halbem Weg in die Umkleide. Er hieß den Disponenten, der überhaupt nichts dafürkonnte, einen Blödmann und legte einen Schritt zu, um sich eine neue Hose anzuziehen, stolperte über die oberste Treppenstufe und fluchte wieder. Manchmal kommen Einsätze aber auch so ungünstig, dass man den Eindruck gewinnen kann, in der Wache seien überall unsichtbare Kameras angebracht und der Disponent habe Monitore, um uns zu beobachten. Wenn die Situation für uns dann am ungünstigsten ist, drückt er mit hämischem Grinsen aufs Knöpfchen für einen Einsatz, den er selbst generiert hat. Auf dem Datendisplay las ich von einem Einsatz am Bahnhof.

»Siehst du irgendwas?« Lenny bog in den Bahnhofsvorplatz ein. Ein Bus verließ die überdachte Haltestelle in der Platzmitte und bewegte sich auf die Hauptstraße zu. Menschen strömten in Richtung S-Bahn, die wohl in einigen Minuten einfahren sollte. Sieben Taxen standen auf dem Taxiparkplatz. Ungefähr in der Mitte dieser Schlange sah ich drei junge Leute mit Rucksäcken und zwei Taxifahrer. Sie unterhielten sich mit einer Dame in den Vierzigern. Am dahinterliegenden Kiosk standen Menschen Schlange. Lenny fuhr langsam um den Platz herum. Niemand machte sich bemerkbar.

»Ich sehe nichts«, sagte Lenny, nahm den Funkhörer und drückte den Status Fünf. Normaler Sprechwunsch.

»1/83/1, kommen Sie.«

»Da ist niemand. Könnten Sie zurückrufen?«

»Machen wir.«

Wir fuhren noch eine Runde und blieben schließlich am Ende der Taxireihe stehen. Irgendwann kam einer der jungen Typen langsam zu uns. Ich ließ das Fenster herunter.

»Entschuldigung, sehen Sie uns denn nicht?«

»Was denn bitte?«, sagte ich.

»Da vorne. Die Frau dort. Deswegen haben wir Sie bestellt.«

»Sehen wir so aus, als ob wir hellsehen könnten?«

»Aber dort ist die Dame.«

»Sie hätten ja mal kurz winken können, als wir hier zweimal im Kreis an Ihnen vorbeigefahren sind. Ich habe meine Glaskugel heute nämlich zu Hause vergessen.« Lenny ließ den Motor an und rollte zu dem Pulk. Wir stiegen aus.

»Was ist hier los?«, fragte ich und blickte in erstaunte Gesichter.

»Also … ja … diese Dame hier ist betrunken und wäre beinahe umgefallen.«

»Und was genau soll ich mit dieser Dame machen?« Ich sah aus dem Augenwinkel, wie Lenny sich mit einem Grinsen abwandte. »Mit nach Hause nehmen und ins Regal stellen?«

»Nein. Aber ins Krankenhaus fahren.«

»Ins Krankenhaus? Jemanden, der noch selbstständig laufen kann? Eher nicht.« Die Gesichter der drei Typen froren ein.

»Aber die hat sich am Spiegel dieses Taxis festgehalten und ihn kaputt gemacht.«

»Haben Sie sich verletzt?«, drehte ich mich zu der Dame.

»Nnneijn, hab'ch nich. Ich bin nur gschtolpert.« Klar. Alkohol war hier eindeutig im Spiel. Aber jeder hat das Recht, betrunken zu sein.

»Um den Spiegel tut es mir sehr leid«, fuhr ich zu dem Typen gewandt fort, »aber wir sind nicht von der Bahnhofsmission. Wenn diese Dame irgendetwas beschädigt hat, rufen Sie bitte die Polizei. Das kann ich jetzt auch für Sie übernehmen, da ich eh schon mal hier bin.« In diesem Moment rollte eine Polizeistreife auf den Bahnhofsplatz und blieb direkt hinter uns stehen. Offenbar hatte die Leitstelle diese zusätzlich benachrichtigen lassen, weil der Einsatz im öffentlichen Bereich stattfand. Einer der beiden Polizisten kam zum Rettungswagen. Ich erläuterte den Sachverhalt. Der Polizist schüttelte den Kopf: »Das ist wohl nichts für euch, oder?« Ich verneinte. In diesem Moment gibt es nur wenige Möglichkeiten: Entweder wird der Betroffene in ein Taxi gesetzt, das ihn nach Hause fährt, oder er ist zu stark alkoholisiert, um ihn einfach so gehen zu lassen. Die Polizei trifft hier eine besondere Pflicht. Das Zauberwort heißt: Garantenstellung. Der Garant ist die Polizei, die wegen ihrer besonderen Amtsstellung dafür sorgen muss, dass dem Betroffenen nichts passiert. Diese Pflicht haben wir vom Rettungsdienst zwar auch – aber nur, wenn der Patient einer nachfolgenden Einrichtung, wie einem Krankenhaus, übergeben werden kann. Wenn wir an dieser Stelle nicht weiterkommen, müssen wir auf die Hilfe der Ordnungshüter zurückgreifen. Die Dame hatte blöderweise kein Geld in ihrer Tasche, weil sie alles auf der Wiesn gelassen hatte. Sie mit einem Taxi nach Hause zu schicken fiel also aus. Der Polizist hätte die Dame mit seinem Streifenwagen nach Hause fahren können. Das Problem war nur, dass die Dame in die falsche S-Bahn eingestiegen und in die entgegengesetzte Richtung gefahren war. Der Polizist machte also kurzen Prozess: Er nahm die Dame in polizeilichen Gewahrsam. Sie durfte die Nacht in einer unkomfortablen Zelle verbringen und konnte am darauffolgenden Tag ausgenüchtert nach Hause fahren. Übernachtung ohne Frühstück und Zimmerservice für 60 Euro pro Nacht. Für die Kohle hätte ich mir Schöneres vorstellen können.

»Zum Imbiss?«, fragte Lenny. Ich nickte. Die Schlange beim Türken um die Ecke war enorm lang. Aber es lohnte sich. Auch wenn Lennys Figur ein wenig Zurückhaltung verdient hätte, zwei Döner mussten es sein. Als ich sah, wie die saftigen Fleischstücke vom Spieß in den Behälter fielen, lief mir das Wasser im Mund zusammen. Besitzer Mert füllte das Fleisch in das gebräunte Brötchen, dann kamen Joghurtsoße, Zwiebeln und Salatblätter in verschiedenem Grün dazu. Die Vorfreude, gleich in diese gefüllte Teigtasche zu beißen, wurde jäh vom Alarmempfänger unterbrochen. »Betrunkener am Bahnhof«, kam aus dem Lautsprecher des Melders. Na super. Wieder kein Essen, dafür zurück zum Bahnhof.

Da der Dönerverkauf direkt um die Ecke lag, hatten wir eine Anfahrtszeit von einer Minute. Auf dem Parkplatz direkt am Abgang zur S-Bahn-Unterführung saß ein junger, krankhaft abgemagerter Typ auf dem Boden. Er trug ein zerkratztes, schief sitzendes, schwarzes Guccibrillenimitat, eine angegammelte rote Schiebermütze und ein verkotztes, eingerissenes Hemd mit Apple-Logo. Auch die Jeans hatte gehörig etwas abbekommen. Zwei Leute von der Bahn-Sicherheit standen um ihn herum. Das sah nach Ärger aus. Der eine von ihnen hatte Kotze am Hosenbein und am Schuh. Am hellblauen Hemd des anderen hatte der Typ sich offensichtlich die Hände abgewischt. Beide Bahn-Mitarbeiter sahen aus, als wäre ihnen das Lachen gründlich vergangen. Wir stiegen aus.

»Shhhchwixer. Lsst mch in Ruhe!« Der Typ schlug nach einem der beiden.

»Hallo. Wir sind vom Rettungsdienst. Was ist denn los?«, fragte Lenny.

»Aaaschlöscherwixerpenner. Lass mch innn Ruh!« Er schrie so laut, dass nun auch der Letzte am Bahnhof auf die Szene aufmerksam wurde.

»Wir wollen nur helfen«, sagte ich, dachte aber etwas ganz anderes.

»Nnnejn, lass mich«, nuschelte er noch, dann verstummte er. Der Oberkörper kippte zur Seite, das Kinn glitt auf die Brust. Der Typ lehnte am Bein des Bahn-Mitarbeiters mit der vollgekotzten Hose.

»Eingepennt«, bemerkte Lenny, der den Rucksack öffnete und die Blutdruckmanschette herausnahm. »Kannste dir schenken. Oder willst du putzen?« Lenny packte die Manschette weg, ging zum Rettungswagen und holte die Trage.

»Der Typ hat in der Bahn herumgepöbelt. Kommt vermutlich von der Wiesn. Er ist ständig weg«, erklärte einer der Bahnmitarbeiter.

»Das sehe ich.« Ich beugte mich zu dem Typen hinunter und stupste ihn an. Er riss die Arme nach oben und drehte sich zu mir. Ein dicker Strahl Kotze traf meine orangefarbene Einsatzjacke.

Wir packten ihn auf die Trage. Einer links und einer rechts. Dann lag der Typ in unserem Wagen.

»Schhh will nnnicht mit.«

»Bleib liegen. Wir bringen dich in die Klinik. Da kannst du pennen bis Weihnachten«, sagte ich, drehte mich zu Lenny, der mittlerweile am Funk war, um ein freies Bett zu suchen.

»Warst wohl auf der Wiesn und hast 'ne Menge Kohle versoffen, mh?«

»La la laaaaa laaaaaaaa«, sang der Typ, der immer wacher wurde. Ich erkannte die Melodie von »Final Countdown«. Plötzlich hielt er inne. Seine Augen wurden größer. Auch Lenny und ich verstummten, als hätte jemand die Pause-Taste gedrückt. Sein Kopf bewegte sich in Zeitlupe. Erst nach links, dann nach rechts. Irgendetwas passierte. Er stieß auf und wirkte, als würde sich in ihm Druck aufbauen. Dann würgte er. Weshalb keiner von uns reagierte und ihm einen Kotzbeutel vor das Gesicht hielt, weiß ich nicht. Oder wenigstens versuchte, das Shirt in die Hose zu stecken und anschließend den Kragen über den Mund zu ziehen. Dann hätte das Erbrochene zumindest nicht nach außen kommen können – auch wenn das dem Krankenhauspersonal gegenüber nicht gerade fair gewesen wäre.

Da war sie, die Fontäne des Todes. Kotze, die in einem dicken Strahl aus dem Mund des Typen schoss. Lenny sprang zur Seite, schaffte es aber nicht rechtzeitig. Dann fing der Typ an, beim Brechen seinen Kopf zu drehen. Läuft der Film jetzt vor Ihrem geistigen Auge ab, und Sie stellen sich das bildlich vor? Ich kann Ihnen eines sagen: Sie liegen garantiert falsch. Kennen Sie die wasserspeiende Blume zum Rasengießen? Genau. So funktioniert ein vor sich hin kotzender Mensch, der den Kopf in alle nur erdenklichen Richtungen dreht und dabei »Rääääääääääää ääääääääääääääääääää« schreit. Mir war bis dato nicht klar, dass jemand so Dürres so viel Flüssigkeit und Essen in sich haben und mit hohem Druck in einem Rettungswagen verteilen konnte. Ich konnte erkennen, dass der Typ Rettich und Obazten gegessen hatte. »Obatzter« ist etwas typisch Bayerisches und besteht aus Butter, stinkendem Käse, Zwiebeln und Bier und weist eine weich-klebrige Konsistenz auf. Das hört sich genauso übel an, wie es schmeckt. Besonders eklig ist es, wenn man das Gemisch aus Obatztem, Bierbrühe und Gallensekret von der Seitenwand des Rettungswagens kratzen darf. Mir stiegen die Tränen in die Augen, denn der scharfe Geruch nach Zwiebelgallenbierstinkerkäse machte das Ganze auch olfaktorisch zu einem Highlight.

Den Typen interessierte das Ganze nicht mehr. Er war inzwischen auf unserer Trage eingeschlafen und schlummerte vor sich hin. Plötzlich hielt ein Streifenwagen hinter uns. Zwei junge Polizistinnen stiegen aus. Ich öffnete die Seitentür. Die eine Polizistin steckte ihren Kopf herein und hielt inne. Nur die Augen bewegten sich und scannten das Innere des Rettungswagens ab. Nicht nur die Wände waren getroffen. Gelber Schleim hatte Spuren am EKG und am darunter befindlichen Absauger hinterlassen. Irgendwelche schleimigen Brocken lagen am Boden verteilt. Das Beatmungsgerät hatte auch etwas abbekommen.

»Ach du Sch…«

»Genau richtig. Möchtest du hereinkommen?«, fragte ich und wischte meinen Ärmel mit einem Tuch ab. »Pass auf, dass du nicht ausrutschst.«

»Also die Personalien brauche ich schon. Der von der Bahn möchte vielleicht Anzeige erstatten.«

»Dann komm.« Die Polizistin betrat den Wagen, erst die eine, dann die andere Stufe. Sie hatte leider nicht mit der rutschigen Konsistenz gerechnet, obwohl ich sie gewarnt hatte. Als ihr Fuß in den Schleim-See nahe dem Einstieg trat, rutschte sie weg. Die Polizistin versuchte sich zu halten, verfehlte aber den Griff, der sie gerettet hätte. Dann wurde es nass und klebrig. Sie saß mit ihrem Hintern in der Kotze. Damit war dieser Tag auch für die Kollegin von der Polizei mit Sicherheit gelaufen. Aber die Personalien hat sie zumindest erhalten.

Lenny bremste vor der Nothilfe des Krankenhauses, stieg aus und öffnete die Hecktüren. Dann fasste er mit beiden Händen die Griffe des Tragetisches und zog ihn sachte aus dem Auto. Nun musste er ihn noch absenken, um die Trage mit dem Typen darauf rauszufahren. Lenny drückte einen Knopf, der rechts am Tragetisch angebracht war. Der Tisch senkte sich mit einem Surren. Der Typ, der selig schlummerte, hatte aber noch eine Überraschung parat. Pisse rann in einem Rinnsal die Trage hinunter – und plätscherte Lenny entgegen, der das Gesicht verzog, als hätte er in eine Zitrone gebissen. Der Typ hatte sich um mindestens 1 Liter davon auf die Trage erleichtert. Die Nieren schienen auf jeden Fall zu funktionieren. Lenny hatte bereits entriegelt. Einfach loslassen und zur Seite treten ging nicht, denn sonst wäre die Trage unkontrolliert aus dem Rettungswagen gestürzt. Die warme, hellgelbe Körperflüssigkeit lief auch am Tragegestell herunter und hinterließ eine Spur in die Notaufnahme. Sie können sich vorstellen, dass wir froh waren, als wir den Typen umgelagert hatten und das Krankenhaus wieder verlassen konnten.

Nach zwei Stunden Putzerei hatten wir unsere Einsatzbereitschaft wiederhergestellt. Mit frischen Klamotten bestückt war zumindest Lenny, der den gröbsten Teil abbekommen hatte, der Appetit auf Döner vom Spieß gehörig vergangen. Eine komplexe Verschaltung im Bereich des olfaktorischen Cortex, der der Wahrnehmung und Verarbeitung von Gerüchen dient, sorgte dafür, dass wir den Geruch noch Stunden später in der Nase hatten.

Es war nach Mitternacht, als der Alarmempfänger zum dritten Mal in dieser Schicht losging. Ich saß bereits im Rettungswagen, als Lenny völlig zerstört in die Fahrzeughalle kam. Er hatte einige Nachtdienste hinter sich und konnte tagsüber nicht vernünftig schlafen. Als er das Display sah, schlug er mit beiden Händen auf das Lenkrad: »S-Bahnhof Gleis 2, C2. Pat sitzt in S-Bahn Nummer 2«. C2 steht kurz für »Alkohol« und leitet sich von der chemischen Formel C2H5OH ab.

Als wir auf den Bahnhofsvorplatz rollten, war nichts von einer S-Bahn zu sehen. Am Bahnsteig, über den die Gleise 1 und 2 erreichbar waren, standen die beiden von der Bahn-Sicherheit. Auf einer Bank saß ein Typ in den Zwanzigern. Sein rot kariertes Trachtenhemd hatte schon bessere Zeiten erlebt. Die Hose war mit braunen Spuren verziert, von denen ich nicht wirklich wissen wollte, was genau es war. Er hatte eine Plastiktüte neben sich liegen, in der eine Bierflasche verpackt war.

»Vielen Dank euch. Wir kümmern uns drum«, sagte ich zu den beiden, die uns viel Spaß wünschten und den Bahnsteig verließen. Der eine meinte noch, der Typ heiße Toni. Ich stupste ihn an.

»Toni?«

»Mmmmhh.«

»Wach auf. Du kannst hier nicht pennen.« Der Kerl stank wie eine Bierbrauerei.

»Hau ab, du …«, grummelte er. Gut, Toni war zumindest so klar, dass er reagieren konnte.

»Mist. Jetzt müssen wir den die Treppenstufen runtertragen«, sagte Lenny. »Runterlaufen dürfte in dem Zustand nicht gehen.«

»Wir könnten den an die Polizei verschachern«, sagte ich. »Eine Übernachtung ohne Zimmerservice und Frühstück, und die Sache ist geritzt. Bringt uns zwar Minuspunkte, aber was solls.«

»Die nehmen den nicht. Dafür ist er zu voll.« Lenny sah zur Bahnhofsuhr, dann wieder zu mir.

»Hast du sonst noch eine brillante Idee?«, wandte ich mich an Lenny, dem das Fragezeichen förmlich im Gesicht stand. »Gut, ich auch nicht.« Ich drehte mich wieder zu Toni und versuchte, ihn zu wecken. In dem Moment tauchten zwei Lichter am Horizont auf. Die letzte S-Bahn, die in Richtung Innenstadt unterwegs war. Ich prüfte, ob die Typen von der Bahn-Sicherheit noch zu sehen waren. Aber nein. Die Luft war lupenrein. Auch sonst war der Bahnhofsbereich menschenleer. Perfekt. Jetzt durfte nur niemand in der S-Bahn sein. Dann würde mein Plan gelingen.

Die Bahn rauschte an uns vorbei. Bremsen kreischten. Der kühle Fahrtwind roch typisch nach Zug.

»Los, komm!«, sagte ich zu Lenny, der mitmachte, ohne Fragen zu stellen. Einer links, einer rechts. Wir halfen dem Typen auf. Die paar Schritte gingen schon. Tonis Kopf hing nach unten, das Kinn auf der Brust. Die Schritte alkoholschwer, das Grinsen likörselig. Der Mann summte irgendwelche Schlager, die er vermutlich in einem Wiesn-Zelt aufgeschnappt hatte.

»Er hat aber keine Fahrkarte«, grinste Lenny.

»Die hatte er auf dem Weg hierher mit Sicherheit auch nicht«, grinste ich zurück und drückte den Türöffner. Wir hatten nicht viel Zeit, Toni auf einen der Sitze zu platzieren. Er legte sich von selbst auf zwei Sitze und machte es sich bequem. Na also. Dann hörte ich nur noch Schnarchen.

»Gute Nacht und gute Fahrt«, sagte ich. Dann verließen wir die S-Bahn und sahen den beiden roten Rücklichtern nach, bis die S-Bahn am Horizont verschwunden war.

Todesengel

Als wir an der Einsatzstelle eintrafen, war es gerade 9 Uhr vorbei. Das Gesicht des dicken, bärtigen Mannes war aschfahl, als hätte man ihm das Blut abgelassen und die Haut zusätzlich mit Talkum bestäubt. Die Lippen schienen seltsam violett und geschminkt, waren es aber nicht. Der kalte Schweiß roch nach Adrenalin. Er rann an manchen Stellen in Tropfen hinab, die mich an den Morgentau auf einer Blüte erinnerten. Der Mann saß auf der abgelassenen, rostigen Ladefläche seines weißen Siebeneinhalbtonners mit der orangefarbenen Aufschrift einer großen Bäckereikette. Sein Auftrag war es, frische Backwaren auszuliefern. Er hatte Angst. Todesangst. Rang nach Luft, fasste sich immer wieder an die Brust und war in sich zusammengesunken.

»Es geht nicht mehr«, stöhnte er, »ich kriege keine Luft.« Er sah uns an. Es roch nach frischen Croissants und nach den Abgasen der Autos, die die Hauptstraße entlangfuhren. Als ich vor dem Mann kniete und die EKG-Kabel aus der Gerätetasche nahm, stand in meiner Vorstellung ein Abgesandter aus einer Armee von Todesengeln neben ihm. Der Engel hatte die Hand auf dessen Schulter und den Kopf so gesenkt, dass das Gesicht von der Kapuze des überdimensionalen schwarzen Capes verdeckt und nur die schmalen, aufeinandergepressten Lippen zu sehen waren. Er blickte zu Boden und hatte seinen Schwingen ausgebreitet, bereit, seinen Auftrag zu beenden. Wir funktionierten wie ein Uhrwerk. Lenny legte einen Zugang. Ich klebte und schrieb ein EKG mit zwölf Kanälen, das innerhalb von zehn Minuten nach Patientenkontakt angefertigt sein muss. So wollen es die Leitlinien. Der Drucker des EKGs spuckte den rosafarbenen Papierstreifen surrend aus dem Schlitz aus.

Einen Tag zuvor hatte der Mann, der sich als Joachim vorstellte, seinen 35. Geburtstag gefeiert. Er hatte sich da schon nicht so wohl gefühlt. Die ganze Zeit hatte er Sodbrennen gehabt. Was war das nur? Hatte er zu viel von dem Federweißen getrunken, den er doch immer gut vertragen hatte? Oder waren es die Zwiebeln gewesen? Aber er mochte sie so gern und hatte sich von seiner Frau deshalb einen Zwiebelkuchen zum Geburtstag gewünscht. »Geh zum Arzt«, hatte seine Frau gedrängt. Sie hätte sich um alles gekümmert und die Spuren der Feier weggeräumt. Joachim aber wollte die Feier nicht unterbrechen. Schließlich waren einige Überraschungsgäste gekommen, und die wollte er nicht allein lassen.

»Morgen nach meiner Arbeit«, versprach er und feierte weiter, bis das Sodbrennen so schlimm wurde, dass er sich doch zurückziehen musste.

Am Morgen war es nach dem Aufstehen nicht besser. Joachim war ratlos, schmiss sich einen Magensäureblocker ein und ging zur Arbeit. Ihm war klar, dass er zu dick war. Das hatte ihm sein Arzt oft genug gesagt. Aber Joachim mochte das Essen und hasste Bewegung wie der Teufel das Weihwasser. Sein Vater war einige Monate zuvor den plötzlichen Herztod gestorben, drüben am S-Bahnhof auf dem Bahnsteig zu Gleis 1. Obwohl einige Passanten sofort eingegriffen hatten, war jede Hilfe zu spät gekommen. Das Herz hatte nicht mehr gewollt. Bei der Obduktion war ein Totalverschluss aller Hauptäste herausgekommen. Da hätte man mit dem Defibrillator danebenstehen können und nichts mehr ausgerichtet. Ende der Teerstrecke.

Joachim war bewusst, dass er umdenken musste. Abnehmen, Sport machen, gesünder essen. Vor allem musste er sich seine Einstellung zum Stress durch den Kopf gehen lassen. Stress und Adrenalin waren schlecht für den Sauerstoffverbrauch des Herzmuskels. Er musste endlich mehr Gelassenheit entwickeln. Aber einfach war das nicht für ihn.

Er fuhr in die Großbäckerei und belud seinen Lkw mit einem Hubwagen. Dann steuerte er die erste Bäckereifiliale an. Rückwärts in die Straße, Motor aus. Als er die Ladefläche heruntergelassen hatte, ging es nicht mehr. Er schluckte. Die Schweißperlen traten auf seine Stirn. Er sank auf seiner Ladefläche in sich zusammen. »Joachim? Kannst du die beiden Kisten mit den Süßwaren zuerst reinbringen?«, rief die Verkäuferin durch den geöffneten Seiteneingang. Sie stockte, sah ihn. Dann stürzte sie in die Bäckerei und wählte den Rettungsdienst-Notruf.

Door-to-Balloon: 90 Minuten, sagen die Leitlinien. 90 Minuten also, nach denen spätestens der verschlossene Ast in der betroffenen Arterie am Herzen aufgedehnt sein muss. Das ist weniger Zeit, als Sie annehmen, wenn Sie Versorgung, Anmeldeprozedur, Transport und die anschließende Übernahme im Krankenhaus miteinberechnen. Befinden Sie sich in einem Gebiet mit langen Transportwegen, wird es noch knapper.

»Das sieht wohl ziemlich übel aus, oder?« Joachim atmete, als lastete ein Sack Zement auf seiner Brust.

»Wir sind da und passen auf Sie auf«, sagte ich, riss den Streifen Papier aus dem Drucker des EKGs. Meine Augen folgten den Linien und analysierten sie. Der Sinusknoten sendet elektrische Impulse zum Antrieb des Herzmuskels aus, die über bestimmte Bahnen am Herzen weitergeleitet werden. Die elektrischen Ströme kann man mit einem EKG sichtbar machen. Fließt Strom auf eine Ableitungselektrode zu, sieht man das als positiven Ausschlag auf dem EKG. Entfernt er sich, geschieht das Gegenteil. Sie können so also auf dem EKG erkennen, welchen Weg der Strom im Herzen nimmt. Wenn durch einen Herzinfarkt ein Bereich des Herzmuskels nicht mehr durchblutet wird, kann der Strom an dieser Stelle nicht mehr weitergeleitet werden. Er geht dann einen anderen Weg. Und das können Sie im EKG genauso sehen wie die Position der Durchblutungsstörung. Beim Blick auf die Linien kristallisierte sich in meinem Kopf eine lebensgefährliche Diagnose heraus. Joachim hatte einen Herzinfarkt, der sogar einem Anfänger in der Notfallmedizin sofort ins Auge springen musste.

»Haben Sie Allergien auf Medikamente?«, wollte ich wissen. Joachim verneinte die Frage ebenso wie die nach der permanenten Einnahme von Präparaten oder Vorerkrankungen. Lenny hatte das Ampullarium vor sich liegen und zog verschiedene Präparate in unterschiedlich große Spritzen auf. Ein kardiogener Schock drohte durch das Pumpversagen. Der Blutdruck ging nach unten. Ich klebte sicherheitshalber die Defibrillationselektroden auf den Brustkorb. Erhoffe das Beste, aber rüste dich für das Schlimmste – mein Lieblingsmotto, das in der Notfallmedizin so passend war und das auch in diesem Moment wie eine Warnung in meinem Hirn herumtanzte. Wir entleerten die letzte Spritze in Joachims Vene. Dann legte er sich auf die Trage. Im Rettungswagen schlossen wir schnell alle Kabel an. Der EKG-Monitor piepte unrhythmisch vor sich hin. Lenny nahm den Funkhörer.

»Leitstelle, der RTW 1/83/1.«

»1/83/1, sprechen Sie.«

»Männlich, 35 Jahre alt, mit akutem Vorderwand-STEMI.« Im Rettungsdienst spricht man meist in Abkürzungen. Der STEMI ist eine gefährliche Variante des Herzinfarkts und bezieht sich auf die Form der EKG-Linie auf dem Papierausdruck. Warum hatte er so jung einen Herzinfarkt, dachte ich eine Viertelsekunde lang, dann ging die Schiebetür auf, und der Notarzt kam herein. Ich übergab die Situation.

»Benötigen eine Voranmeldung mit Herzkatheterbereitschaft. Patient instabil«, meldete Lenny der Leitstelle. Dann dauerte es einige Sekunden, bis der Disponent Joachim der Klinik angekündigt hatte.

»Sie sind in der Nothilfe Schwabing über IVENA angemeldet.« Lenny gab Gas, kam aber nicht weit. Das Piepen des EKGs und die Linien darauf hatten einen chaotischen Zustand angenommen.

Der Moment, in dem der Todesengel den Rettungswagen betritt und seine Schwingen ausbreitet, ist etwas Besonderes. Das ist der Moment, in dem der geordnete Herzrhythmus in ein Kammerflimmern umschlägt. Ein elektrischer Impuls, ausgelöst durch den Herzinfarkt, trifft eine besonders verletzliche Phase am Herzen. Die Stimmung im Rettungswagen war angespannt. Ich drückte den butterblumengelben Laden-Knopf am Defibrillator und stürzte zum Fenster, das zum Fahrerraum ging. »Sofort rechts ran und anhalten!«, rief ich Lenny nach vorne zu, der sofort scharf bremste. Während der Fahrt durfte ich nicht defibrillieren, da das zu gefährlich für den Notarzt und mich gewesen wäre. Das kleine Lämpchen an der kreisrunden ampelroten Schock-Taste forderte mich auf, zu drücken. Der Rettungswagen hatte angehalten. »Patienten nicht berühren …« Ich blickte zum Notarzt, der die Hände hob und mir so zeigte, dass er weit genug entfernt war, dann zu Joachim. »Schock in 3 – 2 – 1 …« Der letzte Blick galt Joachim. Ich drückte die rote Taste mit dem Blitz. TAKK! Das Relais feuerte den Strom ab. Joachims Körper zuckte, wie man es sich bei einem Stromschlag vorstellt. »Schock abgegeben«, sagte ich. Meine Hand ging an Joachims Hals und tastete einen Puls. Joachim kam wieder zu sich. Und der Engel war fort.

»Alles in Ordnung, wir sind gleich da«, beruhigte ich ihn. »Rettungsdienst 1, Tod 0«, dachte ich. Lenny beschleunigte und nahm die letzte Abbiegung, bevor er den Wagen in die Anfahrt zur Nothilfe des Krankenhauses steuerte.

»Seid ihr der angemeldete Infarkt? Darf ich das EKG sehen?« Eine weiß bekittelte junge Ärztin hielt eine Kladde mit einem Blatt Papier in der Hand. Auf ihrem Namensschild stand »Dr. Verena Solms, OÄ Nothilfe«. Ich sah Joachim an und stellte mir vor, was in diesem Moment wohl in ihm vorging. Die Menge an

Fachbegriffen, die sich in seinen Ohren bestimmt furchtbar anhörten, und die Hektik der Einsatzkräfte riefen in ihm sicher ein Gefühl von Ohnmacht hervor und verrieten ihm, dass es nicht gut um ihn stand. Aber das war ja auch so.

»Okay. Ihr könnt sofort ins Herzkatheterlabor. Ich komme mit.« Die Miene der Ärztin war schlagartig besorgt. Das Labor befand sich im Erdgeschoss. Einen Stock mit dem Aufzug hinunter. Die Türen schlossen sich. Dann wieder die chaotischen Warntöne des EKGs. »Mir wird so komisch«, sagte Joachim und verdrehte die Augen. Es dauerte keine Sekunde, bis ich den »Laden«-Knopf drückte. Der Monitor zeigte Kammerflimmern. Alle drückten sich an die Wand. Niemand berührte Joachim. Zack – der Körper zuckte wie vom Blitz getroffen. Ich war froh, Joachim endlich im Herzkatheterlabor übergeben zu können.

Als wir einige Tage später einen Patienten ins Schwabinger Krankenhaus brachten, stand Joachim mit seiner Frau vor der Nothilfe und hatte eine gesunde, rosige Gesichtsfarbe. Nichts erinnerte mehr an jenen Tag, als wir ihn auf der Ladefläche des Lkws gefunden hatten. Der Kardiologe hatte das verschlossene Herzkranzgefäß im Katheterlabor aufdehnen und einen Stent setzen können, der die Arterie als Gefäßstütze offen hielt. Als Joachim uns sah, breitete sich ein Grinsen auf seinem Gesicht aus. Wir unterhielten uns. Er berichtete uns von seiner Zeit nach dem Herzkatheter und dass sie ihn auf Reha schicken würde, um nach diesem schweren Ereignis wieder fit zu werden. Seine Frau sagte, dass die beiden in Zukunft zusammen Sport treiben würden. Das Gespräch freute mich, denn oft kommen wir zu spät und verlieren gegen den schwarzen Engel des Todes. Aber ab und an gibt es diese Erlebnisse, die mich motivieren und daran erinnern, weshalb ich mich für den Beruf Notfallsanitäter entschieden habe.

Überraschungseier

Die Ausbilder drillen den Notfallsanitäter darauf, strikt nach Algorithmen zu arbeiten und Abfrageschemata zu verwenden. Das ist aus meiner Sicht positiv, denn so gewährleistet das System, dass in jedem Teil Deutschlands jeder Retter die gleiche Qualität in Sachen rettungsdienstlicher Leistung erbringt. Dabei ist es egal, ob dies um 7 Uhr, um 15 Uhr oder um 3 Uhr nachts der Fall ist. Es ist einfacher, nach Leitsymptomen und somit nach dem Wenn-dann-Schema zu handeln. Hat der Patient also etwa ein C-Problem, gibt es eine Reihe von Maßnahmen, die einem sofort dagegen zur Verfügung stehen. Apropos C-Problem: Kluge Köpfe aus den USA haben sich eines Tages überlegt, das Abarbeiten eines medizinischen Notfalles nach einem Schema zu organisieren. Sie legten fest, dass zuerst die Probleme behoben werden, die einen Menschen am schnellsten töten. Daran angepasst haben sie etwas entwickelt, das sie als das ABCDE-Schema bezeichneten. Das war ein intelligenter Schachzug, denn jeder ist in der Lage, sich die ersten fünf Buchstaben des Alphabets in allen erdenklichen Situationen zu merken. Bevor der Retter das ABCDE-Schema einsetzt, muss er allerdings drei Situationen ausschließen: Der Patient hat eine lebensbedrohliche Blutung, einen Kreislaufstillstand oder er erleidet in diesem Moment einen akuten Krampfanfall. Trifft einer dieser Umstände zu, muss dieser sofort und ohne Verzögerung beseitigt werden. Dann erst geht es weiter. Alles andere endet mit ziemlicher Sicherheit tödlich.

Das A steht für den Atemweg. Ist dieser dicht, stirbt der Mensch schneller einen ungemütlichen Erstickungstod, als Sie einmal um den Block laufen können. Selbst wenn Sie in dem

Moment den Kreislauf aufrechterhalten könnten – ohne Sauerstoff gibt es keinerlei Leben. Der Notfallsanitäter spricht den Patienten also an und fordert ihn auf, die Zunge herauszustrecken – nicht, dass ein Kaugummi im Mund eine blöde Situation hervorruft. Sind die Atemwege durch Essen blockiert, benutzt der Notfallsanitäter zum Entfernen eine spezielle medizinische Zange, die nach ihrem Erfinder Ivan Magill Magill-Zange genannt wird. Der Sanitäter hat zudem die Alternative, die Atemwege abzusaugen. Wenn diese frei sind, ist das schön – sie sollten es aber auch bleiben. Bei bewusstlosen Patienten gibt es hier die Möglichkeit, diese dazu in die stabile Seitenlage zu legen.

Das B bedeutet Belüftung. Hier untersucht der Notfallsanitäter die Qualität der Atmung. Gibt es eine Störung im Gasaustausch? Bekommt der Mensch genug Sauerstoff? Wie ist die Atemfrequenz? Ist eine Lungenhälfte zusammengefallen oder liegt ein Asthmaanfall vor? Wenn ja, hat der Retter Medikamente zur Verfügung, die er über die Atemwege verabreichen kann. Dazu vernebelt er ein Aerosol, das die Muskulatur der Atemwege entspannt. Hat der Patient eine kollabierte Lungenseite, gibt der Notfallsanitäter Sauerstoff in hoher Dosierung. Ist durch eine Verletzung Luft in den schmalen Spalt zwischen dem Wandblatt und dem Brustfell eingedrungen und hat diese keine Möglichkeit zu entweichen, ist Feuer am Dach: Der Notfallsanitäter punktiert den Brustkorb mit einer großen Kanüle und sorgt so dafür, dass die Luft entweichen kann. Dem Patienten geht es dann schlagartig besser. Reagiert man an dieser Stelle nicht, ist der Patient nach einigen Minuten tot.

Wenn hier alles erledigt ist, folgt das große C – Kreislauf, deutsch für das englische Wort »Circulation«. Liegt ein zu niedriger oder zu hoher Blutdruck vor? Hat der Patient eine lebensgefährliche Störung des Herzrhythmus? Hört man keine Darmgeräusche mehr oder tastet einen harten Bauch, verliert der Patient Blut dort hinein? Und wie schnell füllt sich das Nagelbett wieder mit Blut, sprich färbt sich der vom Druck weiße Nagelbereich wieder dunkel? Ist die Dauer dieser sogenannten Recap-Zeit kürzer als zwei Sekunden, ist alles im grünen Bereich. Ist das nicht der Fall, ist Alarmstufe Rot angesagt. Bei Herzrhythmusstörungen stabilisiert der Notfallsanitäter das Herz, indem er einen synchronisierten Stromschlag mit dem Defibrillator abgibt. Er gibt Medikamente, hängt eine Infusion an, um den Blutdruck anzuheben, oder legt dem Betroffenen die Beine hoch. Hat der Patient innere Blutungen, bleibt nur eine einzige Möglichkeit: einladen und ab in den nächsten verfügbaren Schockraum.

D bedeutet Disability. Dieser Buchstabe steht für die gesamte neurologische Palette. Passen der Blutzuckerspiegel, die Pupillenreaktion und funktionieren alle Muskeln seitengleich? Hat der Patient einen Unterzucker, verabreicht der Notfallsanitäter Glukose. Hat der Patient einen Schlaganfall oder eine Blutung im Kopf, muss er auf schnellstem Weg unter Voranmeldung in die nächste Klinik mit neurologischer oder neurochirurgischer Fachabteilung. Da geht's um die Wurst.

Wenn hier alles abgearbeitet ist, folgt der Buchstabe E wie Exposure. Wie stark sind die Schmerzen? Benötigt der Patient ein Analgetikum oder Wärmeerhalt? Welchen Eindruck macht die Haut? Hat der Betroffene Verletzungen, die man erst durch eine genauere Untersuchung erkennt? »Keine Diagnose durch die Hose« – stellen Sie sich vor, Sie geben den Patienten in der Notaufnahme ab. Der Aufnahmearzt ruft Sie später an und teilt Ihnen mit, Sie haben einen Bruch übersehen. Glauben Sie mir: Das möchten Sie nicht erleben.

So weit, so gut. Der Vorteil von diesem Schema ist, dass der Notfallsanitäter sofort tätig wird, sobald er auf irgendein Problem trifft. Er beginnt immer wieder bei A.

Hört sich nach Erstklassniveau an, nicht wahr? Ein bisschen ABCDE und Mathematik, und das Mettbrötchen ist gefrühstückt. Frei nach dem Motto: »IF Blutdruck/Patient < 100mm/Hg syst AND Herzfrequenz >120 THEN Beine hoch AND venöser Zugang AND Applikation von NaCl« oder »IF Herzfrequenz < 40 AND Instabilitätskriterien = erfüllt THEN venöser Zugang AND Applikation von NaCl AND 0,5mg Atropin i.V.« Aber Pustekuchen. Schön wäre es. Ganz so einfach ist es dann doch nicht.

Drei Einsätze prügelten mich in die Realität zurück und führten mir die Folgen eines inkonsequenten Handelns vor Augen. Denn begeht man am Anfang einen gravierenden Fehler, multipliziert sich das Problem, das aus dem Schnitzer entstanden ist.

Der erste Einsatz führte Lenny und mich zu einem Patienten, dessen Herz wahnsinnig langsam schlug. Ich hatte bereits mehrere Notfälle dieser Art gehabt, seitdem mir die Urkunde zum Notfallsanitäter ausgehändigt worden war. Mittlerweile arbeite ich immer strikt nach dem ABCDE-Schema. Aber an dem Tag hatte ich einen anderen Weg eingeschlagen. Ob es an den 14 Notfällen lag, die ich im Rahmen einer 12-Stunden-Schicht ohne Pause absolviert hatte oder an etwas anderem, weiß ich nicht. Auf jeden Fall unterlag ich einem klassischen Fixierungsfehler. Ich nahm einfach an, dass dieser Patient dasselbe Problem hatte wie die letzten Patienten mit der gleichen Symptomatik. »Das ist eine Bradykardie«, dachte ich. Weil ich dem Menschen zügiger helfen wollte, legte ich einen venösen Zugang und spritzte das Medikament Atropin direkt in die Vene, nachdem ich brav die Allergien abgeklärt hatte. Ich wartete nicht ab, bis Lenny das EKG angelegt hatte. Der Patient hatte aber dummerweise einen Bigeminus. Das bedeutet, dass jedem normalen Herzschlag eine Extrasystole folgt, die man nicht als Puls spürt. Der Patient hätte einen Infarkt haben können, der diese Störung ausgelöst hatte. Jackpot. Und ich gab etwas, das die Situation potenziell verschlimmerte. Die Medikamentengabe hätte blöd enden können, da der Sauerstoffverbrauch des Herzmuskels ansteigt. Sie ahnen, dass ein höherer Verbrauch von Sauerstoff bei einem Herzinfarkt kontraproduktiv ist. Der Patient hatte aber Glück. Er bekam eine Herzkatheteruntersuchung und wurde völlig wiederhergestellt entlassen. Und ich entging der Guillotine.

Zwei Monate später. Ich hatte den desaströsen Einsatz längst verarbeitet, da wurde ich mit Lenny auf einen Einsatz mit dem Stichwort »Atembeschwerden« geschickt. Als wir vor die Wohnung des Patienten rollten, war sofort klar: Der etwas festere Mann, der uns auf der Straße erwartete, sah nach einer schweren allergischen Reaktion aus. Das Gesicht samt Augenlidern war dick zugeschwollen. Ein sogenanntes Quincke-Ödem – eine schmerzlose Schwellung von Haut, Schleimhaut und dem angrenzenden Gewebe. Eine schlagartige Erhöhung der Durchlässigkeit der Gefäßwände bietet die Grundlage dafür. Es kann Stunden bis Tage anhalten und dramatisch verlaufen. Fast immer handelt es sich dabei um eine allergische Reaktion oder die Nebenwirkung von Medikamenten. Der Mann klagte über Atemnot. Das Pulsoximeter zeigte den Wert von 85 Prozent an. Das ist weit entfernt von den normalen 97 bis 100 Prozent. Also rein in den Rettungswagen, auf die Trage gelegt und den Oberkörper maximal hochgestellt. Ob er denn Allergien auf Medikamente und Vorerkrankungen habe, fragte ich ihn. Er verneinte Ersteres, nahm aber ein Mittel gegen die Schilddrüsenunterfunktion und neuerdings einen ACE-Hemmer gegen zu hohen Blutdruck ein. Die letzte Mahlzeit hatte er am Tag zuvor verzehrt. Klar – mit dem geschwollenen Gesicht und der Luftnot hätte ich auch keinen Bock auf irgendwas gehabt. Lenny legte ihm einen Zugang am Handrücken, ich schraubte am Stellrad für den Sauerstoff herum. Anstelle von 9 stellte ich jetzt 15 Liter Sauerstoff pro Minute ein. Dem Mann wollte es aber einfach nicht besser gehen. Der nachgeforderte Notarzt war an einem anderen Einsatz gebunden und von uns weit entfernt. Ein anderer Notarzt war nicht verfügbar. Ich bat den Disponenten, ein möglichst nahe liegendes Krankenhaus zu suchen und uns mit hoher Dringlichkeit anzumelden. Dann spritzte ich dem Patienten einen H1-, H2-Blocker und Kortison in die Vene – gemäß den Leitlinien. Das Adrenalin blubberte längst aus der Verneblermaske und erzeugte einen feinen Dunst. Reichlich Flüssigkeit lief in die Vene des Mannes. Besserung? Fehlanzeige. Die Leitstelle meldete, alle Krankenhäuser der Umgebung lehnten den Patienten ab, der mittlerweile instabil geworden war. Mist. Vorhin hatte die Situation besser ausgesehen … Wenn alles schiefläuft, dann aber ordentlich. Der Patient tolerierte die Maske nicht und riss sie sich ständig vom Gesicht mit den Worten, er ersticke. Kein Wunder. Ich war besorgt, weil der Medikamentencocktail und der Sauerstoff nicht anschlugen. Dann fiel mir das ABCDE-Schema wieder ein und auch, dass ich den Patienten gar nicht korrekt untersucht hatte. Ich war mir mit meiner Diagnose trotzdem sicher und presste das Stethoskop auf die Haut des Mannes. Es sank zentimeterweit ein. Ich hatte den Eindruck, als hörte ich einen Luftballon ab, der zu wenig Luft enthielt. Wenn ich dem Mann auf die Haut klopfte, klang es wie Pappe: »Plopp, plopp, plopp.« Die Haut federte komisch. Langsam realisierte ich, dass ich wieder einem Fixierungsfehler unterlegen war und mich kritiklos auf meine Blickdiagnose verlassen hatte: geschwollenes Gesicht = allergische Reaktion. Der Mann hatte aber keine Allergie. Er hatte einen sogenannten Spontan-Pneumothorax durch einen Leitersturz drei Wochen zuvor erlitten. Diese kleine, aber feine Information wäre mir nicht entgangen, hätte ich den Patienten sofort nach ABCDE untersucht. Bei »E« angekommen, wäre mir die gebrochene Rippe durch den Schmerz beim Abtasten aufgefallen. Sie hatte sich gemütlich linksseitig in den unteren Bereich der Lunge gebohrt und eine Verletzung des Lungenfells verursacht – der Pneumothorax war da. Dadurch drang Luft aus der Lunge in das Gewebe ein. Die Lunge war kollabiert und stand für die Atmung nicht mehr zur Verfügung. Das erklärte die schwere Atemnot. Im gesamten Gewebe des Mannes war die Luft verteilt und bewirkte, dass er so aufgedunsen wirkte. Gut gemacht, Herr Strzoda.

Wir schafften den Patienten gerade noch lebend in ein weiter entferntes Krankenhaus mit chirurgischem Schockraum. Der Arzt sah den Patienten und bemerkte, dass dies aber ein krasses Quincke-Ödem sei. Ich hörte mir die Übergabe des Notarztes an und sah, wie die Augen der Umherstehenden immer größer wurden, als sie begriffen, dass der Patient keineswegs an einer Allergie litt. Sie können sich vorstellen, dass mir das Lachen im Hals stecken blieb.

Es reicht übrigens leider nicht, sich nur einmalig an das ABC-DE-Schema zu halten. Man muss gleichzeitig sicherstellen, dass sich der Zustand des Patienten nicht unbemerkt verschlechtert, während man blöd danebensitzt und in der Nase bohrt. Deswegen haben die Erfinder des ABCDE-Schemas festgelegt, dass ein Zustand nach zwei Minuten neu bewertet wird. Beim Einsatzstichwort »Varizenblutung« und dem Gedanken an einen Einsatz vor einigen Jahren stellen sich mir noch heute die Nackenhaare auf. Sie dürfen eine Varizenblutung durchaus als Standardeinsatz bezeichnen, wenn man dabei nicht unbedingt eminente Fehler begeht. Varizen sind oberflächliche Krampfadern, die dazu neigen, bei Berührung zu reißen – nicht zu verwechseln mit den Varizen in der Speiseröhre, die bei jahrelangem Alkoholmissbrauch entstehen und nach innen bluten. Herr Lamprecht hatte das Problem an seinem rechten Unterschenkel und forderte uns eines nebligen Abends über die 112 an. Er war bester Laune und scherzte. Seine Frau hatte einen Lappen genommen und diesen auf die Wunde gepresst. Lenny öffnete den Notfallrucksack und nahm eine große Kompresse und eine elastische Bandage heraus. In einem dicken Strahl schoss das Blut aus der Wunde am Unterschenkel heraus und fing sich in den Handtüchern, die zum

Schutz untergelegt waren. Wir erzeugten einen Druckverband, umwickelten diesen mit der elastischen Bandage und waren zufrieden, dass die Blutung aufgehört hatte. Ein Standard-Einsatz eben.

»Meine Herren – wie wollen wir das machen? Mein Wohnzimmerteppich … er ist doch neu«, klagte Herr Lamprecht, »das Blut bekomme ich nie wieder raus.« Ich verstand und nahm einen weißen Müllbeutel, den wir als etwas zu groß geratene Hyperventilationstüten in unserem Notfallrucksack mitführten. Herr Lamprecht stieg mit dem Fuß hinein. Mit etwas Klebestreifen fixierte ich die Tüte am knienahen Unterschenkel oberhalb der Wunde. Der Wohnzimmerteppich blieb verschont. Wir konnten mit dem zufriedenen Herrn Lamprecht über dessen unwegsames Grundstück hinausgehen. Er setzte sich auf den Stuhl im Rettungswagen, grinste und stellte sich wahrscheinlich in dem Moment vor, er wäre in zwei Stunden wieder zu Hause. Ich dachte dasselbe – bis ich zehn Minuten später von meinem Notfallprotokoll zu unserem Patienten sah und meinen Augen kaum traute. Ich drehte mich um und riss das Schiebefenster zu Lenny in der Fahrerkabine auf: »Rechts ranfahren und nach hinten kommen!« Herr Lamprecht hatte jede Gesichtsfarbe verloren, Urin floss in einem Rinnsal am Sitz herunter. Seine Hautfarbe war hell wie Saharasand. Schweiß lief ihm hinab. Der Blick ging ins Leere. Das Bewusstsein war erloschen – Herr Lamprecht war in sich zusammengesunken. Kein tastbarer Puls am Handgelenk mehr. Mein Blick ging zur Tüte, aus der Blut sickerte. Die Klebestreifen hatten sich abgelöst. Herr Lamprecht hatte mindestens 2,5 Liter Blut in die Tüte verloren. Ein erwachsener Mensch besitzt normalerweise 70 Milliliter Blut pro Kilogramm Körpergewicht. Ein Patient mit einem Gewicht von 80 Kilogramm Körpergewicht, so wie Herr Lamprecht, hat geschätzt 5,6 Liter Blut. Abzüglich der 2,5 Liter blieben somit 3,1 Liter übrig. Der gesunde Mensch ist in der Lage, 30 Prozent

Blutverlust gerade noch zu kompensieren. Ab zirka 40 Prozent Blutverlust benötigt er zeitnah Bluttransfusionen, da sonst ein Volumenmangelschock und einige andere Fiesheiten drohen. Bevor ich aber überhaupt an eine Behandlung denken konnte, hatten wir das Problem, Herrn Lamprecht aus der sitzenden Position auf unsere Trage schaffen zu müssen. Ein Mensch, der keinerlei Körperspannung mehr hatte, lässt sich so gut heben wie ein mit 80 Liter Wasser gefüllter Latex-Ballon – Sie können nichts richtig greifen. Aber wir schafften es. Wie genau, kann ich gar nicht mehr sagen. Herr Lamprecht lag auf der Trage. Lenny griff zum Equipment. Das Tourniquet war eine ursprünglich militärische Sache. Auf dem Schlachtfeld hatte der Soldat nicht viel Zeit, jemanden zu versorgen, der gerade in eine Mine getreten war. Man legt eine Schlinge um die Extremität und dreht so lange am Knebel, bis die Blutung aufhört. Es funktionierte. Der Blutdruck war wie erwartet im Keller und fast nicht mehr messbar. Die Herzfrequenz machte mir deutlich mehr Sorgen. Sie lag bei 45 Schlägen pro Minute. Die Regulationsmechanismen in Herr Lamprechts Körper versagten. Wir hatten auf einen Schlag keine Zeit mehr. »Leitstelle vom RTW 2/83/1.«

»Kommen Sie.«

»Notarztnachforderung. Bedrohliche Blutung, Patient instabil.«

»Schicke ich Ihnen.«

»Ich brauche einen Schockraum-Alarm.«

»Auch das bekommen Sie.«

Es gab nur zwei Probleme: Der Notarzt war weit entfernt, und wir hatten so einen dichten Nebel, dass man das Ende des Lutscherstängels nicht mehr sah. Lenny punktierte die große Vene der linken Ellenbeuge, ich nahm die rechte. Zwei Infusionen halfen, den Blutdruck zu erhöhen. Jetzt noch ein wenig Atropin, ein Parasympatholytikum, das den Einfluss des Parasympathikus abschwächt. Kurz darauf stabilisierten sich der

Blutdruck und die Herzfrequenz. Herr Lamprecht wachte auf, röchelte, war kurz darauf trotz allem bester Laune und grinste vor sich hin.

»Wie nennt man einen dicken Schriftsteller?« Ich sah Lenny an, der genau so ahnungslos war, wie ich.

»Kugel-Schreiber.« Herr Lamprecht lachte.

»Hä? Kapier ich nicht.« Lenny zog Augenbraue und Mundwinkel hoch. Ich musste lachen – aber nur wegen Lennys Reaktion.

»Was ist rot und wiehert?« Herr Lamprecht riss die Augen auf und fixierte mich. »Eine Pferdbeere.« Er lachte wieder. Diesmal hatte Lenny den Witz verstanden. »Das könnte eine Reaktion auf das Fentanyl sein, das ich dem Patienten in die Vene gespritzt habe«, sagte ich. Ungewöhnlich, aber lustig. »Herr Sanitäter, ›Bildungsgrad‹ ist keine Stadt in Polen«, sagte er zu Lenny. Ich musste lachen, Lenny hingegen nicht.

30 Minuten später trafen wir im Schockraum ein. Herrn Lamprecht hatte es mittlerweile die Sprache verschlagen. Der Kreislauf hatte erneut versagt. Das Schockraum-Team übernahm mit gewohnter Professionalität. Irgendwie war ich froh, Herrn Lamprecht losgeworden zu sein.

Der Mann überlebte seine Blutung. Mittlerweile habe ich mich daran gewöhnt, strikt nach dem ABCDE-Schema vorzugehen – egal, ob sich der Patient nur in den Finger geschnitten hat, an einem eingewachsenen Zehennagel leidet oder mit einem Polytrauma eingeklemmt im Straßengraben liegt. Für mich bedeutete dies ein Umdenken um 180 Grad. Ich empfand es anfangs wahnsinnig schwierig und belastend, mein bisheriges Handeln und Denken zu vergessen, das ich mir 22 Jahre lang als Rettungsassistent reingehämmert hatte. Von meinen Kollegen bekomme ich heute ab und an mitleidige Blicke, wenn ich den 100. Krankentransport aus dem Pflegeheim nach dem ABCDE-Schema untersuche. Das stört mich aber nicht weiter, denn letzten Endes geht es um meine Sicherheit und um die des Patienten, der zu jeder Zeit ein Recht auf eine kompetente und zügige Behandlung im Notfall hat. Das ABCDE-Schema und alle beteiligten Algorithmen helfen mir, meiner mittlerweile beträchtlichen Verantwortung als Notfallsanitäter gerecht zu werden und nichts zu übersehen. Ich muss mich nur daran halten.

Spitzenumkehr

Mein Ausbilder hatte mir prophezeit, dass mir im Laufe meiner Rettungsdienstkarriere Dinge passieren würden, die ich nie für möglich gehalten hätte. Unvorhersehbare Dinge. Dinge, die entstehen, weil man in seinem Trott und seiner Routine gefangen ist. Weil man nach 20 medizinisch unnötigen Einsätzen einen Tunnelblick entwickelt hat, der es einem unmöglich macht, den einzigen wirklich kranken Patienten in dem ganzen Nonsens zu erkennen. Einerseits sind unnötige Einsätze für den Retter ganz bequem: Man fährt zur Einsatzstelle und steht vor einem Patienten, der von der Leitstelle nur wissen wollte, was er gegen seinen Schnupfen unternehmen kann. Dem raten wir dann nur, sich in der nächsten Apotheke einen Fiebersenker und Nasenspray zu besorgen oder sich an den Bereitschaftsdienst zu wenden. Oder der Patient wartet mit gepackten Koffern auf der Straße, hat eine Einweisung in der Hand und möchte zum Ultraschall in die Klinik, weil das Bauchweh nicht besser wird. Dann heißt es hinfahren, einladen, Small-Talk und ab in den Wartebereich der Notaufnahme. Ganz gemütlich. Vielleicht haben Sie ja jetzt den Eindruck, dass ich viel lieber knallharte Notfälle abarbeiten möchte. Notfälle, bei denen ich auf dem Seitenstreifen einer Autobahn mit dem Patienten vor mir und Intubationswerkzeug in der Hand im Dreck liege und es buchstäblich auf jede einzelne Sekunde ankommt. Das war früher sicher auch so. Jeder, der im Rettungsdienst anfängt, möchte zeigen, was er gelernt hat. Er wünscht sich, dass der Patient nur deswegen gerettet wird, weil er als Retter die richtigen Handgriffe im richtigen Moment getan hat oder in dieser Sekunde Spezialwissen zur Verfügung hatte. So erging es auch mir, als ich in meiner Anfangszeit davon träumte, ein Held in der Notfallmedizin zu sein. Aber mittlerweile bin ich sehr froh, wenn keine Unglücke passieren. Nach einem Vierteljahrhundert Tätigkeit im Rettungsdienst freue ich mich, wenn es den Menschen gut geht und keinerlei Katastrophen geschehen, kein voll besetzter Reisebus auf einer Autobahn umkippt oder ein Flugzeug in eine Wohnsiedlung stürzt. Ich fahre gern zu einem Hausbesuch, bei dem ich den Patienten nicht aus dem fünften Stock eines Hauses ohne Aufzug heruntertragen muss.

Sie fragen sich jetzt vermutlich auch, wie es dazu kommen kann, dass wir als Rettungsdienst, der normalerweise nur für lebensbedrohliche Störungen da sein sollte, zu solch harmlosen Einsätzen geschickt werden. Ganz einfach: Der Telefonist in einer integrierten Leitstelle, der die Notrufe annimmt, hat nur eine begrenzte Abfragezeit zur Verfügung – aus Gründen des Qualitäts- und Ressourcenmanagements. Je kürzer die Abfragezeit, desto mehr Notrufe kann der Telefonist bearbeiten, und desto mehr Ressourcen stehen der Leitstelle für den ultimativen Katastrophenfall zur Verfügung. Wenn der Telefonist die Abfragezeit überschreitet, ist dies normalerweise kein Problem – er muss dies in manchen Leitstellen nur kurz begründen. Ein Grund kann zum Beispiel sein, dass der Anrufer schlecht Deutsch spricht und sich nicht gut mitteilen kann. Da aber auch ausgewertet werden kann, welcher Telefonist vermehrt zu lange mit einem Anrufer spricht, und dies durchaus mal ein Mitarbeitergespräch zur Folge hat, versucht jeder Telefonist, die Abfragezeit so kurz wie nur irgendwie möglich zu halten. Es kann auch sein, dass gerade Rush-Hour ist und der Leitstellenmitarbeiter aufgrund der vielen Notrufe nicht die Zeit hat, den Sachverhalt richtig und glasklar abzufragen. In jedem Fall schickt er die Kollegen vom Rettungsdienst, damit die sich das vor Ort ansehen können. Da wir die Hintergründe kennen, sind wir Retter immer darauf gefasst, dass die Meldungen manches Mal unzutreffend sind und wir böse oder auch angenehme Überraschungen erleben.

An einem regnerischen Tag im Herbst klingelte die Notrufleitung in der integrierten Leitstelle. Es entwickelte sich ein typisches Gespräch.

»Feuerwehr- und Rettungsdienstnotruf, guten Tag.«

»Mein Name ist Springer. Meinem Mann geht es nicht gut.«

»Sagen Sie mir bitte Ihre Adresse, Frau Springer. Wo befindet sich der Notfallort?«

»Einsteinstraße 13 in Mühlhausen.«

»Unter welcher Telefonnummer kann ich Sie für einen Rückruf erreichen?« Frau Springer gab die Telefonnummer durch.

»Welches Stockwerk?«

»Gar keines. Wir haben ein Doppelhaus.«

»Was genau ist passiert, Frau Springer?«

»Mein Mann hat irgendwelche Anfälle.«

»Ist er bei Bewusstsein?«

»Ja.«

»Wie sehen diese Anfälle aus?«

»Er sagt immer, dass ihm komisch wird. Dann fängt er an zu zucken. Und dann ist wieder alles normal.«

»Ist Ihr Mann Epileptiker?«

»Ein Arzt sagte, dass es sein könnte und dass mein Mann zum Neurologen muss. Jetzt gehen diese Anfälle nicht mehr weg. Es kommt immer wieder.«

»Frau Springer, ich schicke Ihnen sofort einen Rettungswagen. Bitte sorgen Sie dafür, dass die Kollegen Sie schnellstmöglich erreichen können und Zugang zu Ihrem Haus haben. Ich beende jetzt das Gespräch.« Klick. Der Telefonist legte auf. Für ihn war die Sache klar: Er trug die Verdachtsdiagnose Epilepsie in das Feld ein, beendete seine Eingabe am Computer und aktivierte den Einsatz. Damit startete die sogenannte Hilfsfrist, in der der Disponent verpflichtet ist, dem Anrufer Hilfe zu schicken. Die

Hilfsfrist ist Ländersache und beginnt in Niedersachsen mit der Einsatzentscheidung, in Bremen mit der Einsatzeröffnung oder dem Beginn der Anfahrt in Bayern und dem Saarland. Die Frist beträgt hier in Bayern zwölf Minuten innerorts.

Während des Notfallgesprächs saßen Lenny und ich in der Wache auf dem alten Sofa, das etliche Geschichten über das erzählen könnte, was in den Räumen schon alles passiert ist. Der Duft von Oregano und Basilikum zog in meine Nase, die Lenny aus dem eigenen Garten mitgebracht und in sein Ragout hineingeschnitten hatte – das allerdings sollte er jetzt nicht mehr kosten können. Der Alarmempfänger ertönte mit bestechendem Timing, hatten wir zuvor doch einige Stunden Ruhe und noch keinen Einsatz gehabt. Aber Notfälle passieren eben unabhängig von der Befindlichkeit, der Tages- oder Nachtzeit oder dem Hungerbedürfnis eines Notfallsanitäters. Während wir zum Auto gingen, zog ich Lenny auf. Damit, dass er ohnehin abnehmen müsse oder sein Essen schon vor einer Stunde hätte zubereiten können, anstatt nur faul an der Matratze zu horchen. Auf der Fahrt überlegten wir, ob die Einsatzmeldung diesmal wohl stimmen würde oder was uns tatsächlich erwarten konnte.

»Hit oder Shit?« Lenny sah zu mir rüber und zog einen Mundwinkel nach oben. »Ich sage Shit.«

»Ernsthaft?«, sah ich ihn an und zog eine Augenbraue hoch.

»Komm schon. Sei kein Spielverderber. Wir wetten um ein Essen.«

Irgendwann lief im Radio mal eine Morgensendung namens *Shitparade*. In der Sendung wurde ein Song gespielt, der für den Sender eher ungewöhnlich war. Zuschauer konnten ihre Meinung dazu äußern, ob der Song die Chance hatte, ein Hit zu werden, oder eher der totale Müll war – also Shit. Dann flog der Song raus. Jemand aus dem Rettungsdienst hatte sich daraufhin überlegt, dass man das für das Einsatzgeschehen verwenden und ein blödsinniges Spiel daraus basteln konnte.

»Dann muss ich gegenhalten. Na gut ...«, gab ich nach, gähnte und nahm einen Schluck aus meinem abgegriffenen Pappbecher, den ich zum vierten Mal mit Kaffee befüllt hatte. Dass die Dinger nicht ewig halten, bemerkte ich erst, als ein Rinnsal Kaffee zwischen Becher und Plastikdeckel durchsickerte, in Richtung Boden lief und schließlich den Weg auf meine Hose fand. Noch kein Einsatz, aber schon Kaffeeflecken auf der Hose. Toll.

Lenny bog in die Straße ein. »Da ist es.« Eine blonde Mittvierzigerin stand auf der Straße und winkte uns zu. Der Regen lief ihr die Stirn hinab. Als ich den Rettungswagen verließ, war unsere Wette bereits in den Untiefen meiner synaptischen Schluchten verschwunden.

»Kommen Sie herein. Mein Mann – er sitzt auf dem Stuhl in der Küche.«

Ich trat durch die Haustür in den breiten Gang, dessen Raufasertapete pastellgelb gestrichen war. In der unteren Ecke neben der Küchentür waren Fetzen herausgekratzt. So, als wäre hier ein bepelztes Haustier mit Krallen am Werk gewesen. Herr Springer saß auf einem Holzstuhl, lehnte am Kühlschrank und schien zyanotisch. Zyanose bedeutet im Fachjargon Blaufärbung der Haut und entsteht durch Sauerstoffmangel. Er sah uns an, sagte nichts und folgte uns mit seinen Augen. Atmen schien ihm schwerzufallen. Die Zyanose verschwand kurz darauf.

»Hallo, ich heiße Christian Strzoda. Das hier ist mein Kollege Lennart Strasser. Wir helfen Ihnen.« Zumindest hatten wir dies vor. »Können Sie mich verstehen?« Herr Springer sah mich an und nickte.

»Das war vor zwei Wochen schon so. Mir wird komisch, und dann wache ich irgendwann auf.«

»Aus dem Nichts heraus?«

»Ich glaube, es geht wieder los. Mir wird so komisch ...« Herr Springer verdrehte die Augen nach oben, bekam nach kurzer Zeit blaue Lippen und fing an zu krampfen. Ich hatte den

Rucksack auf den Boden gelegt. Reißverschluss auf, das Set für den venösen Zugang raus. Eine Vene sicher zu treffen ist schwierig, wenn sich der Patient in einem akuten Krampfanfall befindet. Als Alternative gäbe es den Nasalzerstäuber. Damit ist es möglich, ein hochwirksames Medikament gegen Krampfanfälle in die Nase zu geben und es zügig zur Wirkung zu bringen, wenn kein venöser Zugang vorhanden ist. Wir packten Herrn Springer, zogen ihn vom Stuhl und lehnten ihn gegen die Wand, bevor er herunterfiel und sich verletzte. Bis ich das Medikament geben konnte, war der ganze Spuk wieder vorbei. Herr Springer sah uns an, sagte nichts und schien resigniert. Er schwitzte. Irgendetwas stimmte nicht …

Ich riss das Behältnis auf, in dem sich die Venenverweilkanüle befand, dann legte ich den Stauschlauch an und gab einige Sprühstöße des Hautdesinfektionsmittels auf die Haut. Ich wartete die Einwirkzeit nicht ab, wusste ich doch nicht, ob und wann Herr Springer wieder anfangen würde zu krampfen. Der Tupfer sog den letzten Rest des Mittels wieder auf. Ich zog die Kappe der Kanüle ab, hielt mit dem Daumen meiner linken Hand die Haut gespannt. Die Nadelspitze glitt durch die oberste Hautschicht. Der Widerstand war ungewohnt hoch. Etwa so, als würde ich die Nadel in eine Orange stechen. Ich traf die Vena Basilica, die dickste Vene in der Ellenbeuge. In diesem Moment schrie Herr Springer auf und riss den Arm weg. Seine Muskulatur verkrampfte sich wieder. Er schien keine Luft zu bekommen. Nur noch das Weiße war in seinen Augen zu sehen. Die Kanüle flog in die Ecke. Blut floss aus der Vene auf die Hose und den dünnen hellgrünen Küchenläufer. Herr Springer sah mich an. Ich blickte in die pure Verzweiflung. Mir fiel ein, dass wir das EKG mit der automatischen Blutdruckmessung im RTW gelassen hatten. Jetzt ärgerte ich mich darüber, beschloss aber, dass das EKG Zeit hatte, bis wir mit Herrn Springer im Auto waren. Lenny hatte mittlerweile Tupfer und einen Klebestreifen auf die verletzte Haut geklebt. Der nächste Versuch, diesmal in der anderen Ellenbeuge und etwas schneller. Ich schob den Pulli hoch, legte den Stauschlauch an. Die Desinfektion sparte ich mir. Dann zog ich die Kappe von der Venenverweilkanüle und stach in die Vene. Blut lief in der Kanüle zurück – Treffer. Lenny stand mit dem Fixierpflaster bereit und fixierte die Kanüle auf der Haut. Jetzt mussten das Rückschlagventil und die Infusion dran und dann konnte es mit dem Tropfen losgehen. Herr Springer schrie wieder auf, verdrehte die Augen, krampfte. Nach einigen Sekunden war der ganze Spuk erneut vorbei. Ich blickte zu Lenny, der zog die Augenbrauen hoch und hatte offenbar genauso wenig Ahnung, was das war, wie ich. Ich nickte ihm zu. Lenny drehte sich um und holte die Trage. »Frau Springer, können Sie mir die Versichertenkarte Ihres Mannes organisieren? Dann muss ich die Daten nicht in den Computer eingeben«, bat ich und räumte unseren Kram in den Rucksack zurück. Wenig später kam sie in die Küche und drückte mir die Karte in die Hand.

Als wir Herrn Springer auf der Trage und das Haus gerade wieder verlassen hatten, passierte es erneut. Wir warteten kurz ab. Der Krampf hörte auf. Ich schob die Trage in den Rettungswagen hinein. Lenny stieg ein, nahm das EKG-Kabel aus dem Gerät und legte es Herrn Springer an –ein geordneter Sinusrhythmus. Alles bestens also. Allerdings hielt die Freude darüber nur etwa eine Minute an. Der EKG-Rhythmus veränderte sich, als drückte jemand auf einen Knopf. Wirre Linien, die eng aneinandergereiht eine sehr schnelle Herzfrequenz bedeuteten und sich auch in der Amplitudenhöhe veränderten. »Herr Springer? Wie geht's Ihnen gerade?«

»Es geht wieder los …« Herr Springer wurde blau, verdrehte die Augen und krampfte einen Moment lang, bis er wieder zu sich kam. Kurz vorher änderte sich der Rhythmus im EKG wieder in etwas Geordnetes. Ich drückte den Status Null auf meiner Tastatur des Hörers: dringender Sprechwunsch mit höchster Priorität.

»RTW 1/83/1?«, sprach mich der Disponent an.

»Notarztnachforderung. Patient instabil.«

»Notarzt kommt.«

Herr Springer litt nicht an Epilepsie. Er hatte eine lebensgefährliche Herzrhythmusstörung, die immer wieder von selbst zurücksprang. Eine sogenannte Spitzenumkehr-Tachykardie, auch als Torsade bezeichnet, bei der man im EKG Wellen sieht, die sich um die eigene Achse drehen. Alle fünf bis zehn Schläge ändert sich die Amplitude. Dadurch sieht das Bild typisch spindelförmig aus, als würden sich die Schwingungen um die eigene Achse drehen. Das Herz schlägt dabei wahnsinnig schnell mit Frequenzen ab 190 aufwärts. Der Blutauswurf in den Kreislauf ist stark eingeschränkt bis nicht mehr vorhanden, weil sich der Herzmuskel nicht mehr vollständig füllen kann. Der Patient wird durch den Sauerstoffmangel bewusstlos. In Herrn Springers Fall war der Auslöser eine schwere Elektrolytverschiebung nach einem Infekt mit Durchfall, wie sich später herausstellte. Die Herzrhythmusstörung verläuft auf zwei mögliche Arten: Entweder terminiert sie sich selbst oder sie konvertiert in ein Kammerflimmern, was mit einer deutlich ungünstigeren Prognose einhergeht. Und zack – da war es wieder. Ich sah es live und in Farbe: den Extra-Schlag in die verletzliche Phase der Reizleitung, der die spindelförmige Torsade auslöste. Herr Springer schnappte nach Luft und fing an zu krampfen. Jetzt gleich würde die Rhythmusstörung spontan in einen normalen Rhythmus umschlagen, dachte ich. Das Herz würde wieder schlagen und den Patienten am Leben erhalten. Ich wartete einige Sekunden, aber es passierte nichts. Weitere zehn Sekunden später hatte sich die Amplitude erneut verändert. Ich sah ein Kammerflimmern auf dem Monitor. Herr Springer war dem Tode geweiht und rang nach Luft. Eine überflüssige Notfallreaktion des Atemzentrums, denn ohne Herzschlag benötigt der Patient auch keinen Sauerstoff mehr. Der Blick ging ins Leere. Wie von einem Bären gebissen sprang Lenny zum EKG-Gerät, das zugleich ein Defibrillator war. Er riss die Seitentasche auf, griff zu den Defibrillationselektroden, die am Kabel befestigt waren, und öffnete die Verpackung. Gleichzeitig machte ich Herrn Springers Oberkörper frei. Ich nahm die Elektroden, klebte sie wie vorgeschrieben auf den Brustkorb und drückte die zitronengelbe Laden-Taste am Defibrillator. Ein aufschwellender Ton ertönte, gefolgt von zwei sich abwechselnden Tönen mit einer Oktave Abstand als Signal für die Bereitschaft, den Stromschlag abzugeben. Ich drückte die rote Taste mit dem Blitz darauf. Herr Springer zuckte. Ein kurzer Moment der Spannung und des Schreckens und der Blick auf das EKG. Das Herz schlug wieder. Herr Springer wachte kurze Zeit später auf. »Diesmal hat es wohl etwas länger gedauert«, sagte er und blickte sich sichtlich verwirrt um.

Wir brachten ihn dann schnellstmöglich in ein Krankenhaus mit Intensivstation. Herr Springer hat überlebt. Und ich hatte für meinen Teil wieder eine Lektion gelernt: sich nicht auf ein vorgegebenes Bild zu versteifen, sondern die Augen auch über den Tellerrand hinaus zu bewegen und mit dem Unerwarteten zu rechnen.

Als ich mit Lenny wieder zur Wache zurückfuhr, konnte ich mir ein Grinsen nicht verkneifen. »Ich mag sehr gern japanisches Essen, wie du sicher weißt.« Lenny verzog das Gesicht. Er wusste, dass ich den teuersten Japaner in München vorschlagen würde.

Letzter Schuss

Ihr violett gefärbtes, schulterlanges Haar war nur im Regen leicht wellig und vertrug sich bestens mit ihrer Haut, die wie milchiges Porzellan schimmerte. Ihre Augen waren von makellos geformten Wimpern umrahmt und erinnerten an einen See aus blauem oder grünem Wasser, wobei die Pupillen in der Dunkelheit so groß waren wie Schokolinsen. Und ihre Lippen waren nicht nur irgendwelche Lippen. Sie wirkten auffallend sinnlich und der linke Mundwinkel beim Lachen auf ominöse Art obszön.

»Die haben mich einfach rausgeworfen«, sagte sie und lehnte mit vor der Brust verschränkten Armen an der Scheibe eines Lebensmitteldiscounters. Um sie herum ein herbstlicher Blätterhaufen, der das Ende eines heißen Sommers bedeutete. Ich hatte den Rettungswagen verlassen, um mir etwas zu essen zu besorgen, und stieß am Eingang auf sie.

»Warum? Was ist passiert?«, fragte ich und blieb bei ihr stehen.

»Ich hab doch nur mein scheiß Geld vergessen«, sagte sie. Eine vom Kajal schwarz gefärbte Träne rann ihr die Wange hinunter. »Die Menschen sind so herzlos. Ich hätte es doch noch heute vorbeigebracht ...«

»Hunger?«, fuhr ich fort, »am Stand da drüben gibt's Fritten. Das sollte mich finanziell nicht ruinieren.«

»Ich bin Conny. Ich geb's dir auch sicher zurück.« Sie hielt mir ihre Hand hin und zog diesen einen Mundwinkel hoch. Wir gingen rüber. Zwei Mal Pommes rot-weiß mussten es sein. Lenny beobachtete uns mit fragendem Blick.

Conny fing sofort an zu erzählen. Von ihrer Schwester, und dass sie längst ausgezogen war und mit ihrer Mitbewohnerin

Karla eine WG gegründet hatte. Sie verriet, dass sie eine Ausbildung zur IT-Systemelektronikerin machte und später noch Informatik studieren wollte. Computer und Hacking waren genau ihr Ding. Mein Gehirn kramte einige Vorurteile hervor. Wenn ich sie ansah, konnte ich mir absolut nicht vorstellen, dass diese Schönheit in einer dunklen Souterrainwohnung ohne Möbel kalte Pizza aß und morgens um 3 Uhr fremde Computer knackte. Eine Zeit lang standen wir schweigend nebeneinander.

»Meine Mutter hat mir nie geglaubt, als ich ihr von der Nacht erzählt hab, in der mich mein Stiefvater zum ersten Mal gevögelt hat.« Ich schluckte, traf mich dieser Satz doch wie aus dem Nichts. Es passiert manchmal, dass mir völlig unbekannte Menschen Sachen anvertrauen, die eher in die Ohren eines besten Freundes gehören würden. Vielleicht lag es in diesem Moment einfach an meiner Uniform.

»Was ist mit deinem richtigen Vater?«

»Er hatte keinen Bock mehr auf uns und ist weg, als ich zwölf war.« Sie pikste die letzte Fritte aus der Tüte. »Ein Jahr danach ist dann der Typ bei uns eingezogen. Und *den* hat sie dann auch noch geheiratet.«

»Hast du Geschwister?«

»Nein … also … hatte.« Sie druckste herum.

»Das verstehe ich nicht.«

»Eines Morgens lag sie tot im Bad. Ich war 14.« Ihre Mimik fror ein. »Bei ihr war seit Geburt ein Herzfehler bekannt. Aber dass es so gefährlich war, wusste niemand. Bis es passiert ist.«

»Das ist schrecklich. Tut mir leid.«

»Dafür kannst du ja nichts«, presste sie mit einem falschen Lachen hervor und nahm einen tiefen Schluck aus der Limoflasche. »Das ist schon sechs Jahre her. Aber danach ging es immer weiter in Richtung Hölle.« Sie wirkte aufgewühlt und konnte mir nicht richtig in die Augen sehen. So, als würde sie etwas verheimlichen wollen. Plötzlich stand Lenny neben uns.

»Der Disponent hat mich angefunkt. Wir haben einen Krankentransport«, sagte er, nickte Conny zum Gruß zu und ging wieder in Richtung Rettungswagen. Ich verabschiedete mich und machte mit ihr aus, dass wir uns am nächsten Tag um die gleiche Zeit wieder an der Stelle treffen würden.

Am Tag danach wartete ich vergeblich und stand allein vor dem Lebensmitteldiscounter. Noch eine ganze Weile hatte unser Zusammentreffen und das, was mir Conny über ihren Stiefvater erzählt hatte, in meinem Kopf nachgewirkt. Ich hatte ein komisches Gefühl in der Magengegend, als ich den Parkplatz des Discounters wieder verließ und mich auf den Weg zum Nachtdienst machte. Ein halbes Jahr verstrich, und die Erinnerung an die zufällige Begegnung mit Conny verblasste.

An einem Mittwochmittag, an dem es nichts als regnete, holte der Melder Lenny und mich vom Essen weg. »R3000 Herz/Kreislauf, RD1. Kollaps im Bad. Flurstraße 3, Troeger«. Ein schlankes Mädchen mit braunem Pagenschnitt und ovalem Gesicht erwartete uns an der dreistufigen Steintreppe, die zur knarzigen Haustür eines ziegelroten Baus führte, der aus den Fünfzigern stammen musste. Im Flur hingen Bilder an der Wand, auf denen mir ein Gesicht irgendwie bekannt vorkam.

»Gott sei Dank«, seufzte sie und lief vor uns her, »sie hat sich im Bad eingeschlossen und reagiert auf nichts.« Die Tür war verriegelt.

»Wann hast du sie zum letzten Mal gehört?« Lenny stellte den Rucksack neben die Badtür.

»Sie ist vor einer halben Stunde ins Bad. Als ich sie etwas fragen wollte, hat sie nicht geantwortet. Dann ist es mir unheimlich geworden.« Der Blick durch das Schlüsselloch ergab nichts. Ein Schlüssel versperrte mir die Sicht. Ich rüttelte am Türdrücker.

»Hallo? Hörst du mich?«, rief ich. Keine Reaktion. Lenny hämmerte einige Male an die Tür.

»Wir müssen rein. Ich habe ein scheiß Gefühl«, sagte ich. Also musste die Tür dran glauben. Ein, zwei Mal stieß ich kräftig mit der Schulter dagegen, dann hatte die alte Holztür die Gegenwehr aufgegeben. Das Holz um das Türschloss bekam Risse und platzte auseinander. Die Klinke fiel zu Boden. Noch einmal, dann sprang die Tür auf und stieß gegen etwas Weiches. Ich drückte die Tür in das Bad. Ein Mädchen mit violetten Haaren lag auf dem Bauch. Ich drehte sie um. Das Gesicht von den Fotos im Flur. Verdammt – Conny. Sie atmete nicht mehr. Ihre Lippen schimmerten blau, die Spritze steckte noch in der Vene, das Stauband lag locker um den Oberarm. Im Bad konnte man sich zu zweit kaum aufhalten. Sie musste hier raus. Ich packte sie an ihren Sprunggelenken und zog sie in den Gang, und von dort aus in das Wohnzimmer. Lenny warf den Rucksack auf den Boden, riss den Reißverschluss zum Hauptfach auf und zog den Beatmungsbeutel heraus. Am Hals tastete ich einen Puls. Ich überstreckte ihren Kopf, damit die Atemwege frei waren und rollte die Maske über die Nasenwurzel ab. Dann drückte ich sie auf das Porzellangesicht und zog den Unterkiefer mit drei Fingern an die Maske heran. Mit jeder Beatmung zählte ich im Sekundentakt mit: 21, Beutel ausdrücken, 22, Beutel loslassen. Ihr Brustkorb hob und senkte sich. Lenny schloss den Sauerstoff am Beutel an und kramte das Set mit dem Zugangsmaterial heraus. Die erste Punktion ging schief, denn die Venensituation war unterirdisch. Die zweite Venüle saß dann am Fußrücken.

Das opioide Rauschgift Heroin besetzt genau wie die Medikamente Morphium oder Fentanyl den µ-Rezeptor im Körper, der als Opioidrezeptor für die zentrale Schmerzausschaltung verantwortlich ist. Neben der typischen euphorisierenden Wirkung hat die Rauschdroge eine kleine, aber unerfreuliche Nebenwirkung: Die Droge wirkt auch auf das Atemzentrum und stoppt den Atemantrieb. Die Sauerstoffsättigung sinkt, der Drogenkonsument verliert durch den Sauerstoffmangel im Gehirn das Bewusstsein, bevor er dadurch einen Herzstillstand erleidet und über die Wupper geht. Aber es existiert ein Gegenmittel: Naloxon, das das Heroin vom Opioidrezeptor schiebt und somit die Wirkung unterbindet. 0,1 Milligramm versuchte ich fürs Erste. Jetzt mussten wir kurz warten und weiter beatmen. Ich sah mich um. Die Wohnungseinrichtung sah nicht aus, als lebten hier Fixer. Die Wohnung war nicht heruntergekommen, die Wände nicht beschmiert, so wie ich das in Fixer-WGs immer erlebe. In Connys linkem Arm steckte noch immer die abgedrückte Insulinspritze, die für das aufgelöste Heroin herhalten musste. Lenny entfernte sie und forderte mit seinem Telefon einen Notarzt an. Plötzlich fing sie an zu atmen, blickte mit ihren Augen, aus denen Tränen liefen, an die Decke.

»Mhh. Mhhhh.«

»Guten Morgen. Wieder unter den Lebenden?«

»Mhhm.« Sie blinzelte. »Verdammt …«

»Herzlichen Glückwunsch zum Geburtstag«, scherzte ich.

»Mann, Conny … ich hab gesagt, nicht so viel beim ersten Mal.«

»Karla …« Conny sah zu Karla.

»Das erste Mal? Seit ihr beide völlig bestusst?« Ich blickte in die Runde. Zuerst zu Conny, dann zu Karla, dann zu Lenny. Der schüttelte nur den Kopf.

»Ich wollte das«, keuchte Conny und drehte den Kopf weg.

»Du wolltest *was*?« Ich sah sie an.

»Nicht mehr leben.« Sie fing an zu weinen. Karla setzte sich zu ihr und nahm sie in den Arm. Niemand sagte etwas. Lenny verließ wortlos das Haus, übergab die Situation an den Notarzt, der sein Fahrzeug gerade vor der Tür abgestellt hatte, und bat die Leitstelle, ein Überwachungsbett zu suchen. Für Conny hieß das, eine Nacht an einen Monitor gehängt im Klinikum zu verbringen, damit sichergestellt war, dass ihr durch die Überdosis nichts mehr passieren konnte. Anschließend würde es in die

Psychiatrie gehen. Sie würde einige Zeit dort verbringen, bis man sie als stabilisiert entließe.

Wieder war eine Seele einer abscheulichen Schandtat zum Opfer gefallen, deren Auswirkungen sie bis ins Erwachsenenleben begleitet hatten. Aus meiner Sicht hatte die Tat die Depression ausgelöst und vermutlich auch zu diesem Versuch geführt, sich selbst zu töten. Ich hatte in meinem Job bereits einige Menschen kennengelernt, die Ähnliches durchlitten hatten. Zum Beispiel Kim, die von ihrem Onkel vergewaltigt worden war und sich mit ihrem starken Charakter gegen den Absturz gewehrt hatte. Aber letztendlich hatte die Droge auch sie in der heruntergekommenen Toilette einer Tiefgarage zur Strecke gebracht. Oder Valerie, deren Depression ich Mitte der Neunziger als junger Rettungsassistent übersehen hatte und die sich mit einem Mix aus Alkohol und Tabletten in einem einsamen Waldstück das Leben genommen hatte.

»Ich hoffe, es geht dir bald besser. Du bist hier in guten Händen«, sagte ich zu Conny, während ich am Bettrand saß und noch eine Weile ihre Hand hielt.

»Christian … danke für die Hilfe.« In ihrem Blick lag Verzweiflung.

»Ich hoffe, wir sehen uns bald wieder.« Ich lächelte sie an. Dann drehte ich mich um in Richtung Rettungswagen, da wir zu einem Sturz im Altenheim gerufen wurden.

2018, mehr als ein Jahr danach, stand ich mit Lenny am Krankenhaus. Der Dienst hatte es an diesem Tag in sich. Um 6 Uhr war es mit dem ersten Notruf losgegangen. Bis jetzt hatten wir bereits zehn Einsätze hinter uns, und es war gerade erst 15 Uhr vorbei.

»RTW 1/83/2 für Leitstelle.« Nicht schon wieder, dachte ich. Lenny nahm den Hörer und drückte die Sprechtaste.

»Auf Empfang.«

»Ich hab einen Einsatz für euch um die Ecke.«

»Schreibklar.«

»Flurstraße 3 bei Troeger – leblose Person. Verdacht Reanimation. Notarzt muss ich schauen, wo ich den herbekomme. Bin ziemlich ausgebrannt.« In diesem Moment spürte ich einen überdimensionalen Stein auf meiner Brust, der immer weiter anwuchs. Das durfte doch nicht wahr sein. Vor meinem geistigen Auge tauchten Bilder der violetthaarigen Schönheit mit dem Porzellangesicht auf, die sich endgültig den goldenen Schuss verpasst hatte. Lenny verstand meine Nervosität nicht. Vermutlich konnte er sich an die Adresse und den Einsatz nicht mehr erinnern. Er bog in die Flurstraße ein, rollte auf das alte Haus zu. Jemand stand in der Tür. Jetzt raus aus dem Wagen. Ich schnappte mir Rucksack und Defibrillator, Lenny die Sauerstofftasche und den Absauger. Dann drehte ich mich in Richtung Eingang. Eine schwarze Strähne überdeckte ihr linkes Auge. Die Haare waren mittlerweile zu einem glatten, futuristischen Pagenschnitt zusammengestutzt.

»Christian … ich bin vorhin erst nach Hause gekommen. Es geht um Karla.« Conny weinte. »In der Küche …« Ich schob sie zur Seite. Natürlich war ich heilfroh, dass Conny uns die Haustür aufgemacht hatte. Gleichzeitig verurteilte ich mich dafür, dass ich erleichtert war. Denn immerhin war die Lage hinter der Küchentür vermutlich sehr ernst. Ich drückte die Tür auf und stieß gegen ein Bein.

»Sie muss hier raus.« Durch den kleinen Spalt schob ich mich in die winzige Küche, in der wir das gleiche Problem hatten wie damals im Bad. Die leblose Karla lag auf dem Rücken, die Spritze daneben, die Augen halb geöffnet. Erbrochenes lief ihr aus dem Mundwinkel und war in Teilen angetrocknet. Ihre Haut sah aus wie eine Kraterlandschaft, übersäht mit grün-blauen Flecken und Pickeln. Mir war bis dato nicht bewusst gewesen, dass sich jemand durch Drogen so rapide verändern konnte.

Ich schob sie auf die Seite, damit ich die Küchentür ganz öffnen konnte, und zog sie an den Armen hinaus in den lichtarmen Flur.

»Drücken«, sagte ich zu Lenny, der das Shirt mit einer Schere aufschnitt und eine Sekunde später über ihrem Brustkorb hing.

»Wann hast du sie zuletzt gesehen?«, fragte ich in Connys Richtung.

»Heute Morgen.«

»Ich brauche den Absauger«, wandte ich mich an Lenny.

Lenny griff hinter sich. Ich drückte den Knopf und packte den Schlauch, hielt ihn in Karlas Mund. Grün-gelbe Flüssigkeit sammelte sich im Auffangbehälter. Dann beatmete ich in der kurzen Pause, die Lenny während des Drückens machte. Es funktionierte, obwohl sie sicher etwas von dem Erbrochenen in die Lunge bekommen hatte. Als Nächstes klebte ich die Paddles des Defibrillators auf und schaltete das Gerät ein. Nulllinie – schlecht. Ich nahm eine Venüle. Die Halsvene stand hervor. Ich staute mit meinem Finger und stach die Spitze der Venüle in die Haut ein, die an der Stelle so dünn ist wie Papier. Blut floss zurück und sammelte sich in der Kammer. Der Zugang lag. Nun gab es 1 Milligramm Adrenalin alle drei bis fünf Minuten in die Vene, und es hieß weiterdrücken, weiterbeatmen. Vorher noch eine Ampulle Naloxon gegen das Heroin.

»Wie sieht es aus?«, flüsterte Conny, die vom Wohnzimmersessel aufgestanden war und im Türrahmen stand. In dem Moment wünschte ich mir, sie würde so lachen, wie sie dies bei unserer ersten Begegnung getan hatte.

»Nicht gut. Die Lage ist ernst.« Schritte und Lärm vor der Haustür. Notarzt Boris trat über die Schwelle.

»Tut mir leid, dass es so lang gedauert hat. Wir waren an einem anderen Einsatz gebunden. Was ist passiert?«

»Vermutlich eine Überdosis mit Atemstillstand. Wir haben sie in der Küche gefunden. Ihre Mitbewohnerin hat sie heute früh zuletzt gesehen. Das therapiefreie Intervall ist unbekannt.«

»Mach mal mehr Licht.« Boris beugte sich hinunter. Ich nahm meine Taschenlampe und richtete sie auf Karla. Dann sah ich es. Rot-violette Stellen, die sich wegdrücken ließen, hatten sich oberhalb der Hautfläche gebildet, auf der Karla lag. Das schwerkraftbedingte Absinken des Blutes, das auch als Livores oder Totenflecken bekannt ist. Wir hatten sie übersehen, weil uns die Helligkeit gefehlt hatte. Lenny hörte auf zu drücken. Ich schaltete den Sauerstoff ab. Dann hielt jeder von uns kurz inne.

Der Moment, in dem ein Mensch für tot erklärt wird, ruft auch heute noch Beklemmung in mir hervor. Ich bin froh, eine derartige und endgültige Entscheidung niemals treffen zu müssen, weil ich eben kein Arzt, sondern Notfallsanitäter bin. Das Lebensalter spielt dabei für mich keine Rolle. Ein alter Mensch ist für mich nicht weniger wert als ein junger.

Ich trat vor die Haustür. Conny saß auf der Treppe davor und hatte ihre Stirn in die Hände gelegt. Tränen tropften vor ihr auf den Boden. Sie erzählte, dass sie kurz vor ihrem Abschluss stand. Die Therapie und der Abstecher in die Psychiatrie hatten ihr dabei geholfen, über das schlimmste Chaos in ihrem Leben und den Drogen-Ausrutscher hinwegzukommen. Im Gegensatz zu Karla war sie wieder auf ihren Füßen gelandet, so wie ich es bis dahin noch nie erlebt hatte.

Wir saßen noch einige Zeit still nebeneinander. Dann verabschiedete ich mich endgültig von Conny und hoffte insgeheim, sie niemals wiederzusehen.

Stille Wasser

Mein langjähriger Wachleiter war ein grau melierter Kerl mit akkurat geschnittenem Schnauzbart, den nichts aus der Fassung brachte. Jeden Morgen kam er mit Hemd und Jeans in die Wache, betrat sein Büro, schnappte sich seine Tasse und schlenderte in die Küche, um sich einen frisch gemahlenen Kaffee zu holen. Ich hatte ihn über die Jahre sehr schätzen gelernt. Ich kann mich an Situationen erinnern, in denen sein Handeln etwas unflexibel wirkte, aber letztendlich gelangte er immer zur Lösung des Problems. Das Schöne war, dass er es auf eine eigene Art und Weise schaffte, es allen recht zu machen. Ob ein Kollege kurzfristig einen freien Tag brauchte, der Bestand der Betäubungsmittel zum Zigtausendsten Mal nicht stimmte oder jemand privat ein neues Auto benötigte – mein Wachleiter konnte helfen. Und nur weil seine Lösungswege für mich manchmal nicht nachvollziehbar waren, heißt das ja nicht, dass er damit falsch lag. Wenn ich in seinem Büro saß, um mich über alles Mögliche auszukotzen, war schnell jeder Ärger vergessen, und die Rettungsdienst-Welt schien stillzustehen. Im Gegensatz zum Führungsstil der heutigen Riege hat er sich mit seiner Mannschaft solidarisiert und stand bedingungslos hinter ihr. Ich habe ihm zu verdanken, dass ich 1996 nach meinem bestandenen Staatsexamen als Rettungsassistent von meinem Kreisgeschäftsführer übernommen wurde. Dieser wollte erst nicht richtig ziehen und mich nicht haben. Mein Wachleiter setzte sich für mich ein, als gäbe es kein Morgen mehr. Zu diesem Zeitpunkt sah die Lage noch anders aus, keine Organisation suchte händeringend Mitarbeiter. Im Gegenteil. Die Zeiten waren hart und Stellen rar wie Plutonium.

2005: Mein Kollege Berti war mit dem zivilen Dienstwagen des Rettungsdienstes unterwegs und hatte den Auftrag, im Rahmen des Innendienstes Sachen zu erledigen. Berti hatte langes, wallendes Haar und setzte dieses gern auf Heavy-Metal-Konzerten zum Headbangen ein. Wie es sich für einen Heavy-Metal-Freak dieses Kalibers gehört, hämmerte im Dienst ordentlich Mucke aus den Boxen. Je mehr Dezibel und Beats per Minute, desto besser. An diesem Tag lauschte mein Kollege den Klängen der Band Pantera, die durch stakkatoähnliche Gitarrensalven in der Geschwindigkeit eines Maschinengewehrs und eine Stimme auffielen, als würde man durch ein übersteuertes Megafon schreien. Aufgrund der Lautstärke hörte man Berti aus Hunderten von Metern Entfernung heranfahren. Ich sah ihm dabei zu, wie er um die Ecke gebogen kam und den Dienstwagen direkt vor dem Fenster meines Wachleiters parkte. Den Schlüssel zog er ab, die Musik erstarb augenblicklich. Er stieg aus, grüßte mich und trat an mir vorbei in die Wache. Was ich zu diesem Zeitpunkt nicht ahnte: Berti hatte die Pantera-CD im Laufwerk vergessen. Und der Lautstärkeregler blieb dummerweise in seiner Einstellung, bis jemand den Zündschlüssel erneut herumdrehte. Davon hatte mein Wachleiter keinen blassen Schimmer. Er setzte sich eine Viertelstunde später in das Auto, hielt seinen Kaffeebecher für unterwegs in der Hand und wollte in die Zentrale fahren. Die Musik brüllte schlagartig aus den Boxen. Der Wachleiter riss mit einem Schrei beide Arme nach oben. Der Deckel des Thermobechers flog durch den Innenraum. Die schwarze, lauwarme Brühe spritzte über Hose und Hemd, tropfte vom Dachhimmel des Autos herunter und sickerte an der Konsole hinunter in die Lüftungsschlitze. Auch die Scheiben hatten gehörig etwas abbekommen. Das Gesicht des Wachleiters sah aus, als blicke er direkt in die Visage eines Monsters, das ihm den finalen Schlag versetzen wollte. Seinem feuerroten Teint nach zu schließen, war der Blutdruck geschätzt kurzzeitig auf 270 zu 130 gestiegen. Er riss den Zündschlüssel aus dem Schloss, warf ihn aus der geöffneten Fahrertür und nannte Berti einen verblödeten Affen. Den Rest des Tages verbrachte er in Dienstkleidung. Davon war zum Glück in der Wache reichlich vorhanden.

Ein Tag im Juni vor etlichen Jahren. Ich trat zur Tagschicht an, stand morgens in der Garage direkt neben dem Rettungswagen und wunderte mich, weshalb Lenny noch nicht da war, der wie an vielen Tagen mein Kollege für diese Schicht war. Ein ungeschriebenes Rettungswachengesetz besagt, dass man die jeweilige Besatzung eine halbe Stunde vor Dienstbeginn ablöst. Das mag zunächst vielleicht so klingen, als würde dadurch nur die Schichtzeit um eine halbe Stunde verschoben. Doch es macht Sinn. Denn sind Sie normalerweise eher zu Arbeitsbeginn ausgeruhter oder am Ende? Exakt – damit kurz vor Feierabend keiner mehr die Belastung hat und ausrücken muss, haben Retter in den achtziger Jahren diese Regel eingeführt, an die sich die meisten Kollegen gern halten. Es sei denn, sie werden spontan von einem Norovirus heimgesucht wie Lenny an diesem Morgen. Er hatte sich zwar sobald als möglich krankgemeldet, doch da das eine halbe Stunde vor Schichtbeginn passierte, gab es auf die Schnelle keinen Ersatz. Der normale, im Bett liegende Mitarbeiter tat sich da leicht, er musste ja das Telefon nicht abheben, wenn sich die diensthabenden Kollegen aus der Wache die Finger wund telefonierten. Für eine Führungskraft sah die Sachlage anders aus. Es kam, wie es kommen musste: Mein Wachleiter, der morgens immer etwas früher in der Wache eintraf, sprang als Fahrer ein.

Es dauerte nicht lange, bis uns die Rettungsleitstelle wegen einer Kopfplatzwunde alarmierte. Mein Wachleiter fluchte, stellte seine Tasse Kaffee auf den Fenstersims, drückte seine Kippe aus und stieg in den Rettungswagen. Zehn Minuten später hielten wir vor dem grauen Wohnblock.

»Aber ich wollte doch nur ein Glas Marmelade aus dem Schrank unten holen …«

»… und weiter?« Mein Wachleiter trat von einem Fuß auf den anderen.

»Ich habe nicht gecheckt, dass die Schranktür des oberen Schrankes auch geöffnet war.« Ein Tränchen lief dem Mittdreißiger die Wange hinunter. Mir entkam ein Grinsen.

»Ohhh … und dann hat das zarte Köpfchen ein Schrämmchen abbekommen, nicht?«

»Genau. Und nun blute ich.«

»Klar. Christian«, er sah zu mir hinüber, »wir benötigen sofort ein paar Konserven Null negativ. Könntest du bitte eine Schockraumanmeldung machen?« Ich dachte zuerst, mein Wachleiter würde das ernst meinen.

»Ich habe jetzt wahrscheinlich ein Loch im Kopf. Sehen Sie das denn nicht?«, der Typ blickte zu meinem Wachleiter hinüber. In diesem Moment klackte das Türschloss. Eine Frau, höchstens 30, betrat die Wohnung, zwei Einkaufstüten in der Hand. »Nicht erschrecken«, sagte ich. »Ihr Mann hat sich den Kopf gestoßen und uns verständigt.«

»Was zum … du hast den Rettungsdienst gerufen?« Sie sah zu uns herüber. »Sie müssen entschuldigen … mein Mann hat eine sehr seltene Form von frühem Alzheimer. Er kann nichts dafür.«

»Schatz? Ist es denn schon wieder Sommer?« Schlagartig veränderte sich sein Wesen. »Wir haben das Gemüse doch gerade erst geerntet …«

»Ja, es ist Sommer. Und wir haben frisches Gemüse. Komm, ich mache dir ein Pflaster auf deinen Kopf.« Sie öffnete den Erste-Hilfe-Kasten, der an der Wand neben dem Eingang hing, zog einen Pflasterstreifen heraus und klebte ihn ihrem Mann auf die Wunde.

»Wieder gut?« Sie küsste ihn.

»Ja … alles wieder gut«, sagte er, wandte sich ab, ging ins Wohnzimmer und setzte sich in seinen blass-blauen Ohrensessel vor den Fernseher. Mein Wachleiter zuckte mit den Schultern und wandte sich an die Frau.

»Tut mir leid. Das wussten wir nicht. Er wirkte ganz normal, als er die Tür öffnete.«

»Das muss Ihnen nicht unangenehm sein. Man merkt es wirklich nicht sofort. Tut mir leid, dass Sie umsonst hergekommen sind.« Ein wenig peinlich war es meinem Wachleiter schon, dass er den Mann wegen seines Notrufs verarscht hatte.

Wir verabschiedeten uns und machten uns auf den Weg zum Rettungswagen. In genau diesem Stil ging die Schicht weiter. Ein Kollaps, der keiner war. Ein Sturz in einem Altenheim, von dem man keine Verletzung sah. Und der Eisverkäufer, dessen Ischias ihn plagte und den wir zum Hausarzt schicken konnten. Bisher hatte es keine Katastrophe gegeben, und allen Menschen ging es unterm Strich gut. Bis der Melder uns nach dem letzten Einsatz aus dem Krankenhaus staubte und uns die Leitstelle zu einem Verkehrsunfall schickte. Ein Motorradfahrer war bei geringer Geschwindigkeit gestürzt und gegen ein Verkehrsschild gerutscht. Er lag seltsam verkrümmt direkt neben dem Schild und bewegte sich nicht. An der Verkehrsinsel stand eine Frau Mitte 20, die weinte. Offenbar war sie Zeugin des Unfalls gewesen. Ein älteres Ehepaar war an der gegenüberliegenden Ampel stehen geblieben. Mit weit aufgerissenen Augen sahen sie uns an. Ich beugte mich zu dem Kradfahrer hinunter.

Die Frau rief: »Er ist höchstens 20 gefahren. Vielleicht 30. Aber mehr nicht. Dann ist er ausgerutscht und gegen das Schild geknallt.«

Der Typ schüttelte den Kopf. Leises Röcheln. Die Augen waren halb geöffnet. Dem Kradfahrer ging die Kraft aus. Er hatte keine Motorradkombi an, sondern eine Jeans und ein weißes T-Shirt mit Terminator-Aufdruck. Ich glaube, es war *Terminator*

2 – Tag der Abrechnung. Die Aufschrift wirkte seltsam sarkastisch, wenn man den Motorradfahrer auf dem Boden liegen sah. Sein Bauch war konvex gewölbt. Nicht so, als wäre er dick, sondern, als wäre er mit Flüssigkeit gefüllt. Wir legten los, forderten einen Notarzt nach, der aber sehr weit von der Unfallstelle entfernt war. Dann legten wir ihm die Halskrause an. Ich scheiterte mit meinem Versuch, einen venösen Zugang in der Ellenbeuge zu platzieren. »Lass mich mal«, sagte mein Wachleiter, nahm eine braune Venenverweilkanüle aus dem Beutel und punktierte die Vene im Hinunterknien, als hätte er nie etwas anderes in seinem Leben getan. »Die liegt«, sagte er, ohne dass das nötig gewesen wäre, nahm das Funkgerät und forderte die Leitstelle in aller Seelenruhe auf, einen Schockraum zu buchen. Ich redete derweil dem schwer verletzten Kradfahrer beruhigend zu. Dass wir ihm helfen würden und er ins Krankenhaus müsse. Der Mann sah mich an, war aber nicht in der Lage, zu reagieren. Mein Wachleiter hatte in Nullkommanichts die Vakuummatratze auf die Trage und das Tragetuch daraufgelegt und den Absauger angeschlossen. Die sicheren Handgriffe erstaunten mich, denn der Mann hatte seit 15 Jahren keinen Rettungswagen mehr von innen gesehen – außer, er hatte diesen zur Werkstatt gefahren. Über das weitere Vorgehen waren wir uns nicht einig. Ich wollte den Mann entkleiden, um nach Verletzungen zu suchen. Mein Wachleiter wollte möglichst schnell losfahren, ohne auf den Notarzt zu warten. Ich hätte dem Patienten gern Blut abgenommen und ihn mit einem zweiten Zugang versorgt, um im Falle eines Blutverlustes nach innen für Ausgleich zu sorgen. Mein Wachleiter meinte, ich solle das auf dem Transport versuchen oder es sein lassen.

Als wir die Trage in die Notaufnahme schoben, hatte der Motorradfahrer keinen Puls mehr. Trotz geringer Geschwindigkeit war beim Aufprall auf das Verkehrsschild ein kleiner Teil der Aorta eingerissen. Blut war in den Bauchraum gesickert. Sein Glück war, dass wir innerhalb von 20 Minuten in der Notaufnahme waren. Wir hatten nicht auf den Notarzt gewartet, weil mein Wachleiter auf einen möglichst schnellen Transport gedrängt hatte. Der Kradfahrer wurde sofort in den OP geschoben, wo die Verletzung der Schlagader versorgt wurde. Der Mann überlebte seinen Unfall.

Vor der Notaufnahme zündete sich mein Wachleiter eine Zigarette an, zog daran und blies Kringel in die Luft. Ich meinte, ein Grinsen hinter seinem Schnurrbart zu entdecken. Er sah mich an, zögerte kurz, dann meinte er: »Bevor ich Wachleiter wurde, bin ich auch lange Zeit Rettungsdienst gefahren. Schließlich bin ich seit 1977 in diesem Job. Wir hatten damals zwar nicht so viele Möglichkeiten, aber die Einsätze waren die gleichen, und die Patienten waren genauso krank oder schlimm verletzt wie heute. Wir durften fast nichts, taten es aber trotzdem.«

»Ich bin beeindruckt«, erwiderte ich, »hättest du nicht so gedrängt, wäre der Mann jetzt wahrscheinlich Geschichte.«

»Mir war sofort klar, dass es bei dem Motorradfahrer um die Wurscht geht«, erklärte er. »Als ich den Bauch gesehen habe, wusste ich: Wir müssen sofort los – sonst ist es zu spät. Nur weil der Algorithmus sagt, ein Polytrauma muss zwei große Zugänge bekommen, dürfen wir unser Gehirn nicht abschalten.« Er hatte recht. Damit erteilte mir mein Wachleiter eine Lektion, die mich bis heute prägt.

Dann kam der Tag, an dem er wegen seiner permanenten Übelkeit zu seinem Hausarzt ging. Er hatte es lange Zeit auf den Stress in der Arbeit geschoben. Auf die vielen Schwierigkeiten und die Tatsache, dass die Geschäftsführung ihn gerne frühzeitig in Rente geschickt hätte – der Wachleiter passte nicht mehr in das Konzept einer jungen, gut steuerbaren Führung. Man gab ihm nur noch sinnfreie Aufgaben, die ihn verzweifeln ließen. Die ganze Organisation machte eine Veränderung durch. Auf einmal ging es um Profit und Kontrolle. Alte Werte wie Loyalität und Respekt vor dem Mitarbeiter verloren an Bedeutung. Allen schlug das auf die Stimmung, aber ihm ganz besonders. Er wollte jedoch nicht einfach so von der Bildfläche verschwinden, denn er liebte die Rettung und seinen Job und stand fest hinter seinem Team. Als sein Hausarzt Darmkrebs diagnostizierte, musste es schnell gehen. Eine Woche später lag er unterm Messer. Das OP-Team schnitt ihm einen Teil seines Darms heraus. Dann kamen Chemo und Erholung. Es dauerte lange, aber er kam wieder auf die Beine. Danach verließ er das Schiff, auf dem er über 40 Jahre gearbeitet hatte. Am ersten Oktober 2018 hatte der Wachleiter seinen Renteneintritt erreicht. Ich gönne es ihm von Herzen.

Toter Winkel

Laras 14. Geburtstag war eine Woche her. Ihre Eltern hatten ihr ein Fahrrad geschenkt, wie sie es sich gewünscht hatte: ein mattschwarzer Rahmen und dunkelblaue Felgen mit passender Gummierung am Lenkrad im Stil eines kleinen Hollandrades. Sie hatte eine Rose an der Klingel angebracht. Die Rose war schon immer ihre Lieblingspflanze gewesen. Lara zog ihre hellblauen Sneaker über ihre weißen Socken mit der blassblauen Aufschrift des Wochentages am Bund. Blau war eindeutig ihre Lieblingsfarbe. Vor dem Spiegel setzte sie ihren dunkelbraunen Haarreifen auf und strich das pastellblaue Kleid glatt. Sie besaß filigrane Gesichtszüge, schmale Lippen und scharf abgegrenzte Augenbrauen. Die Uhr zeigte 14:41 Uhr. Gut, dass das Thermometer die 20-Grad-Marke überschritten hatte.

»Ich fahr zur Oma«, rief sie. Ihre Mutter bat sie, rechtzeitig zum Essen wieder daheim zu sein. Lara versprach es, drückte die Klinke herunter und verließ das Haus am Ende der Isenberger Straße. In zehn Minuten würde sie bei ihrer Oma sein und an der Haustür schellen.

14:41 Uhr: Jürgen fuhr mit seinem Lkw von der Autobahn und steuerte direkt auf den Ort zu. Der bleiche, grau melierte Typ mit Kurzhaarschnitt und dem Goldohrring hatte erst letzte Woche seinen 50. Geburtstag gefeiert. Er hatte Tiefkühlware geladen. Seit mindestens 150 Kilometern zickte das Kühlaggregat. Die Konsole zeigte ihm in blinkendem Rot einen Fehler an. Die Kühlleistung ging beträchtlich zurück. Er musste sich beeilen, um die Ware ins Ziel zu bringen. Schweiß rann ihm am faltigen Hals hinunter und fing sich im natogrünen T-Shirt. Aus den Boxen tönte das Intro zu »The Great Commandment«.

Jürgen zündete sich eine Zigarette an und zog daran. Die Musik erinnerte ihn an seine letzten paar Wochen Ende der Achtzigerjahre in den pakistanischen Baracken von Parachinar und an die Masse an Afghanen, die man in Kabul direkt vor seinen Augen getötet hatte. Operation »Sommerregen« war für die Regierung ein voller Erfolg gewesen. Auch der Öffentlichkeit verkaufte man es später so, als sei alles wie am Schnürchen gelaufen. Darüber konnte er nur lachen. Niemand wusste, wie es wirklich am Hindukusch aussah. Er war ab 1984 für den BND unterwegs gewesen, um militärisches Material der Sowjets im Krieg gegen die Afghanen sicherzustellen und nach Deutschland zu schaffen. Hochbrisante Spionage, von der die Sowjets nichts erfahren durften. Doch eine kleine Elite-Gruppe von Russen hatte ihn geschnappt und gefoltert, kurz bevor sein Einsatz geendet hätte. Dass er von dort entkommen ist, verdankt er einem überirdischen Zufall und seinem Instinkt zu überleben. Seitdem sah er das Mündungsfeuer in seinen Träumen, das seinen Freund umgebracht und ihn selbst knapp verfehlt hatte. Sein Navi sagte, dass er in 15 Minuten am Ziel sein würde.

Lara strampelte, was das Zeug hielt. Sie wollte rechtzeitig zum Essen wieder zu Hause sein und trotzdem genügend Zeit mit ihrer Oma verbringen. Eine Dampferfahrt zum Geburtstag hatte sie sich von ihr gewünscht. Den ganzen Tag mit Oma unterwegs – das war nach ihrem Geschmack. Und nun würden die beiden ausmachen, an welchem Tag es losginge. Lara freute sich. Sie trat in die Pedale und konnte die Kreuzung am Ende der langen Allee schon sehen. Laras blaue Uhr zeigte 14:50 Uhr.

Jürgen bog von der Bundesstraße ab. Gerade hatte er sich noch einen Streit mit einem Autofahrer geliefert, der ihm direkt vor seinen Lkw gefahren war und ihn zum Bremsen gezwungen hatte. Der hagere, kleine Mann war nicht in der Lage, derartige Provokationen gelassen wegzustecken. Ein Überbleibsel von damals. Sein Blick verengte sich, er fühlte sich angegriffen, sah es überall blitzen. Seine Konzentration war am Nullpunkt angekommen, als er in eine der größten Hauptstraßen der Stadt einbog und auf die Kreuzung zur Alleestraße zusteuerte. Dort musste er abbiegen. 14:50 Uhr zeigte die Uhr in seinem Führerhaus.

14:51 Uhr: Lara rollte mit ihrem Fahrrad auf die Kreuzung zu. Die Ampel für die Fahrradfahrer zeigte grün. Sie beeilte sich, es noch über die Ampel zu schaffen, bevor diese auf Rot umschlagen würde.

14:51 Uhr. Jürgen sah Blitze, die wie Feuerstöße aussahen. Nur noch zweimal um die Kurve, dann im Hof einrangieren. Er steuerte auf die Ampel zu. Jedes Mal brauchte er lange, um nach einer Aufregung runterzukommen. *Zu* lange. Der Autofahrer hatte vorhin ganze Arbeit geleistet. Die Zugmaschine rollte über die Ampel. Mist – war sie rot oder grün? Jürgen sah das Ende der Straße mit der Einfahrt zum Hof der Firma, zu der er die angetauten Lebensmittel schaffen sollte. Jetzt an der Kreuzung rechts abbiegen. Toter Winkel ... war da jemand? Er hatte es nicht auf dem Schirm. Da war niemand. Oder? Dann ein Krachen und ein Schrei, der eine halbe Sekunde später erstickte. Lara hatte keine Chance, als sie auf die Straße fuhr und zwischen die 385er-Reifen der Zugmaschine geriet. Es ruckelte. War Jürgen über den Randstein gefahren? Er trat auf die Bremse. Aber zu spät. Dann realisierte er es. Nein, bitte nicht. Lass das nicht passiert sein. Die Blitze waren verschwunden, und im Kopf war nur Leere.

Auf der gegenüberliegenden Straßenseite stand ein Ehepaar in den Fünfzigern. Die beiden schrien auf, erstarrten für einige Sekunden. Dann ließen sie die Einkaufstüten fallen und rannten über die Straße. Ein Fahrzeug einer Bäckereikette stand im Querverkehr an der gegenüberliegenden Ampel. Der Fahrer, der um die 20 war, verließ es, lief über die Straße und zog sein Telefon aus der Tasche. 112.

»Der Rettungsdienst Notruf.«

»Kommen Sie schnell! Hier gab es einen Unfall.« Die Stimme des Mannes überschlug sich.

»Ganz ruhig … wo genau befinden Sie sich?«

»Ich bin an der Kreuzung Isenberger, Ecke Hauptstraße in Tregoldshof.«

»Was genau ist passiert?«

»Ein Fahrrad ist gegen einen Lkw gefahren.«

»Können Sie sehen, ob der Fahrradfahrer verletzt ist?«

»Ein Mädchen. Sie ist ganz jung. Liegt noch unter dem Lkw und bewegt sich nicht! Sie schnappt nach Luft. Kommen Sie!«

»Was heißt das – sie liegt unter dem Lkw?«

»Ich habe es gesehen. Der Lkw ist mit zwei Achsen drüber. Er hat sie beim Abbiegen übersehen.«

Kurze Stille, bevor der Telefonist dem Mann sagte, dass in Kürze Hilfe unterwegs sei und er das Gespräch beenden würde. Die Finger des Telefonisten flogen über die Tastatur. Er stellte sich bildlich vor, was dort in diesem Moment ablief. Ein Rettungswagen und ein Notarzt. Hubschrauber? Ja, gute Idee. Und die Feuerwehr zur Unterstützung. Dann die F10-Taste. Ein Signal ertönte im Funkraum, in dem die beiden Disponenten saßen und der mit einer Scheibe vom Raum der Telefonisten abgetrennt war. Der Disponent reagierte sofort, rief in sein Mikro: »Funkstille, Notarztalarm.« Die Aufforderung für die Fahrzeugbesatzungen, nicht dazwischenzufunken, da die Alarmierung sonst unterbrochen wird. Am Tastenfeld neben ihm tippte er fünfstellige Zahlenkombinationen ein, die er durch simultanes Drücken zweier Tasten aktivierte. Über Funk hörte man kurz darauf verschiedene Selektivruftöne, auf die unsere Piepser codiert waren. »Alle alarmierten Kräfte zum Verkehrsunfall.« Parallel rief der zweite Disponent in der Leitstelle der 40 Kilometer entfernten Großstadt an und erbat sich Unterstützung durch einen Rettungshubschrauber.

Lenny und ich standen in der Waschgarage und hatten die Bürsten mit dem Wasseranschluss in der Hand. Eine Seite des Rettungswagens sah schon wieder aus wie neu. Die andere Seite wies noch den Schmutz auf, der sich über eine Woche an ihr gesammelt hatte, als unsere Alarmempfänger losgingen. Das erinnerte mich an einen meiner Kollegen, der während des Dienstes beim Frisör gewesen war. Als der Melder gegangen war, war die Frisur nur zur Hälfte fertig gewesen. Das hatte ihm einige hämische Kommentare seiner Kollegen eingebracht.

Wir starteten und bogen bald schon in die Alleestraße ein, die sich über einen Kilometer zog. Wir waren das erste Rettungsmittel, das an der Einsatzstelle eintraf. Ich sah zuerst das Fahrrad, das zu einer seltsamen Form verdreht unter dem Anhänger lag. Lenny riss den Rucksack und die Sauerstofftasche aus dem Auto. Ich nahm den Absauger und das EKG. An der Ecke lehnte ein junger Typ an einem Verkehrsschild. Er hatte sichtbar an Farbe verloren. Eine alte Dame mit Kopftuch und Schürze stand direkt neben der Achse und weinte. Sie fixierte den Bereich, in dem jemand liegen musste. Ich trat dazwischen, kniete mich hin und blickte in aufgerissene, grüne Kinderaugen, in denen ich die Angst vor dem Tod erkennen konnte. Der Lkw stand mit der ersten Achse des Anhängers auf ihrem Oberschenkel und einem Teil der Hüfte.

»Kannst du mich verstehen?«, sagte ich, rechnete aber nicht mit einer Antwort und versuchte, die Atemwege mit meinem Stethoskop abzuhören. Die rechte Lungenseite war kollabiert. Ich hörte kein Atemgeräusch.

»Oma.« Ich stockte.

»Ich will nur zu meiner Oma.«

»Wir holen dich hier raus. Nicht bewegen!«, forderte ich sie auf. »Wie heißt du?«

»Lara.« Ich schluckte, versuchte aber, ruhig zu bleiben. Der Laster hatte ein geschätztes Gewicht von 30 Tonnen. Zu viel, als dass der Körper eines Kindes das unbeschadet überstehen könnte.

»Warum fahrt ihr nicht einfach runter?«, schrie der junge Mann, der den Notruf abgesetzt hatte.

»Fahrt einfach den Lkw runter!«

»Vielleicht könnten Sie sich um die ältere Dame kümmern«, sagte ich und deutete auf sie. Den Lkw wegzubewegen wäre keine gute Idee gewesen. Wenn der sich in die falsche Richtung bewegte, konnte er Lara sofort töten. Ihr Blutdruck war bei 70 zu 50, die Sättigung bei 85 Prozent. Sie blutete innerlich und geriet in einen Schock. Lenny gab ihr Sauerstoff und steckte die Infusion zusammen. Während er einen venösen Zugang legte, damit wir den Blutdruck irgendwie stabilisieren konnten, ging ich zur Fahrertür des Lkw. Auf dem Schild in der Windschutzscheibe stand ein Name. Niemand saß am Steuer.

Die Polizei hatte die Straße mittlerweile abgeriegelt. Ich bedeutete einem der Polizisten, dass in Kürze der rot-weiße Drehflügler landen würde. Der Kommandant der Feuerwehr stand neben Lenny.

»Wie sieht es aus?«

»Der Reifen steht zum Teil auf dem Fahrrad und zum Teil auf ihr.«

»Wir nehmen das Hebekissen.«

»Guter Plan«, antwortete Lenny. Der Kommandant lief zu seinen Leuten. Ein Hebekissen konnte etliche Tonnen an Gewicht anheben. So würde es der Feuerwehr gelingen, den Lkw von Lara herunterbekommen, ohne ihn nach vorne oder hinten bewegen zu müssen.

»Hat irgendjemand den Fahrer von dem Lkw gesehen?«, fragte ein Polizist in die Runde und erntete Kopfschütteln. Ich saß bei Lara, während die Feuerwehr die Hebekissen installierte.

»Ich will zu Oma«, stöhnte Lara. Tränen fingen sich in dem grünen Gummiband, das die Sauerstoffmaske am Kopf fixierte.

» Die Feuerwehr hebt den Lkw gleich hoch. Dann holen wir dich hier raus und bringen dich ins Krankenhaus. Bist du schon mal geflogen?«

»Nein.«

»Ein Hubschrauber kommt gleich. Extra für dich.« Sie lächelte und ergriff meine Hand. »Ich bleibe bei dir.«

Der Wind trug den Geruch der gegenüberliegenden Bäckerei zu uns und mischte ihn mit dem Gestank der Dieselmotoren. Endlich hörte ich das Klopfen der Rotorblätter. Der Helikopter landete direkt auf der Hauptstraße. Die Übergabe dauerte Sekunden und beschränkte sich auf Informationen zu Unfallhergang, Blutdruck und Sauerstoffsättigung und die Feststellung, dass Lara eine kollabierte Lunge hatte. Der Notarzt war auch der Meinung, dass wir das Mädchen schnellstmöglich befreien mussten. Eine rot-violett schimmernde Schattierung hatte sich an ihrer Hüfte und dem Oberschenkel gebildet. Ihr Kleid war zerrissen.

Die Feuerwehr hatte die Unfallstelle abgesperrt, den Lkw gesichert, die Zugmaschine vom Anhänger getrennt und war dabei, die Hebekissen zu montieren.

»Das tut alles so weh.« Die Worte trafen mich wie ein Messer in den Bauch. Ich zögerte und sah sie an. »Du kommst in ein Krankenhaus. Dort bleibst du, bis es dir wieder gut geht. Versuch, jetzt nicht mehr zu sprechen.« Lara stöhnte nur noch. Wir mussten jetzt zusehen, dass wir sie hinausbekamen.

»Gleich haben wir dich hier raus.« Ich sah zum Notarzt, der in eine andere Richtung blickte und fragte mich, was in dessen Kopf vorging. Lenny und die Hubschrauberbesatzung standen hinter uns. Unsere Trage mit der Vakuummatratze daneben, der Absauger ebenfalls. Irgendwelche Aggregate liefen. Überall waren Menschen zusammengelaufen und sahen zu, was sich abspielte. Die Polizei hatte keine Zeit und auch keine Leute, um die Gaffer zu verjagen. Die Feuerwehr hatte immerhin einen Sichtschutz aufgebaut. Kurz vor der Rettung wollte der Notarzt Lara intubieren, um ihr den Albtraum der Rettung zu ersparen. Davor war das nicht möglich. Wäre bei der Intubation etwas schiefgegangen, hätten wir das Problem durch Laras Position nicht lösen können. Ein Streifenwagen verließ mit quietschenden Reifen die Einsatzstelle. Ich hatte noch mitbekommen, dass sie nach dem Fahrer suchten, hörte sie etwas von »Ringfahndung« und »abriegeln« rufen. Der Blutdruck war in einem gefährlichen Bereich, wir mussten zusehen, dass wir den Lkw endlich wegbekamen. Der Kommandant signalisierte uns, dass die Hebekissen so weit waren und das Manöver starten könnte. Der Notarzt drehte die Infusion weiter auf, damit der Blutdruck wieder stieg.

Das Aggregat pumpte Luft in die Kissen. Der Anhänger fuhr unter Krachen nach oben. Einige Sekunden später war Lara frei. Wir bekamen sie zu fassen, zogen sie unter dem Anhänger hervor und hoben sie auf die Vakuummatratze. Dann ging es zur Versorgung in den Rettungswagen. Dem Mädchen ging es scheinbar besser. Die Flüssigkeit wirkte. Trotzdem wollte der Notarzt sie in Narkose haben, damit auf dem Flug die Atemwege sicher waren. Ich nahm ihre Hand und sagte, dass alles gut würde. Sie sah mich an. Dann drückte der Notarzt die Spritze ab. Zuerst eine klare Flüssigkeit in die Vene, dann eine milchige, und nochmals eine klare. Zwanzig Sekunden, nachdem das milchweiße Medikament in die Vene lief, schlief Lara. Der Notarzt setzte zur Intubation an und traf sofort. Dann noch die Thoraxdrainage, bei der man über einen kleinen Schnitt einen Trokar seitlich in den Brustkorb schiebt. Der Trokar selbst ähnelt einer überdimensionalen Stricknadel und besteht aus einem Titan- oder Stahlmandrin, den man aus dem kleinfingerdicken Plastikschlauch herauszieht. Der Schlauch selbst bleibt im Brustkorb und befördert Luft, Flüssigkeit oder Blut aus dem Brustkorb heraus. Lara war versorgt und bereit für den Flug. Wir lagerten sie auf die Trage des Hubschraubers um und schoben sie hinten in die Maschine hinein. Der Co-Pilot lief für einen kurzen Sicherheitscheck um den Hubschrauber herum und stieg ein. Dann hob der Rettungshubschrauber ab.

An solchen Tagen frustriert mich, dass wir Retter fast nie erfahren, was aus dem Patienten geworden ist. Wir setzen unser Wissen und unser Können ein, um jemanden zu retten. Danach sind wir professionell genug, um den Einsatz abzuschließen und zum nächsten Notfall zu fahren. Den betroffenen Menschen zu vergessen, ist nicht einfach, und manchmal funktioniert es nicht – dann wenn ein Einsatz dramatisch verläuft und wir auf Menschen treffen, die durch besonders unglückliche Umstände zu Opfern werden. So, wie das bei Lara der Fall war.

Einige Wochen später fuhr ich die Alleestraße entlang zu einem Termin. Ich steuerte auf die Kreuzung Isenberger, Ecke Hauptstraße zu und rollte in Schrittgeschwindigkeit an die Ampel heran, die mir Rot zeigte. Als die Menschenmenge vor mir über die Straße ging und die Stelle freigab, sah ich es: Ein Fahrrad mit einer Rose am Lenker, das an einen Laternenmasten gelehnt und mit einer Kette versperrt war. Fahrrad und Rose waren komplett mit weißer Farbe angestrichen – ein Geisterrad als Zeichen für den Tod eines Radfahrers an dieser Kreuzung. Nur die Klingel war pastellblau – weil Lara dieses Blau so liebte.

Akute Psychose

Er kauerte in der Ecke. Sagte nichts und sah sich mit aufgerissenen Augen immer wieder um. Kugeln verfehlten ihn. Schritte trampelten an ihm vorbei und schienen dicht an ihm dran zu sein. Hatten sie seine Spur endlich verloren? Er wusste es nicht und blieb besser in Deckung. Die Auftraggeber hatten ihm nicht gesagt, dass seine Mission gefährlich sein würde. Dass ihn die Russen schnappen und foltern würden. Dass er es fast nicht überleben würde.

Nach Afghanistan wollte er zu Hause doch eine Familie haben. Eine Frau und ein Haus mit Garten und einer Schaukel für mindestens drei Kinder. Aber das hatte er vergeigt. Seine Ehe war gescheitert, weil er ihr im Schlaf an den Hals gegangen war und sie zwei Tage später in Todesangst aus dem Bett geworfen hatte, als sie ihn geritten hatte. Ein Impuls, an den er sich kurz darauf nicht mehr erinnern konnte. Sie vertraute ihm danach nie wieder und verließ ihn. Er verwandelte sich vom empathischen, reaktionsfreudigen Philanthropen zum in sich gekehrten Sonderling. Irgendwann war sein Geist so vermurkst, dass ihn keine Frau mehr haben wollte. Der Zug war abgefahren.

Im Stechschritt hatte er seinen Lkw nach einem Unfall verlassen, den er verschuldet hatte. Fahrerflucht. Jetzt steuerte er wie blind durch die Gassen. Weg von dem Unfall, weg von dem Stress. Das war zu viel. Seine Therapeutin hatte ihn vor einem Overflow gewarnt. Zu viel Stress war für ihn wie ausströmendes Gift in einem winzigen Raum.

Der Hinterhof. Das war die Rettung. Hinter den großen schäbigen Müllcontainern wollte er Deckung finden. Aus der mickrigen, schäbigen Holztür, die den Weg zur Küche einer italienischen Imbissbude freigab, quoll der beißende Geruch nach altem Fett und vermischte sich mit dem Gestank des Abfallcontainers und Zigarettenrauch. Irgendwer rauchte.

Wer raucht? Der Italiener? Was machen die Italiener hier? Haben sich die Russen am Ende ein paar Partisanen angeheuert? Das ist nicht gut.

»Mamma mia ragazzo! Was maggste du ’ier ’inten?«

Müllcontainer. Der Müll. Warum stinkt Müll? Es sind doch nur weggeworfene Sachen. Ab wann werden Sachen zu Müll undwannfängtallleszustinkenanundwerbestimmtdaseigentlich …

»Siehste du niggt gut aus. Wasse los? Kannste du ’ier ’inte niggte bleibe.«

Die Partisanen! Sie sind zu nah zum Fliehen! Ich muss Schutz suchen. Oder angreifen. Besser, wenn sich das vermeiden lässt. Kühlen Kopf bewahren. Lage checken. Namen vergessen. Alles vergessen. Ich bin eine Nummer. Namen habe ich keinen. Ich bin Nummer Q8073.

»EEhh … guggste du jetz’, dass du ’ier verschwindest. Isse privat, haste du nix zum Suchen!«

»Ich bin Q8073, Bundeswehr! RÜCKEN SIE AB! Das ist meine erste Warnung!«

»Spinnte där? Romano! Ciama a polizia! Chistu ’mpazzi … bei däm iste niggt ganz richtig. Iste bissi Sicherung kaputt in Kopfe.«

Kurze Zeit nach diesem Dialog ging unser Piepser. Dabei hatten wir unseren Rettungswagen gerade erst wieder einsatzklar bekommen. »Einsatz für den RTW 1/83/1 … Friedenstraße, Psychose. Polizei kommt ebenfalls. Eigenschutz beachten«, tönte die Durchsage aus dem Lautsprecher des Alarmempfängers.

Lenny drückte auf den Knopf zum Hochlassen des Rolltors der Fahrzeughalle. Es war mittlerweile dunkel. Als ich den Einsatzort auf dem Display las, fror ich. Ein paar Hundert Meter weiter, Kreuzung Isenberger, Ecke Hauptstraße, hatten wir nur einige Stunden zuvor einen schweren Verkehrsunfall gehabt, bei dem die vierzehnjährige Lara unter die Räder eines Lkws geraten war.

»Mir steckt das von vorhin noch in den Knochen«, sagte ich.

»Kann ich verstehen«, antwortete Lenny, »so einen schweren Unfall hatte ich seit Wochen nicht mehr. Das arme Kind. Übel.« Er kurbelte am Lenkrad und bog in die Hauptstraße ein. Ein Fußgänger war im Begriff, die Straße zu betreten. Er sah uns, stoppte und hielt sich die Ohren zu. Der RTW rauschte an ihm vorbei. Die weißen Häuserwände reflektierten das blaue Blitzen der Signalanlage und erzeugten in der abendlichen Dämmerung die typische Stimmung, die den Rettungsdienst mitunter ausmacht. Der Lkw stand noch am Unfallort. Einige Polizisten und ein Typ in Zivil waren damit beschäftigt. Vermutlich war dies der Gutachter, der immer dann zum Einsatz kommt, wenn jemand lebensgefährlich verletzt wird oder sogar gestorben ist. Überall Polizeiabsperrbänder. Und das kaputte Fahrrad. Noch 500 Meter. Dann zeigte das Navi unser Ziel an.

»Lass uns erst mal gucken. Psychose kann alles sein. Weißt du noch, der Clown, der uns die Handschellen der Polizei abgerissen hat? Oder die Alte, die die Leute aus ihrem Fenster raus mit Scheiße beworfen hat?«, sagte ich.

»Maaann, ja!«, lachte Lenny, und schon rollten wir in die Szene. Wir schalteten das Blaulicht aus. Der RTW kam vor einer alten hüfthohen Mauer aus Lehm mit Durchgang zum Hinterhof zum Stehen. Ein dicker Italiener stand mit seiner Kochmütze und Kochlöffel vor der Holztür und winkte uns zu. Daneben kniete ein hagerer Typ in einem olivgrünen T-Shirt auf dem Boden. Dann wartete da noch einer, der sich als Romano vorstellte. Weit und breit war kein Streifenwagen zu sehen. Die Lage schien mir sicher.

»FREUNDODERFEIND?« Er riss die Augen auf.

»Äääh ... der ... Rettungsdienst.«, entfuhr es mir. Lenny schmunzelte.

»Rettungsdienst ist gut. Rettung ist gut. Rettung naht. Aber ist sie wirklich nah und ist es wirklich Rettung? Passt auf, Jungs. Die Partisanen warten hinter der Tür. Kommt hier rüber, ich gebe euch Deckung.«

»Der ist ja völlig durch«, flüsterte Lenny, ohne die Lippen zu bewegen.

»Es ist nicht so schlecht. Er hat eine Plussymptomatik, allerdings ohne aggressive Inhalte uns gegenüber. Wir könnten eine Compliance herstellen«, zog ich einen Mundwinkel nach oben.

»Klugscheißer. Hast wohl gestern auf dem Klo wieder heimlich im Psychologiebuch deiner Frau geschmökert, oder?« Lenny hatte zufällig recht. Dieses Wissen hatte ich mir tatsächlich einige Tage zuvor aus einem derartigen Buch angeeignet. Das behielt ich jedoch für mich und grinste nur.

»JETZT, wenn euch euer Leben lieb ist! Die Russen werden nicht mehr lange auf sich warten lassen, und dann ist das hier durch.«

»Hör mal«, flüsterte ich und halbierte meine Sprechgeschwindigkeit dabei, »unser Rettungswagen parkt um die Ecke. Eine bessere Deckung gibt es nicht.«

»Die Russen scheren sich einen Dreck um die Genfer Konvention. Kommt in Deckung!«

»Aber die Partisanen tun es …« Einen Versuch war es wert. Er hielt kurz inne. »… und die Russen sind noch nicht hier. Uns bleibt nur ein kleines Zeitfenster. Also, wie ist es?« Er sah zuerst mich an, dann die Tür des RTW, stand auf und ließ sich zum RTW führen. Jackpot! Er nahm uns die Nummer mit der Genfer Konvention ab. Da Sanitäter nach dieser Konvention nicht angegriffen werden dürfen, saß er kurze Zeit darauf in unserem RTW. Tür zu. Lenny schnallte ihn auf dem Stuhl an.

»Hast du Papiere dabei?«, fragte ich, rechnete aber nicht mit einer Antwort. Er griff in die Tasche und zog eine Versichertenkarte heraus, die er mir als seinen Truppenausweis der Armee verkaufen wollte. Manchmal erlebt man doch die eine oder andere Überraschung. Sein Name war Jürgen Krentz.

In der Therapie ist es unangebracht, mit der Psychose mitzugehen und den Patienten in seinem Gedankenpudding auch noch zu bestärken. Das macht es ihm umso schwerer, zwischen Realität und Kopfkino zu unterscheiden. Bei so einem Einsatz bleibt einem aber oft kein anderes Mittel. Dann reinigen wir mit dem Funkgerät schon mal das Auto von schädlicher Strahlung oder bringen EKG-Elektroden auf der Stirn des Patienten an, um die Gedankenkontrolle durch die außerirdischen Besucher des dritten Saturnringes zu unterbrechen. Rechtlich haben wir wenig Handhabe, solange der Patient nicht selbst- oder fremdgefährdend ist. Ob er das ist, entscheidet die Polizei. Da die wenigsten Polizisten fundierte Psychiatriekenntnisse besitzen, gehen sie lieber auf Nummer sicher und sacken den Störer ein. Hier kommt dann das nächste Problem. Denn Menschen in Uniform wirken auf Menschen mit Psychose meist bedrohlich. Einem Psychotiker ist mit Erklärungen nicht beizukommen. Der Kortex, das Zentrum für logisches Denken, befindet sich wie in einer Rückkopplung: Kammerflimmern im Hirn. Psychotiker reagieren nur noch, und zwar mit ihrem Hirnstamm. Also Kampf oder Flucht. Leben oder sterben. Da wird so einiges egal. Sie entwickeln oft übermenschliche Kräfte, die dem Adrenalinüberschuss innerhalb der Psychose geschuldet sind. Gerät man in das Feindbild eines solchen Patienten, hat man kaum mehr eine Chance auf Behandlung ohne Zwangsmaßnahmen durch die Polizei. Keine gute Idee ist es also, einen Psychotiker zu verarschen. Allerdings sind die Realitäten, in denen sich der Psychotiker befindet, oft dermaßen absurd, dass es manchmal schwerfällt, ernst zu bleiben. Es ist also ein schmaler Grat, auf dem wir uns in so einem Einsatz befinden.

Mitten in diesen Gedanken sah ich den Streifenwagen anrollen. Er stoppte knapp hinter unserem RTW. Zwei ältere Polizisten stiegen aus. Ich beeilte mich, den RTW zu verlassen, bevor Jürgen einen der Polizisten sehen und die Lage eskalieren konnte. Der Polizist blickte mich an. Ich erklärte ihm die Situation und hielt ihm einen Transportschein hin mit dem Hinweis, dass hier die Daten des Patienten draufstünden. Der Polizist las den Namen und schluckte.

»Das isser.«

»Wer?«, fragte ich.

»Eine Fahndung läuft nach dem. Das Arschloch hat heute Nachmittag eine 14-Jährige platt gefahren und sich einfach verpisst.« Ich ärgerte mich über die Ausdrucksweise des Polizisten, hatten wir es doch trotz allem mit einem Menschen zu tun. Der Polizist meinte, sie würden mit dem Streifenwagen hinter uns herfahren, und der Typ würde ohnehin eingesperrt, sollte er nicht im Krankenhaus bleiben.

Jürgen hat ein junges Mädchen umgebracht. Natürlich kann er nichts dafür, wenn die posttraumatische Belastungsstörung aus den achtziger Jahren dafür verantwortlich ist. Ob er deshalb ins Gefängnis muss oder nicht, wird deswegen ein Gutachter klären, und ein Richter wird darüber entscheiden. Falls er nicht verurteilt wird, werden etliche Menschen auf den Psychologen schimpfen, der Jürgen mangelnde Zurechnungsfähigkeit bescheinigt hat. Ich habe momentan keine Meinung dazu. Fair ist es nie, wenn durch einen schlimmen Fehler ein Kind sterben muss … ein Mensch sterben muss. Selten haben wir so klar beide Seiten vor Augen wie an diesem Tag.

Pflegenotstand

Der Tag fing schon scheiße an, als ich nach der Freinacht am 1. Mai morgens an mein Auto und in den Hundehaufen davor trat. Also noch mal zurück, um den Schuh sauber zu machen. Dann wieder zu meinem Auto, das ich erst umkreiste. Es war nichts zu sehen. Keine Beschädigung, kein Klopapier, das tonnenweise um meine Karre gewickelt war, keine umgebogenen Scheibenwischer. Auch die Luft war noch in den Reifen meines dunkelblauen Passat. Gerade wollte etwas Freude in mir darüber aufkommen, dass die Vögel zwitscherten und beim Ausatmen endlich kein Hauch mehr zu sehen war, als ich an meiner Fahrertür den Griff betätigen wollte. Der verblödete Krapfen, der eine Tube Zahnpasta unter meinem Türgriff entleert hatte, wusste natürlich genau, dass ich diesen ziehen musste, wenn ich losfahren wollte. Ich wünschte den Kerl zum Teufel und machte mich nach einer gründlichen Reinigung meines Griffes auf den Weg in die Wache. Lenny fand die Geschichte deutlich lustiger als ich. »Bei mir war nix«, sagte er, griff in eine Tüte mit Marzipaneiern und schob sich gleich zwei in den Mund. »Auch welche?« Ich winkte ab. Marzipan und Zartbitterschokolade kommen für meine Geschmacksnerven gleich nach einem Mix aus Lebertran und Wirsing.

Exakt 7 Uhr. Die andere Besatzung war gerade unterwegs zu einem Einsatz. Ich genoss die Stille in der Wache, bevor mich mein Alarmempfänger beinahe vom Stuhl riss. Die Einsatzmeldung sagte mir nichts. »R1000, Bewusstsein, Bewusstsein, RD1, Altenheim.« Das konnte alles und nichts bedeuten. Tor auf, Automatik auf D, Blaulicht. Wir fuhren die lange Alleestraße entlang, die von unserer Wache in die Stadt führte. Die Leute, die uns in ihren Autos entgegenkamen, schienen wach und bestens gelaunt. Hinter den Scheiben wurde gelacht und gescherzt. Auch eine positive Wirkung des Frühlings, morgens endlich nicht mehr in graue, müde Gesichter blicken zu müssen.

Niemand erwartete uns vor dem Altenheim. Auf der Fahrt hatte ich mich noch geärgert. Es passiert sehr häufig, dass alte Menschen nachts aufstehen, um zum Beispiel auf die Toilette zu gehen. Dann stürzen sie und ziehen sich oft nur leichte Verletzungen zu. Die Frühschicht findet sie dann und ruft die 112 – egal, wie ausgeprägt die Wehwehchen sind. Melden macht auch im Altenheim frei von jeglicher Verantwortung. Das Problem ist, dass wir dank des öffentlich-rechtlichen Beförderungsvertrages jeden Patienten zur Diagnostik ins Krankenhaus transportieren müssen – egal, wie leicht die Verletzung ist. Meist macht das aber keinen Sinn, da im Krankenhaus nicht einmal eine Computertomografie gemacht wird, wenn der Patient nicht bewusstlos war und keine blutverdünnenden Medikamente einnimmt. Aber gut. Schlechte Laune zu haben wegen eines Einsatzes, der ja auch völlig anders verlaufen konnte, machte keinen Sinn.

Über den übergroßen Aufzug erreichten wir den ersten Stock. Eine Pflegerin, die offenbar reichlich Kontakt mit Exkrementen gehabt hatte, deutete in Richtung eines Ganges. »Zimmer 104. Dort liegt er.« Sie würgte.

Lenny parkte die Trage direkt vor diesem Zimmer. Immer wenn wir in ein Altenheim fahren, nehmen wir die Trage bereits mit und laden alles an Material darauf ab. Das spart Zeit, zumal wir den Patienten meist sowieso transportieren müssen. Aus dem Zimmer mit der Nummer 104 dröhnte der Ton eines Fernsehers. Ich drückte die Tür auf, die einen Spalt weit offen stand. Es stank nach dünnflüssigen Ausscheidungen. Also beschloss ich, vor dem Eintreten einen Schutzkittel, lange Handschuhe und eine Maske anzuziehen. Im Zimmer lag ein Bewohner des Heims im Bett und sah in die Glotze, die am Fußende auf einem Tisch aufgestellt war.

»Guten Tag. Wie geht es Ihnen?«, fragte ich den Mann, »bekommen Sie genug Luft?«

»Ja natürlich«, antwortete er und sah weiter in den Fernseher. »Was wollen Sie von mir?«

»Man hat uns gerufen, weil es Ihnen schlecht gehen soll. Was fehlt Ihnen denn?«

»Mir? Nichts weiter. Aber wenn Sie schon mal da sind: Können Sie mir vielleicht das Glas Wasser reichen, das dort drüben auf meinem Tisch steht?« Ich nahm das Glas und gab es dem Mann, der augenscheinlich gesund war. »Und das Fenster. Könnten Sie das Fenster bitte öffnen? Es stinkt nämlich so.« Auch das tat ich.

»Wissen Sie, auf die Pfleger von heute ist auch kein Verlass mehr. Ich rufe seit einer halben Stunde wegen dem Wasser, und der Pfleger will einfach nicht aus meinem Klo kommen …«

»Wie bitte?« Ich trat an die Toilette und drückte die Tür einige Zentimeter auf. Das Licht brannte. Ein Turnschuh war zu sehen. Man konnte meinen, derjenige sei in Nutella getreten. Es stank wie in einer Güllegrube. Ich schob den Fuß mit der Tür beiseite. Der junge Pfleger lag eingepfercht zwischen Kloschüssel und Wand in seinem eigenen Durchmarsch. Auch die Wand über der Toilette war gesprenkelt, als hätte sich hier jemand mit brauner Farbe im Airbrush-Design versucht. Aus dem Hosenbein lief dünnflüssige Masse. Die Spur direkt hinter der Tür verriet, dass der Pfleger zuerst etwas verloren hatte und dann darauf ausgerutscht sein musste. Bis dato hatte ich mir nicht im Traum vorstellen können, dass so viel auf einmal aus einem Menschen herauskommen konnte.

»Mir haut's sofort den Kreislauf zusammen, wenn ich versuche, aufzustehen«, sagte er und würgte. Der Pfleger hatte sich zuvor bereits reichlich in die Duschkabine erbrochen, sich hineingelehnt und anschließend alles rundum verschmutzt, als er versuchte, sich aufzurichten. In diesem Moment taten mir diejenigen leid, die dieses Malheur beseitigen mussten.

Das Norovirus ist so ansteckend, dass der Kontakt mit wenigen Virenpartikeln bereits ausreicht, um daran zu erkranken. Schon eine einzige infizierte Person kann eine lokale Epidemie auslösen. Der Verlauf ist so steil wie die letzten paar Meter zum Gipfel des Mount Everest. Wenn Sie selbst bereits eine derartige Infektion hatten, werden Sie bestätigen, dass es beginnt, als würde man einen Schalter umlegen. Von null auf Brech-Durchfall in 0,0 Sekunden, wobei die Infektion in Einzelfällen auch mal nur mit Erbrechen oder Durchfall einhergehen kann. Wohl dem, der in diesem Moment zu Hause in der Nähe seines WCs ist. Der Kreislauf bricht dadurch zusammen, weil der Patient erheblich an Flüssigkeit verliert. Vermeiden kann man das nur, indem man sich regelmäßig die Hände wäscht und desinfiziert und nach Möglichkeit keine Hände schüttelt und Klinken in öffentlichen Bereichen meidet wie der Teufel das Weihwasser. Die Verbreitung ist in Altenheimen und auch an Plätzen, an denen viele Menschen untergebracht sind, enorm.

Es half nichts. Aufgrund des Flüssigkeitsverlusts und der akuten Schwäche musste der Pfleger in ein Krankenhaus. Sie können sich vorstellen, dass man dort höchst erfreut war. Schließlich muss dafür extra ein Raum freigeräumt und alles an Geräten abgedeckt werden, was nicht benötigt wird. Krankenhauspersonal muss sich in Schutzkleidung begeben, bevor es das Zimmer betreten darf. Wenn der Patient im Krankenhaus behalten werden muss, muss ein Einzelzimmer bereitgestellt werden. Wenn ein Hospital in den Wintermonaten viele derartige Patienten bekommt, kann das ein System zum Erliegen bringen.

Der Einsatz war abgearbeitet. Wir meldeten uns wieder klar. Der Rest des Tages verlief halbwegs ruhig. Eine Kopfplatzwunde hier, ein Kreislaufkollaps dort. Gegen 17 Uhr hatten wir unseren letzten Einsatz: ein Patient aus dem Hinterland, der zum Katheterwechsel in die Urologie musste. Lenny gab Gas.

»Ist Ihnen nicht gut?«, sagte der Patient, musterte mich von der Trage aus und hatte die Stirn in Falten gelegt.

»Wie kommen Sie darauf?«, antwortete ich und wunderte mich. Aber er hatte recht. Mir ging es auf einen Schlag wirklich nicht mehr gut.

»Sie sind weiß wie Milch.«

Aber was war passiert? Hatte ich mich infiziert, obwohl ich so aufgepasst hatte? Leider bietet die Schutzkleidung keinen hundertprozentigen Schutz vor dem Virus. Wenn das Immunsystem in diesem Moment vielleicht noch geschwächt ist, hat der Erreger freie Bahn. Die Inkubationszeit, also die Zeit, die von der Kontamination bis zum Auftreten erster Symptome vergeht, beträgt zwischen kurzen sechs und immerhin 50 Stunden. Der Einsatz lag zehn Stunden zurück. Das passte. Verdammt. Lenny hielt mit dem Rettungswagen genau vor dem Haupteingang und öffnete die Seitentür.

»Was ist denn mit dir los?«, fragte er mich.

»Ich glaube, Ihrem Kollegen geht es nicht gut«, antwortete der Patient, ohne dass das nötig gewesen wäre. Mir rann der Schweiß hinunter. Mein Shirt konnte ich mittlerweile auswringen. Ich kam mir vor wie jemand, der im Entzug war, denn ich konnte den feinen Tremor meiner Finger nicht unterdrücken. Ein sonores Blubbern dröhnte aus meinem Bauch. Ich zog mich am Griff hoch und versuchte so, die Beine zusammenzuhalten. Jetzt nur nicht die Arschbacken lockerlassen, sonst hätte es ein Unglück gegeben. Ich presste meinen Atem durch die Zähne. Lenny lud die Trage aus und brachte den Patienten in die Ambulanz. »Alles Gute«, hörte ich noch und fand das eigenartig, denn normalerweise wünscht das nicht der Patient dem Retter, sondern umgekehrt. Schritt für Schritt arbeitete ich mich vor. Ich spürte den Druck, der sich mittlerweile in meinem Verdauungssystem aufgebaut hatte und nun unbedingt einen Weg nach außen suchte. Die Tür war in greifbarer Nähe. Die Klinke – ich drückte sie hinunter. Mit einem BLAM schlug ich die Tür hinter mir zu, ich gab mir keine Mühe, leise zu sein. Ich drehte den Sperrriegel. Die rettende Kloschüssel – direkt vor mir. Jetzt den Deckel hoch. Mist, der Reißverschluss meiner Hose klemmte. Ich riss daran, bis das Metall nachgab. Die feinen Zähnchen des Reißverschlusses waren so zerstört, dass sie sicher nie wieder ineinandergreifen würden, aber das war mir egal. Ich riss mir die Hose herunter und setzte mich gerade so auf die Schüssel. Dann machte es BÄM! In genau diesem Moment konnte ich nachvollziehen, was es heißt, wenn einem der Arsch platzt. Für mich bekam der Begriff »Arsch-Bombe« eine ganz neue Bedeutung. Aber das war es noch nicht ganz. Wie bei der Feuerwehr hätte mein »Endrohr« nun auch eine Wasserstrahl-Druckbegrenzung benötigt – nur eben nicht für einen Wasserstrahl. Ich erspare Ihnen weitere Details, denn der Rest war schlimm genug. Schließlich schlich ich zum Leitstand und erbat einen Mitarbeiter der Putzkolonne in die Toilette. Dann machte ich mich vom Acker. Ab in die bunt lackierte Frittenbude und Richtung Wache. Ich konnte froh sein, dass sich die Infektion bei mir nur durch Dünnpfiff und eine latente Kreislaufproblematik bemerkbar machte. Lenny grinste und nuschelte in meine Richtung, dass das »heute wohl nicht so mein Tag« sei und ich ihn ja nicht anstecken solle.

Nachdem wir in der Wache eingeparkt hatten, hielt ich mich nicht mehr lange dort auf. Ich packte meine Sachen, zog mich um und verzog mich nach Hause. Der Tag endete, wie er angefangen hatte: voller Scheiße. Aber manchmal ist das so. Dafür wird der nächste Tag dann oft umso besser.

Ausgelöscht

Der Rettungsdienst ist oft mit negativen Aspekten behaftet. Wir sehen hoffnungslose Fälle, bei denen schon beim Betreten des Notfallortes von Anfang an klar ist, dass das nichts mehr werden kann und wir rein für die Angehörigen tätig werden. Menschen bekommen ein ungutes Gefühl, wenn sie uns mit Blaulicht und Martinshorn vorbeifahren sehen. Sie werden wütend, weil sie sich durch den Lärm und den Umstand belästigt fühlen, ihren Tagesablauf für Sekunden unterbrechen und ihre Karre für uns auf die Seite fahren zu müssen. Farblose Figuren jeden Alters, die uns den Mittelfinger zeigen oder mit hochroten Köpfen hinter der geschlossenen Scheibe vor sich hin gestikulieren. Bis sie uns selbst brauchen. Dann kann es nicht schnell genug gehen.

An jenem Mittwochnachmittag im Herbst holten das Gepiepse und die Vibration des zigarettenschachtelgroßen schwarzen Alarmempfängers Lenny und mich aus der Ruhe und den Gedanken an einen pünktlichen Feierabend, der nicht mehr gewährleistet war. Ich brauchte etwas Zeit, um den Alarm mit dem Knopf des Gerätes zu bestätigen, der hinter einer abgenudelten blassroten Randgummierung lag. Wie durch Watte drang die Einsatzbeschreibung an mein Ohr: Verkehrsunfall, Rübfelder Landstraße. Mist, 16 Uhr vorbei. Überstunden waren also sehr wahrscheinlich, denn die Schicht hätte um 18 Uhr enden sollen. Mein schlechtes Gewissen, erst an meinen Feierabend gedacht zu haben, schob den Gedanken sofort weg, denn jetzt brauchte ein Mensch unsere Hilfe. Lenny tippte das Ziel in das Navigationsgerät ein. Dann öffneten wird das Tor, Automatik auf D, Statusänderung am Funkgerät – ab zum Einsatzort. Kühle Luft drang durch das leicht geöffnete Seitenfenster. Wir hetzten zum Zielort und hatten keine Ahnung, was uns erwarten würde. Über das Funkgerät schnappte ich weitere Alarmierungen auf. Ein Hubschrauber, ein First Responder und noch ein Rettungswagen sollten ebenfalls zur Einsatzstelle. Das hörte sich nach einem unguten Einsatz an.

Kurz vor dem Ortsausgang passierte es. Die Ampel an der großen Kreuzung war rot, die zweispurige Straße voller Autos. Lenny stellte das Martinshorn auf Pressluftfanfare um, die den Autofahrern den Marsch blies, dass ihnen die Hörnerven glühten. Seit einiger Zeit aber fuhr ein grünes Ford-Escort-Cabrio mit schwarzem Faltdach vor uns her und bewegte sich nicht aus dem Weg. Der Fahrer im Holzfällerhemd machte keinerlei Anstalten, seine Möhre auf die Seite zu bewegen. Im Gegenteil. Er bremste und wollte uns offenbar mit seiner Schlangenlinienfahrt ärgern. Lenny fuhr fast auf. Dann gab der Typ wieder Gas, aber anstatt seine Karre auf die Seite zu lenken, fuhr er in die Rettungsgasse ein, die sich gebildet hatte. An der Haltelinie kam er zum Stillstand und traute sich nicht, in die Kreuzung einzufahren. Das Martinshorn brüllte. Seine Reifen bewegten sich nach links und nach rechts. Der Typ schien nicht zu wissen, in welche Richtung er fahren sollte. Er ließ das Fenster herunter, streckte seinen Kopf heraus und schrie in unsere Richtung. Ich hörte nur »Pisser«, »Penner« und einige Angebote zum Beischlaf mit irgendwelchen meiner Verwandten. Und, dass wir mal langsam machen sollten. Was zum Teufel hatte der Mann nur? Als er sein Cabrio endlich aus dem Weg geschafft hatte, rollten wir in die Kreuzung ein. Der Typ scherte direkt hinter uns wieder ein. Er hatte uns durch sein Verhalten einige Minuten Verzögerung eingebracht. »Schreib dir das Kennzeichen auf. Ich will den Vogel anzeigen. Der spinnt wohl«, sagte Lenny. Ich antwortete nur, dass das

Quatsch sei und der Typ vermutlich nur einen Scheißtag gehabt hatte. Ich wollte einfach keine unnötigen Umstände. In den meisten Fällen kostete eine Anzeige viel Zeit und brachte nichts. Also fuhren wir weiter. Als wir zum Unfallort kamen, bot sich uns ein Bild des Grauens.

Das Geschehen kurz zuvor: Lisa setzte sich in ihren silbernen Dreier-Golf und startete den Motor. Der Familienrichter sollte heute das Ende der Ehe zwischen ihr und ihrem Noch-Ehemann besiegeln. Ihr Termin war der letzte im Scheidungsgericht an diesem Tag. Sie hatte ihm nichts mehr zu sagen. Nur die beiden gemeinsamen Kinder taten ihr leid, die seit der Trennung ohne Vater aufwuchsen. Hätte er Lisa nur betrogen, hätte sie ihm verziehen. Aber als sie die WhatsApp-Nachricht las, war es aus. Er hatte sich in seine Affäre verknallt und ihr das gestanden. Unverblümt hatte er ihr geschrieben, wie gut der Sex mit ihr war. Die Sache lief seit einem Jahr, und sie hatte nichts bemerkt. Lisa war knapp dran. Sie musste sich sputen und trat aufs Gas. Ihre beiden Kinder saßen auf dem Rücksitz und schwiegen, als ahnten sie, was vor sich ging. Dann kam der Ortsausgang. Sie passierte die Ampel gerade noch bei Gelb. Auf der Landstraße konnte sie endlich beschleunigen. Mist auch – der blöde Smart-Fahrer vor ihr nahm es mit der zulässigen Höchstgeschwindigkeit sehr genau. Exakt 80 wurden auf ihrem Tacho angezeigt. Wenn hinter dem nächsten Hügel niemand entgegenkam, konnte sie überholen, dachte sie. Alles war frei. Sie gab Gas, zog am Smart vorbei und übersah, dass die Spur nach dem Hügel in einem Bogen nach rechts verlief. Lisa riss am Lenkrad und übersteuerte ihren Golf, der mit dem Heck zu schleudern begann. Sie versuchte zu bremsen und zeichnete Spuren auf den grauen Asphalt. Der Golf war außer Kontrolle, rutschte mit hoher Geschwindigkeit in den Randstreifen und überschlug sich mehrfach. Lisa hatte nicht bemerkt, dass sich die Kinder abgeschnallt hatten.

Als wir an den Unfallort heranrollten, brauchte ich eine gewisse Zeit, um mich zu orientieren. Die Geräusche drangen langsam in mein Bewusstsein, als zöge ein Mischer im Tonstudio den Lautstärkeregler nach oben. Der First Responder war gerade dabei, Lisa wiederzubeleben. Ich sah das Auf- und Abwippen des Bauches immer dann, wenn der Helfer den Brustkorb eindrückte. Ihr Bauch nahm scheinbar immer weiter an Volumen zu. Sie wirkte schwanger, war es aber nicht. Später erfuhr ich, dass Lisa einen Arterienabriss erlitten hatte. Unmengen an Blut strömten dadurch in ihren Bauchraum ein. In diesem Moment wusste ich, dass ihr Leben kurze Zeit später beendet sein würde. Das Mädchen und der Junge lagen in einiger Entfernung im Feld und schrien. Gellendes Fortissimo wie ein unendlich scharfes Messer, das in mein Rückenmark schnitt. Blut rann aus Mund und Ohr des Jungen. Er schien sehr viel schwerer verletzt als das Mädchen. Der Geruch nach verbranntem Gummi und Benzin mischte sich mit der herbstlichen Luft. Am Straßenrand stand der Fahrer des Smart in einer auffällig dreckigen Jeans und einem roten, zerrissenen T-Shirt, als käme er gerade vom Bau. Sein sahneweißes Gesicht starrte auf die Unfallszenerie, als liefe gerade ein Film ab. Lagemeldung.

»Leitstelle, der RTW 1/83/1.«

»1/83/1, kommen Sie.«

»Zwei Kinder mit Verdacht auf Polytrauma, eine Reanimation und ein Patient mit Schock. Was ist noch unterwegs?«

»Zu Ihnen kommt noch ein Hubschrauber.« Ich hörte ihn schon in der Ferne.

»Das reicht nicht. Ich brauche einen weiteren Helikopter und das Kriseninterventionsteam für den Zeugen.«

»Verstanden.«

Eduard, der Kollege der anderen Besatzung, stand neben einem der beiden Kinder. Auch sein Gesicht hatte sämtliche Farbe verloren. Seine mit tiefen Furchen durchzogene Miene war versteinert. Das graue schüttere Haar war durcheinandergeraten, die Unterlippe zitterte. Er wollte etwas tun, konnte es aber nicht. Ich wusste, dass Eduard selbst Vater zweier Kinder war. »Kümmer dich um das Mädchen! Ich nehme den Jungen«, rief ich ihm zu. Er schien erleichtert und froh darüber, das leichter verletzte Mädchen versorgen zu dürfen. Dann verschwand er mit dem Mädchen in seinem Rettungswagen. Schon während wir unseren kleinen Patienten in unseren RTW brachten, hatte ich das dumpfe Gefühl, dass der Junge nicht mehr lange zu leben hatte. Der Blick wurde immer glasiger, und er glich einer Puppe mit beweglichen Augen, die stetig an Energie verlor. Die Herzfrequenz sank. Eine Blutung, irgendwo im Körper. Für uns im Rettungsdienst ist eine derartige Situation vor Ort nicht beherrschbar. Der Patient muss in einen OP, so schnell es geht. Dort muss der Bauchraum geöffnet und die Blutungsquelle gefunden werden.

Der Hubschrauber setzte im gegenüberliegenden Feld zur Landung an. Äste und Blätter in allen Farben prasselten auf den Rettungswagen. Die Menschen, die in der Nähe standen, drehten sich weg und schützten ihre Gesichter. Der Junge sagte nichts mehr. Er folgte mir nur matt mit seinen Augen. Ich packte die gelbe Tasche und reichte Lenny den Knochenbohrer mit der rosafarbenen Kindernadel. Das Hosenbein aufgeschnitten, Haut desinfiziert, Bohrer auf die Haut aufgesetzt. Er surrte, traf auf die Spitze des Knochens. Ein leichter Widerstand und zack – als würde man einen Nagel in einen Apfel schieben – drang die Nadel in den Markraum ein.

Die Idee des Knochenbohrers stammt ursprünglich aus Israel. Die Israeli hatten im Falle eines Anschlages nicht viel Zeit, um die vielen Patienten zu versorgen, die auf einen Schlag entstanden waren. Daher benötigte man eine Möglichkeit, um so viele venöse Zugänge in so kurzer Zeit wie nur möglich zu legen. Mit der Knochenbohrmaschine schafft man dies in unter zehn

Sekunden. Es gibt keine Fehlpunktionen mehr. Medikamente erreichen das Herz in wenigen Augenblicken, und man kann bis zu 5 Liter an Flüssigkeit pro Stunde infundieren. Dieser Zugang schmerzt weniger als am Handrücken, sofern man genügend Lokalanästhetika bei einem wachen Patienten verwendet. Nur die Infektionsgefahr des Knochenmarks ist der Grund dafür, weshalb man diesen Zugang nicht standardmäßig anwendet.

Die Schiebetür des Rettungswagens ging auf. Endlich. Der grau melierte Doktor des Rettungshubschraubers betrat den RTW. Mit einigen kurzen Sätzen übergab ich die Situation. Der Alte sah zuerst den Jungen über den Rand seiner rauchfarbenen Nickelbrille an, dann mich: »Kinder sterben einfach am falschen Ende des Lebens.« Dann verschwand er mit seiner Besatzung und dem Jungen und ließ uns zurück.

Einen Moment stand ich da und sah dabei zu, wie die Besatzung den Jungen in den gelben Helikopter hineinschob, dann wurde ich aus meinen Gedanken gerissen. Ein Auto kam über den Hügel geschossen. Reifen quietschten. Das Auto kam am Randstreifen zum Stehen. Der Fahrer riss die Tür auf und stolperte aus dem Fahrzeug, raffte sich wieder auf. Ein grünes Ford-Escort-Cabrio. In mir stieg Beklemmung auf. Ich stupste Lenny an. »Verdammt. Das Karma ist eine miese Drecksau«, sagte Lenny und schüttelte den Kopf. Auch er erkannte den Fahrer wieder, der uns noch eine Stunde zuvor beleidigt und auf der Einsatzfahrt behindert hatte. Mit aufgerissenen Augen lief er auf den Einsatzort zu, als sähe er seinem eigenen Tod ins Gesicht. Ich war mir sicher, dass wir den Vater der Kinder und Lisas Ehemann vor uns hatten. Wahrscheinlich war er die Strecke seiner Frau abgefahren, nachdem sie mit den Kindern nicht vor Gericht erschienen war, was untypisch für sie war. Gut, dass das Kriseninterventionsteam kurz zuvor eingetroffen war. Es betreute den Mann, der bis ans Ende seines Lebens traumatisiert sein wird.

Es war zu Ende. Auf dem Weg zur Wache dachte ich über den Einsatz nach und darüber, dass sich das Schicksal eines jeden Einzelnen in einer Sekunde für immer verändern kann. Ich bereute in dem Moment, mich über viele Kleinigkeiten im Leben aufzuregen, und das auch noch ernst zu meinen. Die Fassung zu verlieren, weil der Postbote das Paket früher oder später bringt oder im Supermarkt die Cornichons aus sind, ist Verschwendung von Zeit, die sich niemand zurückkaufen kann. Auch der Tod von Lisa und ihrem Jungen war nicht mehr rückgängig zu machen. Es war, wie es war.

Eine Sache von Minuten

Verdammt. Dieses Drücken in der Brust ist wieder da. Ich hätte schon früher zum Arzt gehen sollen. Was, wenn ich einen Herzinfarkt habe? Was, wenn gleich die tödlichen Herzrhythmusstörungen beginnen und niemand da ist, der mich defibrillieren kann? Ich liege auf einer pastellgelben Couch, die an ein überdimensionales Bonbon erinnert. Auch das Atmen fällt mir schwer. Boden und Wände meines Wohnzimmers sind weiß mit spiegelnder Latexfarbe gestrichen und flackern im grellen Neonlicht, das von den defekten und vor sich hinsurrenden Aufputz-Rasterlampen abgestrahlt wird. Der flügellose Rumpf eines elektrischen Ventilators steht mit abgerissenem Stromkabel in der Ecke. Aus dem Fenster sieht man auf den tiefblauen Pazifik, der unter einem giftigen Silberhimmel aussieht wie eine riesige dreckige Pfütze. Irgendwo heult eine Sirene. Mein angeschalteter Defibrillator liegt neben mir auf einem silbernen Geschirrwagen, wie man ihn nur in Nobelhotels nutzt. Der Rhythmus sieht aus, als wäre es Kammerflimmern. Mein Finger liegt schon auf dem Knopf, um mich selbst zu defibrillieren. Achtung, zurücktreten – Patienten nicht berühren, denke ich. Schock in 3 … 2 … 1 … Ich drücke auf die rote Schock-Taste mit dem Blitz, aber der Defibrillator schreit nur Miauuuuuu.

Die ganze Szenerie zerfiel augenblicklich zu einem farbigen Matsch schlaftrunkener Bilder. Ein weiteres Miauuuuu riss mich endgültig aus dem surrealen Albtraum. Herr Schneider, meine Katze, hatte sich während meines viel zu kurzen Schlafes auf meinen Brustkorb gesetzt, putzte sich und miaute ab und an, damit ich ihr die Aufmerksamkeit schenkte, die ihr ihrer Meinung nach zustand. Kein Herzinfarkt, keine Atemnot, nur 3 Kilo Katze auf dem Brustkorb. Ich atmete durch und freute mich, wieder zurück in der Realität zu sein.

Der Winter war in vollem Gang und hatte uns in seinen Klauen, und der Sommer war so unerträglich fern. Meine Uhr zeigte 4:30 Uhr. Für mich ist der Winter die härteste Jahreszeit – wenn Schneeflocken federleicht zu Boden sinken und die permanente Dunkelheit einem die letzte Kraft aussaugt, weil die Epiphyse für Melatoninüberflutung im Hormonsystem sorgt. Die Epiphyse als Zirbeldrüse ist übrigens nicht zu verwechseln mit der Epiphysis Ossis, dem Endstück der Röhrenknochen. Aber weder das Gehirn noch die Anatomie des menschlichen Skeletts interessierten mich an diesem eiskalten Morgen, als ich das Haus bei 20 Grad unter null verließ, in meinen tiefseeblauen Passat einstieg und in die Wache fuhr. Gegen halb sechs kam ich gleichzeitig mit Lenny an, der genauso motiviert aussah, wie ich mich fühlte.

Als wir die Wache betraten, kam uns eine müde Lisa vom Nachtdienst entgegengestolpert. »Wir sind heute Nacht durchgefahren … könnt ihr schon? Der Piepser ist gerade wieder gegangen …« Lenny nickte bloß. »Na logo«, sagte ich, lief zur Wäschekammer und zog mir Klamotten aus dem Schrank. Im Winter dauert das Umziehen immer viel länger als im Sommer. Lisa übergab mir am Rettungswagen den Schlüssel für die Betäubungsmittel und den Piepser, hatte den Status Drei auf der Tastatur des Funkgeräts längst gedrückt und der Leitstelle signalisiert, wir seien schon auf dem Weg. »Danke dir. Das Auto passt.«

Wir bogen in die Einfahrt ein. Schneeflocken und der helle Torbogen reflektierten das blaue Blitzen der Signalanlage. Ein glatzköpfiger Rocker sah uns, rannte her und fuchtelte mit seinen Armen. »Hier entlang. Schnell, bitte.« Es schien eilig. Mit unserem ganzen Kram platzten wir in das missglückte Ende einer Koks-Party. Einer der Partygäste hatte das weiße Wunderpulver nicht vertragen. Der vierzigjährige Wolf Raabe saß auf einem Holzstuhl, schnappte nach Luft und trug im Gesicht blasses Zyanoseblau, das irgendwie seltsam zu seinem rot karierten Hemd und der Jeans aussah. Dazu hatte er ein massives Kreislaufproblem. Ich presste mein Stethoskop auf den Brustkorb. Zumindest die Atemwege waren frei. Lenny legte die Blutdruckmanschette und das Pulsoxymeter für die Sauerstoffsättigung an. Druck: nicht messbar, Sättigung bei 80 Prozent. Ich drückte auf das Fingernagelbett, das darauf seine Farbe verlor. Es füllte sich erst nach über fünf, anstatt wie normal nach spätestens zwei Sekunden. Das Herz überschlug sich mit 215 Schlägen pro Minute. Lenny hatte die Kabel aus der EKG-Tasche genommen, die letzten Schutzfolien abgezogen und die vier Pole auf die Haut von Herrn Raabe geklebt. Die Ableitungen bestätigten eine lebensgefährliche Störung des Herzrhythmusses auf dem Monitor. Der instabile Kreislauf drohte jeden Moment zu kollabieren. Lenny und ich waren als Team altbewährt: Jeder wusste, was zu tun war. Sauerstoff, 15 Liter. Den Patienten auf den Boden legen, das Narkosemittel Ketanest in die Nase geben und dann darauf hoffen, dass es trotz der Kreislaufsituation schnell genug wirken würde. Oberkörper frei machen. Ich öffnete die Defibrillationselektroden, positionierte und strich sie auf der Haut fest. Zuerst drückte ich die Sync- und dann die Laden-Taste. Einige Sekunden später kam der auf- und abschwellende Ton, der jeden vor dem Strom warnen soll. »Weg vom Patienten«, rief ich und unterbrach den Sauerstoff, »Schock in 3, 2, 1.« Ich drückte die kreisrunde rote Taste mit dem Blitz darauf. Das Relais im Gerät machte Tack und gab 120 Joule Energie ab. Wolf Raabe schrie erbärmlich und zuckte zusammen. Mir tat leid, dass das Ketanest noch nicht gewirkt hatte gegen den Schmerz, den der Strom erzeugt hatte. Aber die Behandlung hatte dafür angeschlagen: Der Strom hatte das elektrische Chaos am Herzen durch einen starken Impuls beseitigt.

Herr Raabe hatte Glück, denn er hatte nicht nur Kokain, sondern auch Heroin konsumiert. Kokain erhöht das Risiko für den plötzlichen Herztod. Es steigert die Herzfrequenz, den Blutdruck und den Sauerstoffbedarf des Herzmuskels. Heroin hingegen hemmt die Impulsleitung am Herzen dadurch, dass es bestimmte spannungsabhängige Kaliumkanäle verändert. Der Effekt kann ein Chaos in der Impulsleitung des Herzens und somit Kammerflimmern sein. Stellen Sie sich vor, das Herz ist ein Ruderboot und die Ruderer sind die einzelnen Herzmuskelzellen. Wenn alle Sportler das Ruder zur gleichen Zeit koordiniert bewegen, kommt das Boot vorwärts – so wie beim Herzschlag, bei dem sich jede Herzmuskelzelle gleichzeitig zusammenzieht und der Muskel Blut pumpen kann. Rudert nun jeder Sportler, wann er möchte und nicht mehr alle zur gleichen Zeit, dreht sich das Boot nur noch auf der Stelle. Irgendwann geht es unter. Wenn Sie das auf den flimmernden Herzmuskel übertragen, macht jede Zelle, was sie möchte. Der Herzmuskel sieht in diesem Moment aus wie ein Sack mit lebenden, sich bewegenden Würmern. Sie können sich vorstellen, dass ein Herz, das so aussieht, kein Blut mehr fördert. Die Pumpleistung sinkt plötzlich auf null. Kein Blutfluss im Organismus = kein Sauerstofftransport in die Zellen = kein Leben. Für den Menschen bedeutet dies das Ende der Teerstrecke. Er stirbt, sofern niemand eingreift.

In der normalen, nicht drogenkonsumierenden Bevölkerung spielen zu wenig Kalium im Blut oder auch Medikamente wie trizyklische Antidepressiva eine große Rolle. Beides begünstigt die sogenannte ventrikuläre Tachykardie, wie sie bei Wolf Raabe entstanden war. Das Herz schlägt durch hoch komplizierte Vorgänge so schnell, dass es sich in diesem Zustand zwischen den Schlägen nicht mehr ausreichend mit Blut füllen kann. Dadurch wird auch der Herzmuskel selbst weniger mit Sauerstoff und Nährstoffen versorgt. Blöderweise verbraucht er davon durch die hohe Schlagfrequenz aber mehr. Unbehandelt geht die ventrikuläre Tachykardie meist in ein Kammerflimmern über. Wir brachten den Mann ins Krankenhaus. Dort blieb er einige Zeit, bis das Kokain keinen Schaden mehr anrichten konnte.

Noch bevor wir das Krankenhaus verlassen hatten, ging der Piepser erneut. Ich sah auf die Uhr: zwei Minuten nach acht. Noch immer hatten wir weder Kaffee noch Frühstück gehabt.

Auf dem Datendisplay las ich »Schnittverletzung, Notfalleinsatz«. Ganz banal. Da wir ganz in der Nähe waren bogen wir bald schon in die Straße ein. Dort sahen wir eine junge, schwarzhaarige Frau mit Pagenschnitt am Zaun lehnen. Sie guckte mit eingefrorener Miene zu uns herüber, bewegte sich aber nicht, als gehörte sie nicht zur Szene. Einen Moment lang fragte ich mich, was sie da machte. Als Lenny langsam vorbeirollte, folgte sie unserem Wagen nur mit ihren Augen. Unsere Blicke berührten sich, dann sah ich das ganze Blut an ihrer Seite und am Rücken, als wäre sie in einem Schlachthaus ausgerutscht. Lenny bremste. Ich stürzte aus dem RTW, packte Rucksack und Absauger, Lenny den Rest. Der Flokati im Eingang war nur noch zur Hälfte weiß. Überall Spuren eines Dramas. Der Mann, der Harald Winkler hieß, lag im Wohnzimmer auf dem Rücken in einer Lache aus Blut und röchelte. Das echte Blut auf dem goldfarbenen Schädel des weißen Metallica-Shirts sah aus, als gehörte es dorthin. Er hatte eine klaffende Wunde im Unterschenkel, aus der der Lebenssaft sickerte, daneben standen eine umgestürzte Leiter und eine zerbrochene chinesische Vase mit fingerdickem Goldrand. Lenny komprimierte die Bein-Arterie, die zur Verletzung am Unterschenkel führte. Ich riss das Tourniquet aus dem Rucksack und schlang es unterhalb des Knies herum. Eine Drehung am Knebel, dann noch eine und noch eine, bis der Blutstrom versiegte. Herr Winkler wimmerte vor Schmerzen. Venöser Zugang, eine Infusion, 0-0-5 Fenta in die Blutbahn. »Wir fliegen morgen auf die Kanaren«, hörte ich die helle Stimme von Frau Winkler hinter mir. »Nein, sicher nicht«, dachte ich, sagte aber nichts. Transportpriorität – keine Zeit für irgendwas. Lenny stürzte hinaus und holte das Tragetuch. 30 Minuten nach dem Alarm betraten wir den Schockraum des Krankenhauses.

Monate später hatten wir einen Krankentransport in der Straße, in der Harald Winkler mit seiner Frau lebte. Ich sah ihn im Garten stehen und hielt an. Er sah mich, lachte und erzählte mir, dass er noch während der OP reichlich Blutkonserven gebraucht hatte. Aber einige Wochen danach war alles wieder gut, und er war mit seiner Frau in den Urlaub geflogen, wie die beiden es ursprünglich geplant hatten. Ich lachte und dachte mir, dass es in unserem Job manchmal tatsächlich nur um Minuten geht. Wären wir nur etwas später am Einsatzort angekommen, hätte das für Herrn Winkler genauso tödlich enden können, wie dies beinahe bei Herrn Raabe passiert wäre. Aber an diesem Tag hatte der Todesengel keine Chance.

Herzalarm

Franziska Möhse erfüllte jedes denkbare Klischee einer biederen Hausfrau. Ihr geblümtes Hemd bildete in grell leuchtenden Farben abstrakte Blumen ab, die in der Realität gar nicht existierten. Der gesteifte Kragen passte zum hell blondierten Kurzhaarschnitt, der farblich mit der rundlichen Hornbrille harmonierte. Das Karomuster auf der sonst weißen Schürze hatte durch das häufige Waschen an Farbe verloren. Die 51-jährige hatte sich über die Jahre etwas zu viel Gewicht angegessen, die Kleidung daran aber nicht angepasst. Beim letzten Besuch hatte ihr Hausarzt geschimpft, dass die Laborwerte im roten Bereich angekommen seien. Sie müsse jetzt etwas ändern und Sport treiben. Abnehmen. Franziska Möhse war ihrem Hausarzt hörig. Was er sagte, war Gesetz für sie. Aber wie sollte sie plötzlich Sport treiben, wenn das doch so anstrengend war ... am Ende noch Laufen oder gar Schwimmen. Aber gut. Die Hausfrau wusste sich zu helfen und ließ sich im nächsten Technikmarkt hinsichtlich der Möglichkeiten beraten. »Nehmen Sie doch so 'ne Smahtwotsch«, sagte der Typ mit dem roten T-Shirt, »dat hilft Ihnen, in der Spur zu bleiben.«

Ich selbst besitze seit kurzer Zeit auch so eine Fitness-Uhr, die meine Läufe mittels GPS-Sensor trackt und anschließend automatisch in ein Portal hochlädt, in dem ich mich mit verschiedenen Leuten vergleichen kann. Das bringt Ansporn und den Ehrgeiz, besser zu werden. Dazu kommt, dass die Uhr mir als nachlässigem Nutzer einen Arschtritt in Form störender Meldungen verpasst, um mich zu »motivieren.« Aber damit noch nicht genug: Seit Neuestem gibt es diese Smartwatches sogar mit eingebauter Kardiologie. Ein 1-Kanal-EKG überwacht

Herzfrequenz und Herzrhythmus und teilt dem Nutzer mit, wann man zum Hausarzt gehen oder lieber gleich einen Rettungswagen alarmieren sollte. Frau Möhse besaß die Uhr erst einige Tage, als dieser Alarm losschlug. Die Hausfrau war beunruhigt und griff zum Telefon.

»Der Rettungsdienst, guten Tag.«

»Ja ... kommen Sie schnell ... ich glaube, ich habe einen Herzinfarkt.« Ihre Stimme überschlug sich fast beim Sprechen.

»Gaaanz ruhig«, sagte der Telefonist, »was genau ist passiert?«

»Die Uhr, also ... da ist so ein Signal ...«

»Ich verstehe nicht. Haben Sie Brustschmerzen?«

»Nein.«

»Haben Sie Atemnot?«

»Nein.«

»Haben Sie andere Schmerzen, wie zum Beispiel Rücken- oder Bauchschmerzen?«

»Auch nicht.«

»Was wollen Sie dann überhaupt von mir?« Der Telefonist war etwas ungehalten, weil etliche andere Anrufer in der Warteschleife hingen.

»Meine Uhr sagt, ich soll den Rettungsdienst rufen.« Der Telefonist schwieg einige Sekunden. Dann entschloss er sich, ohne weitere Nachfrage einen Rettungswagen zu schicken, der sich dem Problem der Dame annehmen sollte.

»Wie heißen Sie?«

»Möhse. Franziska Möhse. Ich wohne in der Kantstraße 25.« Wieder Schweigen am anderen Ende der Leitung.

»Frau *Möhse* aus der *Kant*straße? Sie verarschen mich ...« Der Disponent konnte neben Deutsch auch Englisch, die Dame offenbar nicht. Dass man das englische Schimpfwort für das weibliche Organ exakt so betonte wie den deutschen Straßennamen, war ihr bis zum Zeitpunkt des Notrufs verborgen geblieben. Einige Sekunden Stille vergingen. Franziska Möhse antwortete nicht.

»Okay, ist wohl doch kein Scherz. Bleiben Sie einfach ruhig. Ich schicke Ihnen einen Rettungswagen.« Klick. Dann hatte er aufgelegt.

Als ich den Namen und die Straße auf dem Datendisplay las, prustete ich los. Und merkte schnell, dass Lachen und gleichzeitig Trinken schwierig war. Der Kaffee lief mir in die falsche Röhre. Die Quittung gab es sofort – ich hustete und versprühte dabei Kaffee auf das Armaturenbrett und mein weißes Polo-Shirt. Lenny sah mich an, als käme ich von einem anderen Stern.

»Hä? Was ist so besonders an der Diagnose ›unklar‹? Das schreiben die doch immer …«

»Oh Mann … guck auf den Namen und die Straße.«

»Ja … der Name! Aber warum die Straße?« Ich schüttelte den Kopf, schlug mir mit der flachen Hand auf die Stirn und aktivierte den Einsatz auf dem Navigationsgerät. »Fahr einfach«, grinste ich. Zehn Minuten später rollten wir vor die Kantstraße 25.

Im winzigen, fünf Quadratmeter großen Vorgarten mit dem akkurat geschnittenen Rasen standen ein Tisch und zwei Stühle, die von einem Sonnenschirm überdeckt waren. Die Terrassentür war geöffnet. Frau Möhse streckte ihren Kopf aus der Tür. Es duftete nach Rosen.

»Kommen Sie herein«, bat sie uns ins Wohnzimmer. Mit dem Rucksack stieß ich eine winzige Madonnenfigur aus Plastik um, die neben der Tür auf einem Heizungssims stand.

Lenny fragte: »Wo ist denn der Patient?«

»Wieso? *Ich* bin die Patientin …« Ich blickte zu Lenny. Der zog eine Braue hoch, atmete hörbar ein und sah in den Garten.

»Schöne Rosen haben Sie da angepflanzt«, sagte er.

»Sie kennen sich aus?« Franziska Möhse strahlte eine Sekunde lang. »Es sind Rote Korsaren und Moschusrosen.«

»Auskennen wäre zu viel gesagt. Aber die riechen so gut …«

»Darf ich kurz stören?«, schaltete ich mich dazwischen, »warum genau sind wir hier?« Ich steckte mein Stethoskop wieder in das Holster.

»Ich habe wahrscheinlich einen Herzinfarkt.« Sie griff sich an die Brust und verzog das Gesicht. Ihre Mimik erinnerte mich an meinen Besuch in Verona, als ich in der Via Cappello 23 stand – vor dem Balkon, an dem sich das Drama um Romeo und Julia abgespielt haben soll und die Schauspielerin Romeo von ihrem Balkon aus anschmachtete. Der Satz aus Franziska Möhses Mund überraschte Lenny genauso wie mich. Ich zog mein Stethoskop wieder heraus, hörte die Lunge ab und presste es auf die Herzspitze. Ihr Puls schien gleichmäßig und ohne Aussetzer.

»Wir messen jetzt ein paar Sachen durch«, erklärte ich. Lenny zückte das Blutdruckmessgerät, ich bat die Patientin, die Brust freizumachen, und stellte die gleichen Fragen wie auch schon der Telefonist der Leitstelle.

»Meine Uhr … sie hat gesagt, ich bin krank. Ich hab's auch gegoogelt.«

»Wie – krank?«

»Seit ein paar Tagen habe ich eine Uhr mit eingebautem EKG.« Sie hielt mir den quadratischen Zeitmesser mit dem cremefarbenen Armband entgegen.

»Ach nee. Und nun hat die Uhr gesagt, Sie sterben, oder was?« Ich schüttelte den Kopf.

»Ich habe nach Anleitung ein EKG gemacht. Dann sollte ich Symptome eingeben.«

»Und?«

»Die Uhr sagt, das Ergebnis ist uneindeutig.«

»Wie kommen Sie denn dann auf einen Herzinfarkt?«, fragte Lenny.

»Google sagt, es können Zeichen für andere Herzrhythmusstörungen zu sehen sein, die von der Uhr nicht erkannt werden können.« Lenny legte ihr ein 12-Kanal-EKG an.

»Nicht bewegen, ruhig atmen und nicht sprechen, bitte.« Ich drückte die entsprechende Taste auf dem Gerät. Jeder einzelne Kanal bildet die elektrische Impulsleitung am Herzen aus einem anderen Blickwinkel ab – es ist, als hätten Sie ein dreidimensionales Modell eines Autos vor sich stehen, das Sie in den Händen drehen und von allen Seiten betrachten können. Der Drucker surrte. Ein rosafarbener Streifen Papier kam aus dem Schlitz.

»Sie müssen sterben ...«, murmelte ich. Franziska Möhse und Lenny rissen gleichzeitig die Augen auf.

»... irgendwann mal. Aber nicht heute«, fuhr ich fort und zog einen Mundwinkel hoch. »Das EKG sieht aus wie das von einer 20-Jährigen. Herzlichen Glückwunsch, Ihr Herz ist gesund.«

»Da! Ich hab's gefunden«, rief Lenny und hielt sein Handy hoch, »uneindeutig bedeutet lediglich, dass die Uhr den Herzrhythmus nicht erkannt hat und man zu einem Arzt gehen soll. Sonst nichts.«

»Dann habe ich Sie ja ganz umsonst gerufen.« Frau Möhse lief rot an. »Ach herrje, das ist mir jetzt aber unangenehm.«

»Das muss es nicht. Aber lassen Sie die Googelei. Am Ende kommt eh nur Krebs dabei raus.«

»Ich bin wirklich froh, dass ich nichts Ernstes habe. Darf ich Ihnen denn etwas zu trinken anbieten?« Franziska Möhse öffnete, während sie das sagte, ihren Schrank mit den Gläsern.

»Danke, nein. Wir müssen weiter zum nächsten Patienten«, lehnte Lenny ab. Wir verließen die Kantstraße mit der Hausnummer 25, setzten uns in den Rettungswagen und konnten im Kollegenkreis wieder eine weitere unglaubliche Geschichte aus dem Rettungsdienstleben erzählen.

Recht auf Unvernunft

Die heiße Jahreszeit bedeutet zugleich Eiszeit. Ich persönlich liebe Stracciatella, Schokolade und Vanille. Es vergeht fast keine Schicht im Sommer, in der wir nicht irgendwo beim Eis-Dealer unseres Vertrauens anstehen und uns etwas Kühles gönnen. Auch an diesem Tag war es wieder so weit. Calogero, der mit seinen Söhnen Luigi und Angelo das Eiscafé »Calangelu« besaß, erkannte uns schon von Weitem. »Ahhh … Paramedici. Das Übliche?« Wir bejahten und warteten etwas abseits des Tresens. Calogero zog uns immer vor. Er wusste, dass bei uns jederzeit der Piepser gehen konnte und wir dann kein Eis bekämen. Schräg gegenüber beobachtete ich ein vierjähriges Mädchen, das im rosafarbenen Kleidchen einen waghalsigen Balanceakt mit einer Kugel Vanille versuchte. Die Aktion ging schief. Das Eis wollte nicht so, wie das Kind es sich vorstellte. Die Kugel landete auf dem heißen Asphalt. Es fiel mir schwer, meine Augen von dem Kind abzuwenden. Es bemühte sich, die letzten Reste der Kugel zu retten, was aber gründlich misslang. Das Eis war beim Teufel. Beim Kind ging die Sirene an. Mein Gewissen meldete mir, dass die gerade einsetzende Schadenfreude schäbig war. Aber vergeblich. Ich fand das Spektakel und das Leid des armen Kindes sehr belustigend, das die letzten, mit Dreck vermischten Tropfen Vanille unter Tränen von der Hand leckte. Dabei kam mir meine eigene Kindheit in den Sinn. Wem war so etwas schließlich noch nicht passiert? Manchem Kind kauften die Eltern einfach neue Eiscreme. Meine Eltern sagten mir dann immer, ich hätte Pech gehabt, wenn ich so tollpatschig wäre und nicht auf mein Eis aufpassen könne. Kaum hatte ich diesen Gedanken beendet, durfte ich eines wieder feststellen: Derartig hässliche Gefühlsregungen werden im Rettungsdienst blöderweise zeitnah bestraft. Wir bekamen einen Einsatz.

Kurz zuvor: Emmi Grünbaum zupfte den Kragen an ihrer Rüschenbluse zurecht und prüfte, ob der rosafarbene Stoff zum beigen, knöchellangen Plisseerock passte. Sie blickte in den Spiegel und lächelte ihr faltiges Abbild an. Ein schwarzes Gummiband hielt den grauen Dutt zusammen. Emmi Grünbaum schien zufrieden. »Heute hast du Geburtstag«, sagte sie zu ihrem neunzigjährigen Spiegelbild. Sie wollte das Wiegenfest wieder einmal mit ihrem Mann verbringen. Aber seit gestern Abend hatte sie Brustschmerzen. Sie verzog das Gesicht, sog Luft durch die Nase ein und atmete durch den Mund wieder aus.

»Happy Birthday, Mama.« Der Sohn betrat das Zimmer, umarmte seine Mutter von hinten und hielt ihr ein winziges, quadratisches Präsent vor ihr Gesicht, das mit blauem Papier und einer roten Schleife umwickelt war. Seine Gesichtszüge glichen den ihren wie ein Haar dem anderen.

»Aber du sollst mir doch nichts schenken«, sagte sie, bedankte sich und legte das Geschenk auf die Kommode. Dann war der Druck wieder da. Sie griff sich an die Brust und verlor an Gesichtsfarbe.

»Mama? Was ist los? Geht's dir nicht gut?«

»Ich muss mich nur setzen«, antwortete sie, »aber es geht gleich wieder.«

»Ich rufe Hilfe«, erwiderte er und zog sein Telefon aus der Tasche.

»Nein. Ich brauche niemanden«, sagte Frau Grünbaum. Dann blieb ihr die Luft weg. Sie setzte sich auf den Stuhl und stützte die Hände auf die Oberschenkel. Der Sohn zögerte einen kurzen Moment. Schließlich tippte er die Notrufnummer in sein Handy ein und drückte die grüne Taste.

»Das ist nur mein Kreislauf. Ich habe auch schlecht geschlafen. Wir haben schwieriges Wetter.« Frau Grünbaum rappelte sich wieder auf und ließ ihre Faust auf ihrem Brustkorb liegen. Der Sohn hakte sich unter und führte seine Mutter in das Wohnzimmer.

»Setz dich«, sagte er und meldete dem Leitstellendisponenten die Brustschmerzen. Der Mitarbeiter sandte einen Rettungswagen und einen Notarzt in die Lilienstraße 32. Unser Eis musste warten.

Es dauerte zwei Minuten, bis wir über eine schmale Einbahnstraße vor das alte, rote Backsteinhaus mit dem braunen Satteldach rollten, das aus den Vierzigerjahren stammen musste. Die grüne Farbe blätterte vom hüfthohen Gartentor ab. Vom Tor führte ein bemooster Weg aus blassroten sechseckigen Gehwegplatten zum ebenerdigen Eingang mit einer rissigen Holztür. Der Sohn wirkte bedrückt und bat uns mit einem Blick ins Haus. Wir betraten das Wohnzimmer. Mir fiel sofort das Gemälde auf, das Emmi Grünbaum zusammen mit einem Mann zeigte. Vermutlich ihr Ehemann.

»Guten Tag, mein Name ist Strasser. Das ist mein Kollege Strzoda.« Lenny streckte der Dame die Hand hin. »Ich untersuche Sie kurz. Mein Kollege stellt Ihnen ein paar Fragen.« Lenny nahm das Stethoskop und drückte es Emmi Grünbaum auf Lunge und Herz.

»Sie haben Brustschmerzen?«, wollte ich wissen. »Seit wann genau?«

»Seit gestern Abend.«

»Plötzlich begonnen?«

»Ja.«

Damit startete für uns der Algorithmus für das akute Koronarsyndrom. Die Leitlinien schreiben ein 12-Kanal-EKG innerhalb von zehn Minuten vor. Innerhalb von 90 Minuten müsste das Herzkranzgefäß aufdilatiert werden, sofern es verschlossen ist. Ich nahm die Blutdruckmanschette aus dem Rucksack.

»Ihr Blutdruck ist vermutlich besser als bei mir gerade«, scherzte ich und grinste die alte Dame an.

»Dann können Sie ja wieder fahren und mich mein Ding machen lassen.«

»So einfach ist das leider nicht. Wir müssen noch ein EKG schreiben.«

»Machen Sie das mal, Jungchen. Aber danach muss ich wirklich gehen …«

»… wenn das EKG in Ordnung ist«, ergänzte Lenny und nahm die Kabel aus dem EKG-Gerät, um sie Emmi Grünbaum anzulegen. Ich bat sie, kurz nicht zu sprechen und ruhig zu atmen, damit das Gerät keine Fehler produzierte. Der Drucker surrte und spuckte den Streifen aus. Ich blickte einige Sekunden auf den rosafarbenen Papierstreifen und reichte ihn Lenny. Der zog eine Augenbraue hoch. Das EKG zeigte einen Herzinfarkt im Bereich der Vorderwand des Herzens an. Für Emmi Grünbaum bestand akute Lebensgefahr. Die alte Dame reagierte wie viele Patienten.

»Geben Sie mir einfach eine Spritze, Jungchen. Und dann muss ich endlich gehen.«

»So einfach ist das leider nicht. Sie brauchen ein paar Medikamente. Und wir müssen Sie in die Klinik mitnehmen.« Emmi Grünbaum riss die Augen auf.

»Nein, nein … ich kann nicht mit. Ich habe etwas vor, und das muss ich heute machen.«

»Beruhigen Sie sich bitte … darf ich Ihnen das erklären?« Frau Grünbaum nickte.

»Sie haben am Herzen Gefäße, die Ihren Herzmuskel versorgen. Eines oder mehrere dieser Gefäße sind verschlossen, weil sich Kalkablagerungen gebildet haben. Deswegen haben Sie den Druck in der Brust. Der Herzmuskel wird nicht mehr versorgt. Das Herz kann nicht mehr richtig schlagen.«

»Ja gut. Dann geben Sie mir etwas dagegen.«

»Das geht leider nicht. Wir müssen Sie dazu in die Klinik mitnehmen, damit das im Rahmen einer Herzkatheteruntersuchung gemacht werden kann.«

»Und wenn nicht?«

»Dann sterben Sie höchstwahrscheinlich. Durch den Herzinfarkt könnte eine tödliche Herzrhythmusstörung entstehen.« Kurze Stille. Emmi Grünbaum blickte zu Lenny, dann zu ihrem Sohn.

»Jetzt geh mit, Mama ...«, schaltete sich der Sohn ein, »... und lass dich behandeln! Geh mit. Bitte!«

»Nein. Ich sagte doch, ich habe was zu tun heute. « Sie verschränkte die Arme.

»Aber Mama ...« Es klingelte an der Tür. Der Sohn atmete tief durch. Dann öffnete er. Ich hörte die Stimme von Notarzt Boris, der eine Sekunde danach das Wohnzimmer betrat. Er betrachtete das EKG, sah zuerst zu mir, dann zu Emmi Grünbaum. Ich erklärte ihm, was ich Frau Grünbaum schon gesagt hatte.

»Frau Grünbaum, mein Kollege hat recht. Wenn Sie sich nicht behandeln lassen, werden Sie das höchstwahrscheinlich nicht überleben.« Boris hatte die Stirn in Falten gelegt.

»Wissen Sie, welche Jahreszeit wir haben?«, fragte Lenny.

»Jungchen ... es ist Hochsommer. Das sieht man Ihnen übrigens an. Wir schreiben den 15. Juni des Jahres 2018. Es ist nun 15 Uhr vorbei. Mein Name ist Emmi Grünbaum, ich bin geboren am 15. Juni 1928, und dies ist das Wohnzimmer meines Hauses in der Lilienstraße 32. Sie werden es nicht glauben, aber ich habe noch alle Latten am Zaun.« Wieder schaltete sich der Sohn ein.

»Ich habe eine medizinische Vorsorgevollmacht. Ich entscheide hiermit, dass meine Mutter mit ins Krankenhaus genommen werden muss. Und basta.«

»Ich komme nicht mit. Und basta.«

»Aber Mama …«

»Halt den Mund«, herrschte sie ihn an und drehte ihren Kopf in unsere Richtung. »Danke für Ihren Einsatz. Aber gehen Sie jetzt bitte.« Emmi Grünbaum deutete mit ihrem Zeigefinger zur Tür. Dann sah sie aus dem Fenster.

So einfach, wie es sich der Sohn machen wollte, war die Sachlage nicht. Die Vorsorgevollmacht greift nur, wenn ein Mensch nicht mehr in der Lage ist, über sich selbst zu bestimmen. Erst dann kann der Bevollmächtigte über den Patienten entscheiden. Damit eine medizinische Maßnahme übrigens durchgeführt werden darf, muss der Patient über die Behandlungsschritte aufgeklärt werden. Er muss den Sachverhalt um seine Erkrankung und auch den Effekt der notwendigen Maßnahmen verstanden haben. Und anschließend muss er in diese Maßnahmen einwilligen. Dann erst dürfen Notarzt oder Notfallsanitäter eine Nadel in die Vene des Patienten stechen, Medikamente verabreichen oder auch nur ein EKG schreiben und den Blutzucker messen. Der Wille des Menschen und dessen Selbstbestimmungsrecht sind die höchsten Güter in unserer Gesellschaft, die man nicht so ohne Weiteres aushebeln kann. Und das ist gut so.

»Was sagt eigentlich Ihr Ehemann dazu? Der ist doch sicher nicht begeistert, wenn Sie hier so ein hohes Risiko eingehen …« Ich sah zuerst das Bild an, dann Emmi Grünbaum.

»Mein Mann ist längst umgezogen, Jungchen. Er liegt am Nordfriedhof, Grab 153. Ich werde ihn jetzt wie jeden Tag besuchen und meinen Geburtstag mit ihm verbringen. Und bald werde ich ihn wiedersehen. Das ist mein Wunsch.«

»Aber …«

»Wenn der heutige mein letzter Tag ist, so ist es Gottes Wille«, unterbrach sie mich. Nach einer kurzen Pause legte sie nach. »Es ist so schön ruhig, wenn ich dort bin. Manchmal scheint die Sonne, manchmal regnet es, und im Winter fallen dicke Flocken. Im Wind kann ich zuweilen seine Stimme hören.« Ich blickte in die Runde und sah reaktionslose, versteinerte Gesichter. »Er mag Magnolien. Ich bringe ihm oft welche mit. Wenn sich Sonnenstrahlen zeigen, dann weiß ich, dass er sich freut.« Dann stand sie auf, ging zum Telefon und rief ein Taxi.

Wir packten unseren Kram zusammen. Notarzt Boris sagte ihr noch, dass sie es sich jederzeit anders überlegen und den Notruf nochmals wählen könne. Dann verließen wir das Haus in der Lilienstraße 32, setzten uns in unsere Wagen und machten uns auf den Weg in die Wache. Die Lust auf Eis war uns vergangen.

Eine Woche nach diesem Einsatz saß ich beim Frühstück und schlug die Tageszeitung auf. Auf der Seite der Todesanzeigen traf ich sie wieder: Emmi Grünbaum, geborene Wilhelm. Gestorben einen Tag nach ihrem 90. Geburtstag, den sie bei ihrem Mann verbracht hatte. An diesem Tag war sie lange an seinem Grab gesessen und hatte die Magnolienzweige so angerichtet, wie er es am liebsten hatte. Dann hatte sie versprochen, bald zu ihm zu ziehen.

Bockwursttango

Wenn man über Sex-Unfälle spricht, gelangt man zwangsweise zum Jahr 2003 und zu Dieter Bohlen. Hätte Naddel in ihrem Enthüllungsbuch nicht mit der Wahrheit herausgerückt, würden wir noch heute glauben, Bohlen sei in seiner Dusche ausgerutscht und mit seinem Lörres blöd auf dem Duschwannenrand gelandet. Dabei war er offenbar nur ungestüm und hat lediglich sein Ziel verfehlt. Wenn ich mir das Geräusch vorstelle, das dabei entsteht, wenn Bohlen gegen Naddels Schambein knallt, kommt mir eine perfekt durchgegarte Bockwurst in den Sinn, die in zwei Teile bricht. Autsch!

Es gibt mittlerweile so viele Geschichten mit den kuriosesten Unfällen im Erotikbereich, dass es schwerfällt, das noch zu toppen. Aber darauf kommt es gar nicht an. Jede einzelne Geschichte ist ein großartiger Schwank, den man zu jeder Gelegenheit preisgeben kann. Als Lenny und ich diese Nacht unseren Dienst antraten, hatten wir keinen Schimmer davon, dass sich eine weitere Anekdote hinzugesellen würde, als uns der Alarmempfänger von der Couch staubte.

Das Hochhaus besaß über zehn Stockwerke. Ich wusste das, weil vor einiger Zeit ein junger polnischer Gerüstbauer vom obersten Stockwerk hinuntergestürzt und gestorben war. Ich drückte die Klingel. Eine junge weibliche Stimme kam aus dem Lautsprecher.

»Wer ist da?« Ich sah auf die Uhr. 3 Uhr 10.

»Na die uniformierten Jungs mit der bunt lackierten Frittenbude, die Sie vor zehn Minuten über die 112 bei der Leitstelle angefordert haben …«

»Ach so, ja. Entschuldigung. Achter Stock.«

Als wir den Eingangsbereich betraten, las ich auf einem Schild: Aufzug defekt. Na prima. Zumindest waren wir vollkommen wach, als wir die letzten Stufen des Absatzes erklommen. Ein Schlüssel drehte sich im Schloss. Die Türe öffnete sich einen Spalt weit.

»Guten Morgen«, sagte Lenny und stellte den Rucksack ab.

»Entschuldigung. Ich bin etwas durcheinander.« Ich schätzte die rot gefärbte Blondine, deren Haaransatz zu sehen war, auf Anfang 20. Ihr durchsichtiges Negligé erlaubte einen Blick auf einen nahezu perfekten Körper. Aus der Wohnung drang ein süßlicher Geruch und vermischte sich mit einem holzigen Parfüm von Hugo Boss. Aus dem hinteren Zimmerbereich hörte ich elendes Gejammer.

»Mein Freund und ich … also mein Geliebter, meine ich …«

»Ja?«

»Wir hatten, also, ich wollte bei ihm …«

»Dürfen wir reinkommen?«

»Natürlich. Dort hinten.« Wir betraten die Wohnung. Ich schob die Tür zum Schlafzimmer auf. Ein ausgedrückter Joint lag in einem Aschenbecher auf dem Nachtkästchen. Das Doppelbett war mit einem zitronengelben Laken ausgestattet und mit einem Blutfleck von der Größe eines Sofakissens versehen. Der Fleck erinnerte an den Rändern an ein Mandelbrot'sches Fraktal. Der blonde Mittzwanziger hieß Johannes und hatte sich diese Nacht offenbar ein besonderes Erlebnis erhofft, das gehörig aufs gelbe Frottee gegangen war. Sein Wunderhorn hatte er mit einem Handtuch umwickelt und drückte es fest zusammen.

»Ich verblute. Helfen Sie mir.«

»Was zum …« Ich riss die Augenbrauen nach oben.

»Alles voller Blut. Hilfe!« Johannes starrte uns mit weit aufgerissenen Augen an.

»Gib mir eine Kompresse raus«, wandte ich mich an Lenny, der den Rucksack öffnete.

»Was ist passiert?«, fragte ich die Blondine, deren Gesichtsausdruck wirkte, als hätte sie gerade eine grauenhafte Fahrt durch ein Gruselkabinett hinter sich gebracht.

»Wir wollten ... also Fellatio. Es hat nicht geklappt.«

»Was kann denn da nicht klappen?«, wollte ich wissen und warf einen Blick unter das Handtuch. Anscheinend war das Bändchen gekappt und eine Vene verletzt. Ich drückte Johannes die Kompresse in die Hand.

»Jetzt umwickeln und draufdrücken!« Er packte die Kompresse und tat das, was ich ihm gesagt hatte. Ich blickte zu dem Mädchen.

»Mein Zungenpiercing.« Das Mädchen hielt etwas in der Hand, das wie eine Holzschraube aussah.

»Ouh ... aus welchem Baumarkt haste denn *das*?«

»Im Internet bestellt. Zwei Euro.« Ihr Gesicht schimmerte rötlich.

»Und weiter? Mensch, jetzt lass dir nicht jedes bisschen an Information aus der Nase ziehen«, forderte ich sie auf, »mein Kollege und ich sind beide erwachsen.«

»Ja gut. Die Kugel war wohl lose. Sie ist abgegangen, während ich sein Ding im Mund hatte.«

»Ach du Sch...« Lenny verzog das Gesicht, als hielte ich ihm eine volle Windel unter die Nase.

Das Zungenpiercing sieht normalerweise aus wie eine Hantel. Daher kommt auch die Bezeichnung *Barbell*, die aus dem Englischen stammt und übersetzt »Hantel« heißt. Zwei Kugeln, die beim Piercing als Abschluss dienen, sind durch eine winzige Stange aus Stahl oder Titan miteinander verbunden. Wenn man eine der beiden Kugeln abschraubt, kann man das Piercing durch den Stichkanal schieben. Dann kann man die Kugel wieder auf dem Gewinde befestigen, und fertig ist das Zungenpiercing. Der Teil mit dem Außengewinde ist abgestumpft – zumindest, wenn Sie das Ding in einem vernünftigen Geschäft kaufen. Blöderweise wollen sich manche Menschen Knete sparen, indem sie die Ware in irgendeinem zweifelhaften Internetshop ordern. Das Piercing gleicht in diesem Fall am Ende einer Holzschraube, die ordentlich schmerzt, wenn man sie sich mit der spitzen Seite in einen Finger spießt. Oder bei heftigem Geblase an der Unterseite eines Dödels entlangschrammt, so wie das bei Johannes wohl der Fall war.

»Wo ist die Kugel?«, fragte ich das Mädchen.

»Die habe ich wohl verschluckt.«

»Keine Sorge. Die kannst du in einigen Tagen wieder draufschrauben …« Ich zog einen Mundwinkel nach oben und wandte mich dem Fellatio-Opfer zu. Man sah der Blondine an, dass sie sich jetzt exakt das vorstellte, was ich gemeint hatte.

Johannes hielt den kleinen Johannes mit dem Handtuch umwickelt und ließ nicht mehr los. Mit einem Gang, bei dem sogar John Wayne vor Neid erblasst wäre, quälte er sich Schritt für Schritt die acht Stockwerke hinunter, bis er endlich auf dem Stuhl im Rettungswagen saß.

»Und wo fahren wir jetzt hin?«, fragte er.

»Wir fahren in die Urologie des nächstgelegenen Krankenhauses«, sagte ich.

»Kann man das wieder richten?«, fuhr Johannes fort und kramte mit der freien Hand die Versichertenkarte hervor.

»Ja … keine Sorge. Das wird alles wieder wie vorher.« Im Krankenhaus bemühte ich mich um etwas Diskretion, scheiterte aber. Irgendwie musste ich dem diensthabenden Personal ja erklären, was vorgefallen war. Auf das Notfallprotokoll konnte ich auch nicht einfach irgendetwas draufschreiben. Damit hatte Johannes für den Gesprächsstoff der darauffolgenden Wochen gesorgt – bis ein neuer Fall das missglückte Fellatio-Manöver ablöste.

An diesem besagten Tag wollte Robert etwas ganz Besonderes. Etwas Hartes musste es sein. Hoffentlich hatte heute ein Service spontan Zeit. Kurz vor Feierabend zog er die Tür zu seinem Büro zu. Dann hängte er das Schild »Bitte nicht stören« auf. Damit sollte auch der Letzte kapieren, dass Robert jetzt Ruhe brauchte. Nun ging es ab an den Rechner. Er aktivierte den Inkognitomodus, rief Google auf und gab die Begriffe »Domina« und »Heimservice« ein. Gleich der erste Treffer passte perfekt. Diese Seite präsentierte ihm alle Ladys, die das älteste Gewerbe der Welt betrieben und gerade in seiner Umgebung zur Verfügung standen. Dann sah er sie. Dirty Diana musste es sein. Keines dieser jungen, infantilen Dinger. Die regten ihn mit ihrem Gejammer in seiner Firma schon immer so auf. Diana hatte offenbar Erfahrung. Sie konnte ihn bestimmt an der Hand nehmen, ihn beherrschen, ihm geben, was er so nötig brauchte. Kein braves Edel-Escort, sondern eine Frau. Ihre microgebladeten dunklen Brauen wirkten wie ein Blickfang über strengen Augen, die zu mehr einluden. Ihr überbelichteter Teint unterstützte die harten, elektrisierenden Gesichtszüge. Er wollte sie haben und klickte auf ihren Namen. Was für ein Glückstag. Besser ging es ja gar nicht. Sein Gedankenkino spielte ihm einen Film ab, dem er sich nicht entziehen konnte. Der Preis war happig, aber okay. Als Geschäftsführer einer großen Firma bezahlte er das aus der Portokasse. Was er gern haben wollte, konnte er in ein Extra-Feld eingeben. Gut so. Seine Bedürfnisse waren sehr … speziell. Mit zunehmendem Alter steigerte sich seine Sucht nach Unterwerfung, und so langsam wurde es schwierig, noch passende »Anbieter« zu finden. Klick – gebucht für abends, 21 Uhr.

Er hatte alles vorbereitet. Schummerlicht, Prickelbrause und Wasser in seinen Jacuzzi eingelassen. Dazu die Rosenblätter. Robert zog sich aus, legte das lederne Halsband an und schnappte sich einen bernsteinfarbenen Bademantel. Kurz noch ein Blick in den Spiegel. Seine Figur hatte wahrlich schon bessere Zeiten gesehen. Wenn er weiter so fraß, konnte er bald die eigenen Zehen nicht mehr sehen. In dem Moment, als es an der Tür klingelte, hatte er seine Plauze vergessen.

»Ich bin Diana«, sagte sie, legte den langen schwarzen Mantel aus teurer Merinowolle mit auffälligen Pelzapplikationen und die lederne Handtasche ab. Die schwarze Korsage schlug bei ihm ein wie ein Blitz. Er reichte ihr den lilafarbenen Schein. Sie packte die Kohle, steckte sie in die Tasche und strich im Vorbeigehen Roberts Bauch entlang. Dann drehte sie sich und schlug ihm mit der flachen Hand ins Gesicht. Er wollte das so, und er wollte gleich richtig zur Sache kommen. Seit seiner Kindheit sprang er ausschließlich auf körperlichen Schmerz und Erniedrigung an, die er von seinen Eltern reichlich erfahren hatte. Mit ein paar Klapsen auf den Po war es da nicht mehr getan. Das Einzige, das Robert zum »Abschluss« verhalf, waren Schmerzen in Form von purer körperlicher Gewalt. Hoffentlich hatte er sich in der Kommentarspalte deutlich genug ausgedrückt. Diana nahm ihn wie einen Hund an die Leine, zog ihn hinter sich her. Dann musste er den Bademantel ablegen. Sie ließ ihn ihre Stiefelspitzen lecken und schlug ihn mit dem Lederriemen, den sie im Innensaum ihres Mantels angebracht hatte. Er war noch nicht zufrieden, wollte immer mehr und forderte, ihn endlich richtig zu verprügeln. Er stellte sich vor sie, wandte ihr seinen Rücken zu und ging auf die Knie. Sie schlug zu, so hart es ging. Noch mal und noch mal. Dabei traf sie seinen Hals. Der Schmerz war zu stark – oder der Schlag auf den Hals traf den Vagus. Das ist der Nerv, der an der Regulation von fast jedem Organ beteiligt ist. Wird er getroffen, bewirkt das ein schlagartiges Herabsetzen der Herzfrequenz. Die Gefäße öffnen sich. Der Blutdruck sinkt. Wenn der Vagus zu stark stimuliert wird, kann derjenige das Bewusstsein verlieren. So, wie das vermutlich bei dem Treffer am Hals der Fall war.

Robert lag in Embryostellung auf dem Boden. Er hatte sich beim Sturz den Kopf an einem Nachtschränkchen angeschlagen und war auf den Boden geprallt. Auch das noch. Blut lief aus einer Wunde seitlich am Kopf und sammelte sich auf der Fliese unter ihm. War er tot? Diana wusste es nicht. Aber er bewegte sich und schien zu atmen. Und jetzt? Sie konnte doch nicht einfach den Notruf wählen. Niemand ahnte, dass sie diesem Job nachging, um sich ein paar Kröten dazuzuverdienen. Aber ihr Kunde … Mist. Es half nichts. Sie nahm das Telefon und wählte den Notruf. Doch sie sagte nicht die Wahrheit. Hätte sie zugegeben, dass das durch einen Schlag passiert war, hätte der Disponent vielleicht die Polizei mitgeschickt. Also machte sie aus dem bewusstlosen Robert eine Kopfplatzwunde nach Sturz. Der Disponent sicherte Diana einen Rettungswagen zu.

Lenny krakelte aus dem WC. Kurz zuvor hatte ich ihm einen Streich spielen wollen und die Flüssigseife des Handspenders gegen Zuckerlösung ausgetauscht. Sie können sich vorstellen, dass das eine recht klebrige Angelegenheit war, die sicher nicht zuträglich war, um sich die Hände zu reinigen. Bevor ich mich noch mehr über Lennys Reaktion lustig machen konnte, ging der Alarmempfänger. Die Leitstelle schickte uns zu besagter Kopfplatzwunde in den Fastlinger Ring.

Ich drückte auf das Klingelschild mit dem Namen Polumpke. Die junge Dame öffnete uns in ihrem Mantel und bat uns herein. Der Patient lag in Seitenlage neben seinem Bett.

»Was ist passiert?«, wollte ich wissen, »der reagiert ja nicht mehr.«

»Es tut mir leid … ich wusste nicht, wie ich es der Zentrale sagen sollte.«

»Was ist passiert? Wieso hat der Typ ein Halsband an?« Robert war bewusstlos.

»Er ist mit dem Kopf gegen das Nachtkästchen geprallt und dann auf die Fliese.«

»Hat er Allergien oder Vorerkrankungen?« Lenny hörte mit einem Stethoskop die Lunge ab.

»Keine Ahnung. Ich kenne ihn nicht persönlich.«

»Und wer sind Sie dann?«

»Er hat mich gebucht.«

»Wie – gebucht?«

»Ich … also er wollte, dass ich ihn verprügele.« Lenny sah mich an. Ich erwiderte den Blick und sah dann zur Anruferin, die sich mir als Diana vorgestellt hatte. »Ist er tot?«

»Nein, aber die Lage scheint ernst.«

»Oh Mist. Das tut mir so leid. Er wollte es immer härter. Plötzlich ist er zusammengebrochen und mit dem Kopf aufgeschlagen.«

»Sieh dir das mal an«, sagte Lenny. Die rechte Pupille war maximal geweitet und reagierte nicht auf den Lichteinfall von Lennys Leuchte. Normalerweise müssen Pupillen gleich groß sein und immer gleich auf Licht reagieren – egal, in welches Auge man leuchtet. Das bedeutete, dass Robert in einem Hirnareal blutete. Der Druck, der dadurch auf den Sehnerv wirkte, weitete die Pupille und nahm Robert das Bewusstsein. Na, hervorragend.

»Er hat mir 500 Euro dafür gegeben.«

Netter Nebenverdienst, dachte ich mir. Aber uns blieb keine Zeit, uns darüber weiter Gedanken zu machen. Status Null – Notarztnachforderung. Lenny buchte einen neurochirurgischen Schockraum dazu.

»Der braucht einen Tubus«, sagte Lenny, öffnete den Rucksack, bereitete alles für die Intubation vor. Ich legte den Zugang und zog die notwendigen Medikamente auf. Als der Notarzt kam, umriss ich kurz, worum es ging. Dann intubierte dieser Robert, um die Atemwege zu sichern und die Atmung zu kontrollieren.

Die Computertomografie im Krankenhaus ergab ein übles Bild. Die Mittellinie des Gehirns war als Zeichen einer schweren Gehirnblutung verschoben. Später stellte sich heraus, dass Robert Polumpke zwar überlebt hatte, seitdem aber im Wachkoma liegt. Das Resultat eines Abends, der den besonderen Kick bringen sollte. Die Frau namens Diana machte sich während unserer Versorgung aus dem Staub. Auf dem Weg zur Wache sprachen wir über den Einsatz.

»500 Steine. Ich glaube, ich bin im falschen Job«, sagte Lenny.

»Kannst dein Glück ja mal probieren«, lachte ich, »wenn ich mir die Anzeige vorstelle ...«

»Welche Anzeige?«

»Die im Internet. *Freundliche, männliche Domina Ihres Vertrauens, Lenny, 56 Jahre alt, verhaut Sie liebevoll und mit Anmut.* Und dann noch deine grinsende Visage auf einem Foto dazu, mit einer Maske überdeckt und die Peitsche in der Hand.« Bei dem Gedanken lachten wir beide los. Wir fuhren in den Hof zur Rettungswache. Im Wachleiterbüro brannte noch Licht. Der Wachleiter stand im Eingangsbereich und zog an seiner Zigarette. Als er mich sah, trat er die Fluppe auf dem Boden aus und bedeutete mir ernst, in sein Büro zu kommen.

»Mist, ich habe vergessen, die Zuckerlösung wieder gegen Seife auszutauschen.«

»Damit haben wir Gleichstand. Viel Spaß beim Chef.« Lenny grinste, parkte den RTW in der Garage und ließ mich zurück.

Cry me a River

Bodybuilding war sein Leben. Das sah man ihm an. Mit diesem Oberarmumfang hätte er Arnold Schwarzenegger Konkurrenz machen können. Theo Kruse hielt sich mit seinen 37 Jahren aber lieber von den Bühnen fern und trainierte nur für sich. Keine Meisterschaften, keine Pokale, nur das harte Training für das eigene Körpergefühl. Das Studio schloss nachts um elf. Jetzt noch schnell was essen, denn ohne Proteine nutzten die ganze Schinderei und die brennenden Oberarme nichts. Ein selbst gemachter Chicken-Wrap auf dem Weg zu seinem himmelblauen Opel Ascona musste es sein. Er startete den Motor. Die Freisprecheinrichtung piepte und signalisierte Verbindung zum Handy. »Ok Google: Ruf Vanessa an«, sagte Theo. Dann gab er Gas und verließ den Parkplatz des Fitnessstudios bei 17 Grad Außentemperatur.

»Ja?«

»Hallo Süße, ich bin auf dem Weg.«

»Fahr vorsichtig. Ich freue mich«, antwortete Vanessa am anderen Ende der Leitung in einer Stadt, die eine Stunde entfernt war. Am Rondell nahm er die Auffahrt zur Autobahn und verlangte seiner alten Möhre alles ab. Das Radio spielte »Cry me a River« in Endlosschleife. Er liebte das Vibrato der melancholischen Stimme Julie Londons, weil sie ihn so an seine Vanessa erinnerte. Theo konnte nicht genug davon bekommen. Nach einer Dreiviertelstunde hatte er einen Großteil des Weges geschafft. Seine Konzentration war dahin. Schließlich hatte er den ganzen Tag in einer Firma für IT-Support gearbeitet und debile Fragen hilfloser User beantwortet. Dann das schwere Training, das er niemals ausgelassen hätte. Irgendwann waren die geistigen Reserven eben aufgebraucht.

Kurz hinter der Anschlussstelle Dasing auf Theos Route: Das Ehepaar Wolf hatte eine Panne. Alle Lampen ihres BMWs waren erloschen, als hätte man einen Schalter umgelegt. Sie rollten aus, schafften es aber nicht, den Wagen komplett an die Seite zu fahren. Ein Teil stand noch auf der rechten Spur der Autobahn. Das sah ein junger Mann, der nach Hause wollte. Er reagierte, stellte seinen alten Skoda mit Warnblinkern auf dem Seitenstreifen hinter den BMW der Wolfs und half ihnen, ihr Auto aus der Gefahrenzone zu schieben. Das war geschafft. Dann kam ein Vierzigtonner. Der Fahrer sah die beiden Autos und wollte nicht zu knapp daran vorbeifahren. Er zog am Lenkrad, ohne zu schauen, ob jemand von hinten ankam. Der Lkw bewegte sich nach links und schwenkte auf die Mittelspur. Von hinten kam aber Theo angerauscht. Er hatte das Manöver erst einen kurzen Moment zuvor wahrgenommen und keine Gelegenheit mehr, zu reagieren. Dann krachte es. Der himmelblaue Ascona schob sich mit hoher Geschwindigkeit von hinten in den Lkw hinein. Die Frontscheibe zerplatzte am Heck des Lkws. Blech verbog sich unter gellendem Lärm, als wäre es Alufolie, die man in der Hand zusammenknüllt. Die Plastikkonsole schob Theos Beine zusammen. Der Aufprall von Oberkörper und Gesicht auf das Lenkrad war so hart, dass auch der Airbag nichts mehr ausrichten konnte. Nach etlichen Metern kamen die Gefährte zum Stehen. Dann war da nur noch das Rauschen der Nacht und Qualm, der aus dem Motorraum drang. Einige Sekunden später wurde der Rauch zu Feuer. Auch das noch. Der dicke, glatzköpfige Lkw-Fahrer hatte jedoch schon seinen Feuerlöscher geschnappt, kam damit angelaufen und entleerte den Löscher in den Motorraum. Der junge Skodafahrer nahm sein Telefon aus der Tasche und wählte die Notrufnummer. Das Löschpulver umnebelte ihn. Den Rettungswagen auf der Brücke hatte er nicht registriert.

Lenny und ich waren seit Schichtbeginn unterwegs. Eine ältere Dame mit unklaren Bauchschmerzen musste in ein etwas weiter entferntes Krankenhaus gebracht werden. Wir hatten Nele als Praktikantin dabei. »Wann ist es bei dir so weit?«, fragte ich in ihre Richtung. Sie feixte und war voller Vorfreude. »In vier Wochen. Die erste Schicht ist mit dir. Dann kannst du dich warm anziehen«, quiekte sie in meine Richtung, »ich bin ein Scheiße-Magnet, was Einsätze angeht.« Sie musste nur noch den Führerschein der Klasse C1 für Fahrzeuge ab 3,5 Tonnen bestehen. Die Lektion, rückwärts um Hütchen zu rangieren mit einem Auto, das deutlich schwerer war als ein normaler Pkw und ohne Rückspiegel, flößte ihr gehörig Respekt ein. Aber ohne das ging es nicht. Die Fahrschule musste sicherstellen, dass Nele den Rettungswagen sicher beherrschte. »Ein bisschen Schiss habe ich schon«, sagte sie von hinten durch die Trennscheibe. »Außerdem hab ich in fünf Tagen meine Prüfung zur Rettungssanitäterin. Dann geht's erst richtig los.« Ich hatte ihr immer gesagt, dass es wenige Grundsätze im Rettungsdienst gibt, die sie als Anfänger beachten solle. Erstens musste sie wissen, wo die Materialien im Rettungswagen lagen und wie sie hießen. In einer Stresssituation bleibt keine Zeit, jemandem erst den Ort des Perfusors zu beschreiben – geschweige denn zu erklären, wie darin Medikamente vorbereitet werden. Und zweitens musste man Ruhe bewahren. Denn das heikle Problem der Nervosität betrifft nicht nur Ersthelfer, sondern auch Profis im Rettungsdienst. Gerade, wenn man erst am Anfang steht und weiß, dass man von vielen auch unbeteiligten Menschen bei seiner Arbeit beobachtet wird. Oder wenn man von einer Situation schlichtweg überrannt wird.

Das Zentralklinikum lag längst hinter uns. Die Bundesstraße 300 war bis auf ein paar Pendler leergefegt. Der Radiosprecher hatte die Mitternachtsnachrichten verlesen. Nichts

Neues in der Stadt. Der Nachtwind strömte durch das geöffnete Seitenfenster in den Rettungswagen. Lenny stockte beim Überqueren der Brücke. Ich blickte von meinem Telefon auf nach rechts auf die Autobahn. Verdammt. Ein Haufen Blech lag auf dem Asphalt. Dazwischen ein junger Typ mit dem Telefon am Ohr. Lenny wendete sofort am Kreisverkehr und fuhr in Richtung Unfall.

»RTW 1/83/1 für die Leitstelle?«, rief der Disponent und kam mir mit der Meldung zuvor. Ich nahm den Hörer.

»Sprechen Sie.«

»Wie ist Ihr Standort? Ich bekomme gerade eine Meldung von einem Verkehrsunfall auf Ihrem Weg rein.« Der Disponent wusste, wo wir langfuhren.

»Ich wollte mich gerade melden. Die Lage auf Sicht: ein beteiligter Lkw, drei Pkws, davon einer in Trümmern. Menschen auf der Fahrbahn, Verkehrsstillstand. Gleich gibt's mehr.«

»Verstanden, 1/83/1. Bitte schleunigst Bericht.«

Eine halbe Minute später manövrierte Lenny den Rettungswagen hinter den Haufen Blech, in dem ich gerade so einen himmelblauen Opel Ascona erkennen konnte. Der junge Typ lief neben uns her und riss noch im Ausrollen die Beifahrertür auf – am liebsten hätte er mich am Arm aus dem Wagen gezogen. Der Lkw-Fahrer war unverletzt, aber sichtbar geschockt vom Geschehen. Neben ihm stand der benutzte Feuerlöscher. Ich hoffte, dass er nicht gleich kollabieren würde. Das Ehepaar Wolf hielt sich geschützt hinter dem eigenen Pannenfahrzeug auf. Lenny sichtete die Unfallstelle, um der Leitstelle die endgültige Lage zu übermitteln. Nele stand mit dem Notfallrucksack auf der Fahrerseite des Ascona. Ich kam dazu.

»Ich bin Nele vom Rettungsdienst. Wir helfen Ihnen. Bewegen Sie sich nicht und drehen Sie den Kopf auch nicht!«

»Ich heiße Theo. Ja, ist okay.« Er folgte ihr nur mit den Augen. Ich kniete mich hinter Theo auf den Rücksitz. Glas knisterte unter meinem Schuh. Die Luft roch nach Öl und Feuer. Meine Jacke zerriss an einem hervorstehenden Metallteil.

»Ich stabilisiere Ihren Kopf. Nicht bewegen«, wiederholte ich, »meine Kollegin legt Ihnen eine Halskrause an. Bekommen Sie genug Luft? Können Sie mir die Zunge rausstrecken?«

»Nein.« Theos Zunge schob einen eingerissenen Teil der Oberlippe beiseite. Er hatte sich den Gesichtsschädel mehrfach gebrochen. Nele riss die Sauerstofftasche auf und zog eine Maske mit Reservoir heraus. Dann legte sie diese mit 15 Litern Sauerstoff pro Minute an. Er fing an, nach Luft zu ringen. Die Atemwege schwollen scheinbar durch das Trauma zu.

»Helft mir.« Er lief blau an.

»Theo?« Nele stockte. »Er reagiert nicht mehr.« Die Atemwege waren blockiert.

»Ich kann hier nicht weg«, sagte ich in ihre Richtung, und sie verstand, ohne dass ich ihr etwas sagen musste. Reichte mir zuerst den Beatmungsbeutel und griff sich den Absauger, den sie einsatzbereit neben mich stellte. Nele riss das untere Fach am Rucksack auf und nahm sich das Punktionsset. Für eine Desinfektion war keine Zeit. Dann die graue Nadel, über die man bis zu 196 Milliliter Flüssigkeit pro Minute in die Vene fließen lassen konnte. Der Zugang saß. Einen Moment lang war ich froh darüber, dass ich mit Nele einen Traum an Unterstützung hatte. Theo röchelte. Ich winkte den Zugführer von der Feuerwehr her, die kurz zuvor eingetroffen war: »Zeitkritisch« rief ich in seine Richtung. Der Feuerwehrler wusste sofort, was Sache war, und beorderte seine Leute her. Schweres Gerät verschaffte uns Zugang zu Theo, der jetzt überhaupt keine Luft mehr bekam. Ich versuchte weiter, den Atemweg mit dem Beatmungsbeutel unter Kontrolle zu bekommen. Ohne Erfolg. Er drohte zu ersticken. Die Feuerwehr schnitt das Dach herunter und polsterte die scharfkantigen Ecken aus. Lenny hatte Trage und Spineboard hergeschafft. Ein flaches Brett, das bestens geeignet ist, um die Wirbelsäule ruhig zu stellen. Das Board kam hinter Theos Rücken. Sechs Feuerwehrler standen parat, um Theo aus seiner Lage zu befreien. Wir zogen ihn rückwärts auf das Board. Dann auf die Trage und ab in den Rettungswagen. Ein Notarzt kam dazu.

Im RTW konnten wir das Problem aber nicht lösen. Die Maske funktionierte nicht, der Tubus ging nicht rein. Die Herzfrequenz sank wegen des Sauerstoffmangels. Der Notarzt war Chirurg und nahm sich ein Skalpell. Sanft glitt es durch die Haut am Schildknorpel und durchtrennte das Ligamentum Conicum. Blut lief seitlich am Hals hinunter. Das weiße Tragelaken färbte sich rot. Zack, Tubus drin, aber zu spät. Herzstillstand. Es dauerte keine drei Sekunden, bis Nele auf ihm hing und mit der Herzdruckmassage anfing. Ein Milligramm Adrenalin in die Vene. Weiterdrücken, weiterbeatmen, die Nulllinie auf dem EKG vor Augen.

»Wir sollten aufhören«, sagte der Notarzt in das rhythmische Wippen hinein.

»Aber das Trauma ist nicht sein Problem«, erwiderte ich.

»Bei dem ist alles kaputt, was kaputt gehen kann …« Der Notarzt fixierte das EKG.

»Doch nichts, was der Operateur nicht wieder hinbekommt«, warf Lenny ein.

»Aber er ist trotz allem asystol …«

»Der Sauerstoffmangel ist aber behoben. Der Typ ist Sportler – der hat genügend Reserven«, sagte Nele und wippte auf Theos Brustkorb. Irgendwie konnte sich niemand mit dem Gedanken anfreunden, einfach so aufzugeben. Wir reanimierten schließlich erst seit 20 Minuten. Die Überlegung des Notarztes war grundsätzlich nachvollziehbar. Gerät jemand durch ein Trauma in einen Herzstillstand, sind die Chancen auf Rettung sehr gering. Ist zum Beispiel ein großes Gefäß abgerissen, und der Patient blutet innerlich aus, ist die Lage trotz aller Bemühungen aussichtslos. Man kann dann sogar danebenstehen, wenn der Unfall passiert, und ist trotzdem nicht in der Lage, den Patienten zu retten. Ein behobener Sauerstoffmangel ändert die Ausgangslage jedoch.

»Wir hören auf«, sagte der Notarzt, der als medizinischer Chef das Sagen hatte. Nele hielt inne. Nur das Atmen war zu hören. Was dann passierte, entspricht dem Standard-Drehbuch in jeder Krankenhausserie. Im echten Rettungsdienst-Leben ist mir das an dieser Stelle das erste und einzige Mal passiert: Das EKG begann in diesem Moment langsam, aber rhythmisch zu piepen. Einfach so, als wollte Theo leben. Er hatte wieder einen Herzrhythmus. Der Notarzt tastete einen Puls.

»Ich würde sagen, der Mann hat dir die Entscheidung soeben abgenommen«, grinste Lenny, verließ den RTW und schwang sich auf seinen Fahrersitz, um keine Zeit zu verlieren. Der Schockraum stand bereit. Wir fuhren los und parkten 15 Minuten später unter dem Dach des Zentralklinikums ein.

Wir waren euphorisch, hatten wir einem jungen Mann durch einen dramatischen Einsatz doch gerade das Leben gerettet. Der Faktor Zeit ist als Todesgehilfe immer ein ernst zu nehmender Gegner für uns. Wären wir nicht zufällig in der Nähe des Einsatzortes gewesen, hätten wir Theo weder lebend angetroffen noch ins Krankenhaus bringen können.

Aber wie so oft hatte das Schicksal noch eine Überraschung für uns parat und zeigte uns, wie nahe Freude und Elend manchmal zusammenliegen. Nele kam als Letzte aus dem Schockraum. Lenny und ich standen bereits am RTW und hatten einen blauen Müllsack für den Abfall aufgeschlagen. Sie atmete kurz durch und sah auf.

»Er ist tot.«

»Wie? Was heißt das?« Ich war sprachlos. Meine Euphorie war verflogen. Auch Lennys Grinsen war schlagartig eingefroren.

»Er hatte eine Blutung im Hirnstamm, die sie nicht in den Griff bekommen haben.«

»Ohne die Blutung hätte er überlebt …«, sagte ich.

»Das hat der Doc bei der Computertomografie auch gesagt. Man hätte alles reparieren können. Aber eine traumatische Blutung im Hirnstamm ist aussichtslos.« Nele lehnte sich an die Trage. Lenny atmete hörbar durch.

Plötzlich tauchte eine junge Frau in Sportkleidung auf und kam schnellen Schrittes den Fußweg herangelaufen. Sie verlangsamte und blieb direkt vor uns stehen.

»Man hat meinen Verlobten hierher in die Klinik gebracht. Können Sie mir sagen, wo ich hin muss?« Mein Blick fiel auf das Chaos im Rettungswagen: aufgerissene Skalpellhüllen, überall heraushängende Kabel, der Beatmungsbeutel und das ganze Blut, das in den Augen eines Nichtmediziners nach noch viel mehr aussieht.

»Dort hinten«, deutete ich in Richtung Nothilfe, »dort melden Sie sich. Die Schwester hilft Ihnen weiter.«

Es entstand eine kurze Pause. Sie sagte nichts, sah zuerst mich an, dann Lenny, Nele und wieder mich. Nach einem weiteren kurzen Augenblick wandte sie sich ab und schlich in die Richtung, in die ich sie geschickt hatte. Ich hatte den Eindruck, sie wusste, was sie gleich erwarten würde.

Darwin Award

Es ist entsetzlich, wenn ein Mensch aus heiterem Himmel ums Leben kommt. Manchmal hätte man aber keine Glaskugel gebraucht, um das Unglück vorherzusehen. Es hätte alles verhindert werden können, hätte der Dahingeschiedene nur eine Millisekunde lang vorher nachgedacht. Vielleicht hätte der Gringo seine schusssichere Weste doch lieber erst einer Schaufensterpuppe übergezogen, bevor er sie an sich selbst mit einer scharfen Waffe testen ließ. Oder zwei Einbrecher hätten beim Sprengen eines Geldautomaten nicht so viel Sprengstoff verwenden sollen, dass das Gebäude über ihnen einstürzte – die Liste derartiger Todesfälle ist verdammt lang und die Dummheit mancher Menschen nahezu unbegrenzt. Spontan kommt einem in den Sinn, dafür einen Orden zu verleihen.

Also wurde der Darwin Award geschaffen, der in unregelmäßigen Abständen seit 1994 für solche Fälle verliehen wird. Der britische Naturforscher Charles Darwin gilt wegen seiner Entdeckung der Evolutionstheorie als einer der bedeutendsten und hellsten Köpfe unter den Naturwissenschaftlern. Aber was hat dieser Darwin mit dem Award zu tun? Ganz einfach: Darwin hat im Rahmen seiner Theorie auch etwas über natürliche Auslese gesagt: Lebensuntüchtige Menschen pflanzen sich nicht fort und vererben ihre Gene auch nicht an eine nächste Generation. Mit dieser Auszeichnung werden daher Menschen honoriert, die sich entsprechend Darwins Theorie selbst aufgrund ihrer Idiotie aus der humanen Reproduktion ausgeschlossen haben. Und ja, das ist genauso makaber, wie es sich anhört.

Tragischerweise sind die meisten Darwin-Award-Erwerber übrigens männlich. Nur Männer kommen eben auf die Idee, ihre Sauna mit einer selbst gebauten, überdimensionierten Heizung zu betreiben, die der Räumlichkeit im Betrieb den lebenswichtigen Sauerstoff entzieht.

Die Rate der Todesfälle ist im Job eines Notfallsanitäters enorm hoch. Das wissen Sie sicher bereits, wenn Sie einige meiner Geschichten aus 25 Jahren Rettungsdienst gelesen haben. Die meisten waren tragisch, aber einige besonders dämliche Exemplare der Gattung Homo sapiens haben sich in besonderem Maße um ihre Selbst-Liquidierung verdient gemacht. Achtung: Dies ist die Geschichte mit der höchsten Todesrate in diesem Buch!

Platz 7 gilt Johnny Barth, seines Zeichens begnadeter Mechaniker, der Fahrzeuge in seiner Hinterhofwerkstatt nicht nur zügig, sondern auch unkonventionell reparierte. Er kümmerte sich auch um meinen alten Opel Omega, den er schon oft vor dem Kfz-Friedhof und dem Todesurteil durch den TÜV bewahrt hatte. War die Hebebühne durch einen Kumpel belegt, nahm Johnny kurzerhand seinen Wagenheber, für den er nicht gerade viel Geld ausgegeben hatte. »Das geht schon«, sagte er immer dann, wenn jemand Bedenken hinsichtlich der Qualität und Sicherheit des Gerätes äußerte. Er schob das rollbare Utensil unter das Auto und pumpte es mittels der Pneumatik mit einem Hebel nach oben. Hätte er das Ding nicht bei einem Lebensmitteldiscounter besorgt, hätte die Mechanik wohl eine Weile länger gehalten. Doch irgendwann machte sie die Grätsche. Blöderweise lag er zu diesem Zeitpunkt unter dem Auto. Das war der Moment, in dem Lenny und ich ins Spiel kamen. Als wir eintrafen, hatte Johnny Barth den Schirm längst zugemacht und war vor dem Richterstuhl angekommen. Ein grüner Alfa Spider mit einer Menge Rost war auf seinem Rücken gelandet. In der Folge kam es zur Prellung von Lunge und Herz und zur Beschädigung großer Gefäße. Ob Johnny Barth nun erstickte oder innerlich verblutete, ist letztlich egal. Tot ist tot.

Auch wenn der Darwin Award eher eine Männerdomäne bleiben wird: **Platz 6** hat sich Elvira Müller redlich verdient. Eines strengen Winters öffnete uns ihre Mutter morgens um 3 Uhr die Haustür. »Mein Gott … immer will sie nur Aufmerksamkeit. Kommen Sie herein und entschuldigen Sie die Störung«, empfing sie uns. Die beiden hatten die letzten drei Tage schon über Dinge gestritten, die schwierig werden können, wenn die vierzigjährige Tochter mit der sechzigjährigen Mutter unter einem Dach lebt. »… und dann hat sie alle Tabletten auf einmal genommen, diese Kuh«, sagte die Mutter und warf Elvira einen Blick zu, der mich erschaudern ließ. Ich nahm die Schachtel. Vigantol stand darauf. Lenny grinste in eine andere Richtung. Ich freute mich insgeheim, denn das Mittel Vigantol ist alles andere als dazu geeignet, sich aus der Matrix zu drücken. Im Gegenteil, handelt es sich dabei doch um reines Vitamin D, das im Bereich der Knochengesundheit und Muskelkraft eine herausragende Rolle spielt. Streng genommen ist es kein Vitamin, sondern ein Hormon. Im Gegensatz zu den meisten anderen Vitaminen kann der Körper es selbst bilden – aber nur, wenn immer ausreichend ultraviolettes Sonnenlicht auf die Haut gelangt. Und hier wird das Problem klar, weswegen sich viele Menschen Vitamin D künstlich zuführen müssen: Sie arbeiten in Büros oder Lagerhallen und bekommen Sonnenlicht nur mikrodosiert ab. In meinem Kopf formte sich bereits das Ende des Einsatzes: Elvira Müller fuhr eine Zeit lang in die Psychiatrie ein, und ich lag im Geist wieder auf der Couch in der Wache.

»Wann haben Sie das Zeug denn genommen und wie viel davon?«, fragte ich.

»Vier davon, irgendwann am Nachmittag.«

»Tabletten?«

»Nein. Blister.«

»Aber eigentlich wollten Sie sich nichts antun … oder?«

»Wie kommen Sie darauf?«

»Weil Sie nicht blöd sind und wissen, was Vigantol ist.« Sie schwieg eine Weile. Dann brach es aus ihr heraus.

»Immer diese Streitereien. Ich bin es so satt … ja, ich wollte es ihr gehörig zeigen!« Mir war klar, dass Elvira ihrer Mutter nur einen Schreck hatte einjagen wollen. Sie begann zu weinen. Ich zog die leeren Blister aus der Packung und versteinerte. »Was ist los?« Lenny sah mich an. Ich blickte zu Lenny.

»Paracetamol.«

»Was?«

»Auf den Blistern steht Paracetamol.«

»Oh Scheiße.« Lenny griff zum Hörer und wählte die Nummer des Giftnotrufs. Ich hörte Fragmente wie »Intensivüberwachung«, »Lebensgefahr« und »ACC«.

»Wieso sind da andere Tabletten drin, als draufsteht?« Ich blickte zur Mutter.

»Die Blister lagen herum. Da habe ich die Tabletten in die leere Schachtel getan.«

»Haben Sie nicht vorher gelesen, was auf den Blistern steht?«, fragte ich Elvira. Die Mutter sank in sich zusammen.

»Nein. Natürlich nicht.« Scheinbar hatte sie in ihrer psychischen Ausnahmesituation auch nicht realisiert, dass Vigantol mit Öl gefüllte Weichkapseln sind, wogegen es Paracetamol nur in Tablettenform gibt.

Elvira klagte über leichte Übelkeit und Oberbauchschmerzen. Ich klärte sie darüber auf, was sie versehentlich angerichtet hatte und dass wir sofort in eine Klinik mussten. Als ich überschlug, um wie viel Gramm Paracetamol es sich gehandelt hatte, kam ich auf etwa 20 Gramm. Bereits eine Menge von 7,5 Gramm kann aber für einen erwachsenen Menschen tödlich sein.

Wir fuhren Elvira in die Klinik. Die Therapie mit ACC, die das Paracetamol neutralisieren kann, half nichts mehr – die Einnahme lag zu weit zurück. Als ich mich einige Tage später nach ihr erkundigte, teilte man mir mit, dass Elvira an einem Leberversagen gestorben war.

Platz 5 geht an Paul Kurowski. Paul arbeitete in einer Firma, die Paletten herstellte. Sie müssen sich das so vorstellen: Die Hölzer werden mit einer Maschine zugeschnitten und in die für eine Palette notwendige Form gebracht. Der Arbeiter legt diese in die nächste Maschine ein. Sie befördert das Holz über ein Band in eine mit Nägeln bestückte Presse, die automatisch mithilfe einer kraftvollen Hydraulik eine Palette generiert. An diesem Tag lief aber einiges schief. Und dann blieb auch noch das Presswerk stehen, weil sich ein Stück vom Gehölz blöd verklemmt hatte. Aus irgendeinem Grund hatte die Maschine keinerlei Abschaltautomatik oder Sicherheitsmechanismus. Die Hydraulik ließ sich nicht außer Betrieb nehmen. Menschen nehmen einiges an Gefahren auf sich, wenn die Uhr auf kurz vor Feierabend steht: Paul und sein Kollege griffen mit jeweils einem Arm in das Presswerk, um das quer liegende Stück zu lösen. Und zack! Das Presswerk klemmte beide ein. Paul mit dem linken und seinen Kollegen mit dem rechten Arm. Als wir in die Halle kamen, war Paul bereits bewusstlos. Sein Kollege hatte starke Schmerzen, die das Team des anderen Rettungswagens mit Schmerzmitteln in den Griff bekommen konnte. Die gleich mit uns alarmierte Feuerwehr versuchte, die Hydraulik mittels Hebekissen zu entlasten, um die beiden Männer hinauszuziehen. Das klappte nicht. Die Maschine schien zu stark. Die Feuerwehrler tanzten wie Ameisen um die Maschine, die keinen Mucks tat. Auch das Stemmeisen funktionierte nicht. Weil auch keine Hydraulikleitung zu sehen war, blieb letztlich nichts anderes übrig, als die Maschine zu demontieren. Blut sammelte sich unter Paul, aber

Lenny und mir waren die Hände gebunden. Paul hatte einen venösen Zugang erhalten, über den Flüssigkeit in seine Venen strömte. Doch es half nichts. Als die Feuerwehr die Maschine auseinandergenommen hatte, war es zu spät. Paul hatte durch die Palettennägel arterielle Verletzungen erlitten und war in der Maschine verblutet.

Platz 4 auf meiner persönlichen Liste der Nominierten hat sich Thomas Wrobel gegönnt. Der Junkie rauchte und spritzte sich alles, was er an Drogen in die Finger bekam. In einem der besseren Viertel dieses Ortes lebte er schon immer im Haus seiner Eltern. Der in Marmor eingefasste Swimmingpool im Keller diente als Technotempel und Partylocation für seine Freunde, die dies ausgiebig nutzten. So auch in dieser Nacht zu fortgeschrittener Stunde. Die Uhr zeigte 4:30 Uhr. Wir klingelten am Eingangstor. Eine monotone Stimme meldete sich und fragte, wer da sei. Meine übliche Antwort in dieser Situation: »Na, wen haben Sie denn vor zehn Minuten bei der Leitstelle angefordert?« Der Summer erklang. Das Tor lag etwa 500 Meter von der Haustür entfernt. Lenny keuchte. Ich riss noch den Witz, Lenny könne ja noch ein paar Kilo zunehmen, weil er dann seine Beinmuskulatur wenigstens vernünftig trainieren würde. Er bezeichnete mich als Arschdepp und lachte dabei. Sein Lachen versiegte jedoch, als uns der zugedrogte Mittzwanziger in die bizarre Szenerie des Schwimmbadbereichs führte. Das weiß-blau-gelbe Neon einer Lichtanlage tanzte im Takt der Musik an der Wand und warf blaue Schatten der Bar an die Decke. Die Schwarzlicht-Lampen ließen die grellen Farben und Zähne der Besucher in absurdem Licht erstrahlen. Die Leute trugen überwiegend Irokesen, Leder und Silber am Körper. Inmitten dieser Szenerie lag Thomas Wrobel auf dem Rücken am Rand des Schwimmbeckens, mit dem Kopf halb im Wasser und längst über die Regenbogenbrücke getreten.

»Da liegt er«, sagte der Typ und wippte mit dem Kopf im Takt der Musik, den Blick auf die Barkeeperin mit der gut gefüllten Bluse gerichtet.

»Das sehe ich. Und was ist passiert?«

»Keine Ahnung. Er lag einfach irgendwann da.«

»Hast du sofort bei uns angerufen?«

»Nö. Wir dachten alle, das wird schon wieder. Wir feiern schon seit gestern Abend.«

»Wie bitte?«

»Kurz nachdem die Party angefangen hat, hat er sich 'ne Ladung Junk gegönnt und gesagt, das sei das teuerste Zeug, das man am Markt bekommen könnte.«

»Und weiter?«

»Dann meinte er, dass teurer Stoff absolut ungefährlich ist.«

»Hat ja wunderbar funktioniert«, gab ich zurück. Der Unterkiefer ließ sich nicht mehr öffnen. Die Leichenstarre hatte bereits eingesetzt.

»Ich bin an der Bar, wenn Sie mich brauchen«, sagte der kaputte Typ, verschwand und ließ uns fassungslos zurück. Die Polizei beendete die Party und nahm einige Leute mit aufs Revier. Der nachgeforderte Notarzt stellte den Leichenschein aus und schien genauso verstört wie wir. Der reiche Thomas Wrobel hatte angenommen, dass ihn teures Heroin nicht töten könne, und sich deshalb eine Extraladung gegönnt. Und alle anderen hatten dabei zugesehen. Darwin lässt grüßen.

Platz 3 erarbeitete sich zu Recht der Waldarbeiter Michael Rohrig. Die meisten schweren Unfälle passieren, wenn sich die betroffenen Leute geistig bereits im Feierabend befinden, so wie dies auch bei ihm der Fall war. Schnell musste noch die letzte Tanne umgehauen werden. Ein erfahrener Holzer, wie es Michael Rohrig gewesen ist, weiß normalerweise um die Gefahren bei Baumfällarbeiten. In diesem Moment jedoch war der

Zapfenstreich wohl wichtiger. Er setzte die Motorsäge an und schnitt ein großes Stück aus dem Gehölz. Ein Brechen war zu hören. Dann entfernte er noch einen Teil. Michael Rohrig trat zurück. Der Stamm brach anfangs mit der Geschwindigkeit einer Schnecke und legte dann an Tempo zu. Der Mann sah, dass alles in seine Richtung zu kippen drohte, aber es war zu spät, um etwas dagegen zu unternehmen. Er musste einfach weg. Also ließ er die Kettensäge fallen und drehte sich um. Seine Beine überschlugen sich. Pro Laufmeter einer frischen Tanne rechnet man eine gute Tonne an Gewicht. Bei 30 Meter Baum kommen so 30 bis 35 Tonnen zusammen. Michael Rohrig reagierte falsch. Er rannte nämlich in die Fallrichtung der Tanne, die ihn unter ihrem Gewicht begrub und ihm dabei alle Lichter ausblies. Er hatte sich selbst eliminiert.

Schade, dass die betroffenen Menschen nicht überlebt haben, denn sonst hätte sich auch Fabian Behringer den Award für **Platz 2** noch in die Vitrine stellen können. Der Typ, Anfang 30 mit einem Faible für Benson & Hedges, besaß einen Pferdestall und wollte sich eine Blechtonne besorgen, um darin Streusalz für die Stallgasse und den Vorplatz aufzubewahren. Er inserierte in einem Portal für Kleinanzeigen. Prompt meldete sich jemand, die Tonne könne kostenfrei und jederzeit abgeholt werden. Fabian befestigte seinen Anhänger an seinen roten Ford-Kombi und machte sich auf den Weg. Die Tonne war ein Schnäppchen, aber zu Hause musste er sie auf jeden Fall reinigen, bevor er das Salz dort lagern konnte. Die Terrasse eignete sich in Fabians Augen optimal dazu. Zunächst hebelte er den Deckel der blauen 300-Liter-Tonne mit der weißen Schrift auf. Dann nahm er einen Lappen, um die Tonne grob auszuwischen. Anschließend wollte er diese mit einem Wasserschlauch ausspritzen und einige Tage trocknen lassen. Der Plan schien gut, die Ausführung allerdings nicht. Hätte er seine Fluppe nur zuvor aus dem Mund genommen und gelöscht …

Als wir eintrafen, beschrieb der Nachbar, es hätte einen riesigen Bums gegeben. Klar – wenn man sich mit einer brennenden Zigarette in ein Fass beugt, in dem vorher Benzin aufbewahrt wurde und sich Kraftstoffreste am Boden befinden, kann es einem durchaus warm um die Mütze werden. Das Problem ist das Gemisch aus Sauerstoff und Benzindampf. Tauchen Sie die Giftnudel schnell genug in reines Benzin, kann sie sogar ausgehen, ohne dass es brennt – vorausgesetzt, dass es wirklich fix geht. Ein paar Tropfen auf dem Untergrund, die Sie zum Beispiel beim Tanken verlieren, würden zügig und folgenlos abbrennen, wenn Sie eine Fluppe dort hineinfallen ließen. Das hochentzündliche Gemisch hingegen ist lebensgefährlich. Ein kleiner Funke reicht, um diesen Dampf zur Entzündung zu bringen – und dann: BAMM. Hollywood lässt grüßen. Eine kleine Anmerkung am Rande: Bitte versuchen Sie jetzt nicht, das Gesagte zu bestätigen oder zu widerlegen – auch Ihnen könnte dies auf dämliche Art und Weise einen Darwin Award einbringen …

Als Lenny und ich eintrafen, war Fabian Behringer bereits Geschichte. Ein Metallteil der Tonne hatte sich bei der Verpuffung gelöst und ihm tödliche Verletzungen im Bereich seines Halses zugefügt. Dazu gesellten sich schwere Verbrennungen der oberen Atemwege und des Brustkorbs, die allein schon ausgereicht hätten. Ein Teil der Terrasse lag in Schutt und Asche, das Glas der Terrassentür und des Wohnzimmerfensters war in Splittern im Haus verteilt. Seine Unachtsamkeit hatte Florian Behringers Leben beendet.

Der unangefochtene **Platz 1** geht zweifelsfrei an Peter Moosacker. Ironie des Schicksals: Der gelernte Dachdeckermeister hatte am letzten Tag seines Lebens zugleich Geburtstag. Die Kollegen sangen ihm zu Beginn der Schicht ein Ständchen. Kuchen gab es, und auch einige Gläschen Prosecco flossen. Die ausgelassene Stimmung hielt an, bis Peter Moosacker auf dem Dach stand, das einige Ausbesserungen erhalten sollte. Peter liebte die Arbeit in großer Höhe. Hier fühlte er sich frei, hier war er sein eigener Herr. Der Wind pfiff ihm um die Nase und machte die Arbeit auf dem Dach zu einer wackeligen Angelegenheit. Doch die Gerüstelemente waren sicher befestigt. Nur die Nagelpistole tat heute nicht so, wie er es wollte. Das Ding war auch schon alt und hätte längst ausgesondert gehört. Aber jede Neuanschaffung kostete Geld. Und Peter wollte sparen. Klack. Klack, klack, klack. Nichts tat sich. Dieser blöde Mechanismus hatte sich wieder verklemmt. Peter griff zum Schraubenzieher und fummelte in dem Auslösemechanismus der Pistole herum. War da vielleicht irgendetwas im Nagelkanal? Peter bewies das, womit viele Handwerker im Laufe ihres Berufslebens konfrontiert werden: Wenn man permanent mit einer Gefahr arbeitet, wird man nachlässig. Peter betätigte mit seinem Schraubenzieher die Auslösesicherung. Diese verhindert, dass das Gerät abgefeuert werden kann, ohne dass es auf das Holz aufgedrückt wird. Hätte er in diesem Moment nicht in den Nagelkanal gesehen, hätte sein Leichtsinn keine Folgen gehabt. Der Nagel trat mit hoher Geschwindigkeit aus dem Schusskanal aus. Und sein Augapfel tat das, was ein mit Wasser gefüllter Ballon macht, wenn man mit einer Pistole hindurchschießt. Das Metall bohrte sich durch den Schädelknochen der Augenhöhle und trat in das Gehirn ein. Peter Moosackers Bewusstsein erlosch augenblicklich. Er fiel 7 Meter rückwärts vom Dach, schlug auf dem Beton auf und blieb liegen.

»Sturz« – so einfach hieß die Meldung auf dem Datendisplay unseres Rettungswagens. Noch während der Anfahrt dachte ich an jemanden, der vielleicht blöd umgeknickt war oder sich das Sprunggelenk gebrochen hatte. Schienen, einladen und ab in die Klinik. Aber Pustekuchen. Während Lenny zur Einsatzstelle rollte, sprang uns einer der Arbeiter in den Weg. »Er ist tot, er ist tot. Kommen Sie. Schnell!«, rief er und rannte vorneweg. Als ich Peter Moosacker auf dem Beton liegen sah, schoss mir der Gedanke durch den Kopf, dass der Arbeiter bei seinem Notruf doch mit dem Telefonisten der integrierten Leitstelle gesprochen hatte. Wie konnte es dann nur dazu kommen, dass derartige Fehldisponierungen entstanden? Das ist mir bis heute ein Rätsel geblieben.

Im Krankenhaus stellte sich heraus, dass Peter Moosacker hirntot war. Der Nagel hatte lebenswichtige Regionen im Kopf verletzt, die irreparabel waren. Man fand einen Organspenderausweis in seiner Geldbörse. Wenn sein Tod auch unnötig war, so hatte er immerhin für zwei Menschen noch einen lebensrettenden Effekt.

Als ich kurz nach Beginn meiner Karriere im Rettungsdienst vom Darwin Award gelesen habe, war mir nicht klar, dass es sich hierbei um Tatsachen handelte. Ich dachte nicht, dass jemand so dämlich sein und sich selbst versehentlich aus dem Fenster eines 24-stöckigen Hochhauses stürzen könnte, um anderen die Sicherheit seiner Fensterscheiben zu demonstrieren. Bevor Sie jetzt aber auf die absurde Idee kommen, am Auslösemechanismus Ihrer Nagelpistole herumzuspielen oder sich unter ein Fahrzeug zu legen, das nur mit einem Wagenheber aufgebockt ist: Auch für Sie liegt sicher irgendwo ein Darwin Award bereit, der nur darauf wartet, an Sie übergeben zu werden.

471

Die laute Stadt stieß mich aus einem geruchs- und temperaturlosen Albtraum, der mir Unbehagen bescherte. Ich stand an einem verlassenen, zugewucherten Bahnhof im dämmrigen Morgengrauen, als mich der Todesengel angriff. »Bleib zu Hause«, schrie der Engel und schlug mit den schwarzen Flügeln, »bleib zu Hause, sonst widerfährt dir Unheil.« Dann zerfiel er zu Asche. Aber das ging nicht. Was hätte ich denn sagen sollen? »Hey, lieber Chef, ich kann nicht zum Nachtdienst kommen, weil mich ein metaphysisches Himmelsgebilde gewarnt hat«? Ich kämpfte mich also aus dem Bett, zog mich an und machte mich gegen halb sechs auf den Weg zu meinem letzten Nachtdienst, bevor ich mich über einige freie Tage am Stück freuen konnte. Trotzdem grummelte mein Bauch wegen des hässlichen Traums. Aber was im Leben passiert, ist und bleibt in meinen Augen Schicksal. Gegen die negativen Seiten des Schicksals kann man nichts Wirksames unternehmen – außer es zu akzeptieren, weil man es nicht ändern kann.

3 Uhr 10. Bis dahin war es ruhig. Bis dahin saßen wir alle vor der Glotze und zogen uns eine Folge *Medical Detectives* nach der anderen rein. In jedem Nachtdienst läuft die gleiche Dauerschleife. Mithilfe der neu gegründeten forensischen Abteilung seiner Dienststelle hatte Detective Fuller gerade einen Mörder überführt. Der Winkel des Schusskanals im Körper der ermordeten Ehefrau passte nicht zur Theorie, der Schuss hätte sich beim Reinigen der Waffe versehentlich gelöst.

»Ist ganz schön ruhig heute.« Thomas, der Fahrer des Notarzteinsatzfahrzeugs, griff in die Chipstüte.

»Schhhhhh …« Ich hielt einen Finger vor den Mund und bedeutete ihm, nichts zu sagen.

»Abergläubisch?« Thomas grinste.

»Ja. Manchmal zumindest.« Ich stand auf und ging in die Küche, um mir einen Kaffee zu machen. Noch während der Kaffee aus dem Vollautomaten lief, ging der Piepser. Murphy hatte wieder einmal recht. Seiner spannenden Theorie nach konnte die Handlung »Druck auf die Taste des Kaffeeautomaten« einen Einsatz auslösen. Auf Murphys Gesetz konnte ich schon immer getrost verzichten.

Ich zog die Tür des Rettungswagens zu. Während das Rolltor hochfuhr, gab mir der Disponent den Einsatz durch. Auf der Bundesstraße 471 sollte sich ein Verkehrsunfall zwischen zwei Anschlussstellen ereignet haben. Die Lage schien unklar. Der Disponent klagte über die schlechte Netzverbindung des Anrufers. »Seht euch das mal an und gebt mir zeitnah eine Rückmeldung«, sagte er. Ich bekam noch mit, wie der zweite RTW kurz nach uns ebenfalls auf einen Einsatz geschickt wurde. Sebastian und Nadine waren mit am Start.

Lenny ließ das Fenster einen Spalt weit hinunter und bog auf die autoleere Straße. Die kühle Luft zog in das Innere des Wagens. Ich konnte den Herbst förmlich riechen. Der Duft loser Blätter und feuchter Luft kündigte an, dass die Tage bald wieder kürzer werden würden. Eine Glocke aus dichtem Nebel nahm uns die Sicht, sodass man die andere Straßenseite nicht erkennen konnte. Auf der Fahrt wünschte ich mir, dass der Anrufer zwar die richtige Straße, jedoch den falschen Ort gemeldet hatte – dann müsste ein anderer Rettungswagen hinfahren. Vielleicht wollten die Beteiligten auch lediglich Hilfe von der Polizei und nicht vom Rettungsdienst. Oder jemand hatte nur eine Panne und war gar nicht verletzt. In sämtlichen Fällen könnten wir unverrichteter Dinge wieder fahren und uns in die gemütliche Wache setzen. Aber nein. Wir steuerten weiter durch die geisterhafte Suppe. Es war, als befänden wir uns in einem Horrorfilm, und in der nächsten Minute spränge jemand vor uns auf die Straße und käme mit aufgerissenen Augen und einem Messer auf uns zu. Der farblose Nebel dämpfte den Schall. Alles fühlte sich unwirklich an, als die Warnblinker der Autos in der Ferne durch den Dunst drangen und immer näher kamen. Lenny schaltete zum Blaulicht Warnblinker und Umfeldbeleuchtung dazu und rollte beinahe in Schrittgeschwindigkeit auf das Geblinke zu. Vom Nebel eingehüllt lag ein Motorrad quer auf der Straße. Eine schnelle Maschine, giftgrün. Das Motorrad musste eine Mehrfachkollision mit der Leitplanke gehabt haben, die an mehreren Stellen beschädigt war. Plastikteile waren überall auf der Straße verteilt. Ein Körper befand sich eingekeilt in Gegenrichtung unterhalb eines Stückes Leitplanke, die mit Stahlstreben im Boden verankert war. Einige Meter weiter stand ein Pkw mit zerstörter Front auch in Gegenrichtung am Straßenrand, dahinter ein weiterer Pkw, der aufgefahren zu sein schien. Weißer Dampf stieg aus dem Motorraum des hinteren auf. Vermutlich hatte es den Kühler erwischt. Sonst war kein Auto weit und breit zu sehen – für so eine große Bundesstraße an dieser Stelle sogar zu dieser Uhrzeit merkwürdig. Mindestens drei Verletzte, und wir waren allein. In meinem Kopf stellte ich mir für den Bruchteil einer Sekunde den Ablauf des Notrufs in der Leitstelle vor, und wie es dazu gekommen sein konnte. Wenn die Situation besonders schlimm scheint, rufen für gewöhnlich mehrere Menschen in dichtem zeitlichem Zusammenhang an – Menschen, die vorbeigefahren sind, Beteiligte oder Zeugen. Alle melden den gleichen Unfall aus verschiedenen Blickwinkeln. Der Disponent schickt dann gleich mehrere Rettungsmittel an die Einsatzstelle. Er geht aufgrund der Anzahl der Anrufer davon aus, dass der Unfall schlimmerer Art sein muss. Wenn aber nur eine Person anruft, nimmt der Disponent an, dass es nicht so tragisch sein kann. Dann sendet er nur einen Rettungswagen aus, um die Situation zu klären. In den meisten Fällen funktioniert das ganz gut. Was aber, wenn das Netz in diesem Gebiet nicht funktioniert? Was, wenn der Anrufer die Sprache nicht gut beherrscht oder er aufgrund einer Fehleinschätzung das Ausmaß des Unglücks falsch übermittelt? Was, wenn alle anderen denken, dass den Notruf bestimmt schon jemand abgesetzt hat, oder überhaupt niemand ein Handy dabei hat?

Ich stand an die Tür meines Rettungswagens gelehnt, atmete hörbar aus und hatte ein Kartenhaus vor Augen, aus dem das personifizierte Schicksal die unterste Karte herauszog. Meine Gedankenblase ploppte kurz darauf weg, als Lenny mich anstieß. Wir mussten schleunigst sichten, sonst würde uns die Leitstelle keine Hilfe schicken. Dazu existiert ein Triagesystem mit den Sichtungskategorien 1 bis 3. Alle lauffähigen Patienten bekommen die grüne Kategorie SK3 zugewiesen und sind als leichtverletzt zu verstehen. SK2 als gelbe Kategorie heißt, der Patient muss dringlich, aber nicht sofort behandelt werden, und SK1 bedeutet, dass der Patient unmittelbar vital bedroht ist. Darunter fallen auch starke Blutungen oder Atemstörungen. Als Sichtungsteam führt man nur Maßnahmen durch, die eine unmittelbare Gefahr abwenden. Wenn die Atemwege des Patienten verlegt sind, werden diese freigemacht. Blutet der Patient stark, dann kommt ein Abbindesystem zur Anwendung.

Der Motorradfahrer reagierte nicht. Seine Extremitäten standen in alle Richtungen. Alles schien gebrochen. Der Kopf lag in einem seltsamen Winkel, der physikalisch im Grunde nicht möglich war. Ich konnte aber nicht sofort eingreifen, sondern musste zum nächsten Wagen. In diesem Moment stand ich vor einer der größten Herausforderungen für einen Notfallsanitäter: Ich musste mich von der Vorstellung der Individualmedizin verabschieden. Laut dieser Vorstellung bekommt jeder Patient ein Rettungsteam, das sich vollumfänglich um seine notfallmedizinischen Bedürfnisse kümmert. Hier funktionierte das aber nicht – es war ja sonst niemand da, und wenn wir uns jetzt einem Patienten zugewandt hätten, hätten die anderen keine Hilfe erhalten. Glauben Sie mir: Es gibt nichts Scheußlicheres, als an einem schwer verletzten Opfer vorbeilaufen zu müssen.

Ich klopfte an die Scheibe des vorderen Autos, eines Seat Leon in Bernsteinrot. Ein junges Mädchen öffnete das Fenster. Sie hyperventilierte. Keine Chance, hier eine Information zu bekommen. Dem Aufprall nach vermutete ich mindestens ein Schleudertrauma bei ihr. Sie hatte schwarze Spuren auf den Asphalt gezeichnet. Der Hintermann hatte in seinem silbergrauen Audi keine Chance gehabt. Ich sagte ihr, dass sie sitzen bleiben und sich nach Möglichkeit nicht bewegen solle und bald Hilfe einträfe. Für mich war die Sache klar: Sie war irgendwie mit dem Motorradfahrer kollidiert und hatte gebremst. Zack – Karambolage. In Gedanken beschloss ich bereits, einen Notarzt und noch zwei RTW nachzufordern, die sich um die beiden Leichtverletzten kümmerten.

»Der Irre hat uns mit seiner Maschine überholt«, sagte der Audifahrer. »So ein Wahnsinniger …«

»Sie beide haben wirklich Glück gehabt«, erwiderte ich und deutete auf den Leon.

»Das kann man von dem Motorradfahrer und dem anderen Auto wohl nicht sagen.«

»Auto? Welches andere Auto?«

»Na das, das uns entgegenkam. Das dem Motorrad ausgewichen und mit dem vor mir zusammengeknallt ist.« Mir wurde heiß. Hatten wir womöglich einen Pkw übersehen? Ich blickte mich um.

»Dahinten ist die Leitplanke zu Ende. Ein Stück weiter noch, da ist er raus«, erklärte der Audifahrer und nahm seine Mütze ab. Ich sah mich erneut um. Der Nebel verwehrte mir die Sicht.

»Da!« Lenny deutete in den Nebel. Dann sah ich es. Eine Gestalt kam aus dem Dunst auf uns zu. Eine Frau, die ich auf Anfang 40 schätzte.

»Hilfe … schnell! Helfen Sie mir … bitte!« Sie lief auf Lenny zu, trug etwas in eine Decke Gehülltes bei sich und hielt es vor ihren zerrissenen, rot eingefärbten Pullover. »Hilfe …«, schrie sie nochmals, »er war doch nicht richtig angeschnallt …« Dann drückte sie Lenny das Bündel in die Hände, ging auf die Knie und vergrub das Gesicht in ihren Händen. Ein speckiges Ärmchen, wie es nur Säuglinge haben, hing aus der Decke und baumelte im Takt von Lennys Bewegung. Lenny schlug die Decke auf. Der winzige Kopf hatte seine natürliche Form verloren. Ich erkannte rot eingefärbte Gehirnmasse, die am deformierten Hinterkopf ausgetreten war. Und überall Quetschungen, Prellmarken und Schnittverletzungen. Für einen Moment fühlte ich mich, als hätte der Verantwortliche für Raum und Zeit die Pause-Taste gedrückt. Mein Blick glitt vom Säugling zur Mutter, dann zu Lenny und wieder zum Säugling. Wir liefen zum RTW. Ich riss die Schiebetür zum Behandlungsraum auf, Lenny stieg ein, dann setzte ich mich nach vorne. Einige Sekunden lang betrachtete ich den Funkhörer. In Zeitlupe ergriff ich den Apparat, atmete aus und drückte den Status Null.

»1/83/1?«

»Lagemeldung.«

»Legen Sie los.«

»Zweimal schwer, zweimal leicht verletzt. Eine Säuglingsreanimation.« Einige Sekunden hörte ich nur das Rauschen im Lautsprecher.

»Wie bitte?«

»Sie haben richtig verstanden. Insgesamt fünf Verletzte. Ich brauche alles, was Räder und Blaulichter hat. Jetzt.«

»Drei RTW und ein NEF kriegen Sie sofort. Der Kindernotarzt kommt aus der Stadt. Wo ich den vierten RTW und noch ein

NEF herbekomme, muss ich gucken«, bestätigte der Disponent meine Lagemeldung. Seiner resignierten Stimme nach fragte er sich in diesem Moment vermutlich, wie es zu einer derartigen Fehleinschätzung hatte kommen können. Über das analoge Zusatzfunkgerät ertönte eine nicht enden wollende Alarmierungskaskade. Ich verließ den RTW und stieg hinten zu Lenny ein, der den Säugling auf die Trage gelegt und diese auf Arbeitshöhe gefahren hatte. Ich hatte ein mieses Gefühl. Traumatologische Reanimationen sind in den meisten Fällen aussichtslos. Ein so schwerer Aufprall beschädigt große und lebenswichtige Gefäße. Es kommt zu Verletzungen des Gehirns oder zu Leber- und Milzrissen. Der Patient verblutet. In diesem Fall war der Schädel des Säuglings gebrochen, weil dieser offenbar aus dem Fahrzeug katapultiert worden und gegen einen Gegenstand geprallt war.

Mit dem Kindernotarzt hatten wir Glück. Als ich die Lagemeldung absetzte, befand sich ein spezieller Notarztwagen für Säuglinge gerade auf Rückfahrt von einer Verlegung und war keinen Kilometer entfernt von uns. Noch nie war ich so froh gewesen, als die Kollegen unsere Schiebetür öffneten und den Säugling in Empfang nahmen. Zeitgleich trafen die versprochenen RTW und ein Notarzt ein. Auch der Motorradfahrer und die Mutter des Säuglings waren nun rettungstechnisch versorgt. Das junge Mädchen aus dem Seat ebenfalls. Damit konnten wir uns dem Audifahrer widmen. Auch wenn der Unfall für den Säugling und die Mutter sehr tragisch verlaufen war, bekamen wir die Kontrolle über die entglittene Situation zurück. Ich setzte mich nach vorne, um die neue Lage durchzugeben und den vierten RTW abzubestellen, und drückte den Status Fünf, um einen Sprechwunsch ohne Priorität zu signalisieren. Doch weit kam ich nicht. Die Leitstelle rief genau diesen RTW, der zu uns auf dem Weg war.

»1/83/2?« Längere Stille. »1/83/2, Sie haben einen Status Null gedrückt.« Rauschen.

»Ja … 1 … /83/2. Eigenunfall. Kollision mit Pkw an der Kreuzung Papierfabrikberg, Konrad-Adenauer-Straße.«

»Haben Sie Verletzte, 1/83/2?«

»Ja.« Ich drückte ebenfalls die Null und gab durch, dass wir die Einsatzstelle verlassen konnten. Der RTW mit der Seatfahrerin konnte auch den Audifahrer versorgen.

»1/83/1, Zuschlag. Vermutlich sind Sie Erster. Bitte sofort Lagemeldung!« Lenny kurbelte am Lenkrad, drehte den RTW und gab Gas. Wir durchfuhren die lange Alleestraße, die in den ersten Vorort der Stadt mündete. Die Hauswände strahlten das blaue Blitzen unserer Signalanlage im Gleichtakt zurück. Der Papierfabrikberg war nach der alten Papierfabrik benannt, die jahrzehntelang auf 130 000 Quadratmetern Holzstämme zu Papier verarbeitet hatte und vor Kurzem geschlossen worden war. Der Berg lag direkt am Fuß der Altstadt und war kein richtiger Berg, sondern mehr eine Anhöhe, über die die Hauptstraße dieser Stadt führte. Das Problem war, dass diese Kreuzung miserabel einzusehen war. Ich hatte an dieser Stelle selbst mal beinahe eine Kollision gehabt, weil ich den von unten kommenden Pkw zu spät wahrgenommen hatte und bei Rot schlichtweg zu schnell und ohne Einsatzhorn in die Kreuzung eingefahren war. Meine Gedanken überschlugen sich. Grauenhafte Bilder toter Kollegen bildeten sich in meinem Kopf. Ich hoffte, dass niemand ernsthaft verletzt war, und stellte mir eine ähnliche Szenerie vor, wie ich sie vorhin zu Gesicht bekommen hatte. Auch Lenny schwieg. Ich hätte auf den Engel in meinem Traum hören sollen.

Als wir an die Einsatzstelle rollten, hatte der Nebel etwas nachgelassen. Der RTW 1/83/2 stand quer in der Kreuzung. Die Frontschürze und alle Scheinwerfer fehlten. Überall lagen zersplittertes Glas und Plastik. Offenbar war der RTW von unten aus der Nebenstraße gekommen und hatte den Pkw, der Vorfahrt hatte, angefahren. Der Unfallgegner war daraufhin in eine

Laterne eingeschlagen, die an der Ecke der rechten Straßenseite nicht mehr leuchtete und in einem seltsamen Winkel zur Straße stand. Alle Scheiben fehlten am Pkw, alle Airbags hatten ausgelöst. Die Front sah aus wie eine Ziehharmonika.

»Ich hab den Rettungswagen nicht kommen sehen.« Ein junger Typ stand in der geöffneten Beifahrertür des RTW. Er schien trotz des harten Aufpralls unverletzt.

»Nadine? Sebastian? Wie geht's euch?«

»Wie wohl? Mir scheint die Sonne aus dem Arsch.« Nadine hielt sich mit beiden Händen am Lenkrad fest. Blut lief ihr an der Seite herunter. »Wir haben den seitlichen Schlag voll abbekommen.«

»Ich hab's kommen sehen«, sagte Sebastian. »Als der Lichtkegel vor mir auftauchte, war es zu spät.«

»Wir haben uns mit dem letzten Patienten beeilt und wollten euch helfen, so schnell es geht, verdammt«, sagte Nadine.

Lenny griff den Hörer und drückte die rote Taste mit der Null.

»1/83/2?«

»Lage: zwei Fahrzeuge beteiligt, drei Leichtverletzte.«

»Was brauchen Sie?«

»Noch einen RTW. Den Rest schaffen wir selbst.«

»Brauchen Sie die Einsatzleitung? Die müsste ich aus einem anderen Landkreis alarmieren, weil Ihrer auf der B471 steht.«

»Negativ. Nicht notwendig. Schicken Sie die Polizei und geben unserem Leiter Rettungsdienst Bescheid.«

»Wie ist das auf der B471 ausgegangen?«, fragte Nadine, die genau wie Sebastian eine Halskrause angelegt bekommen hatte. Ich erklärte ihr kurz, was sich abgespielt hatte, und versorgte die Wunde am Kopf. Autos werden mittlerweile so gebaut, dass die Karossen die meiste Energie abfangen. Den Rest erledigen die Airbags. Die Verletzungen schienen für den Grad der Zerstörung der Fahrzeuge geradezu angenehm lächerlich.

Nachdem klar war, dass niemand ernsthaft verletzt worden war, zog Routine ein. Ein Rettungswagen einer Werkfeuerwehr eines benachbarten Ortes half aus und transportierte den Unfallgegner. Wir übernahmen Nadine und Sebastian. Die Polizei kümmerte sich um die Aufnahme des Unfalls und darum, dass die beiden Schrotthaufen beseitigt wurden.

Dann war der Einsatz vorbei. Als ich mit Lenny um 6 Uhr vor dem Krankenhaus stand, wich die Dunkelheit dem Licht. Der Nebel hatte sich fast aufgelöst. Dafür klatschte Regen in dicken Tropfen auf die Scheibe und nahm uns die Sicht, bis Lenny die Scheibenwischer anstellte. Der RTW setzte sich im Schneckentempo in Bewegung.

Auf der Fahrt in die Wache schwieg ich. Die Schicksale der Menschen, die in dieser Nacht zu Tode gekommen waren, werde ich nie vergessen. Dieser Einsatz ermahnte mich wieder einmal dazu, meine Lebenszeit gewissenhafter zu nutzen. Vor meinem geistigen Auge zogen Bilder von Dingen vorbei, die ich seit Langem vor mir herschob: mit einem Wohnmobil auf die Lofoten fahren, einen Marathon laufen, noch ein paar Sachen an meinem Haus verändern, endlich wieder reiten und einfach nur mehr Zeit für mich haben. Oder Freunde besuchen, die ich so lange nicht gesehen habe. Das letzte persönliche Gespräch mit Lenny fiel mir ein: »Wir müssen mal wieder auf ein Bier gehen.« – »Aber wann?« – »Mal schauen.« Dann war wieder nichts passiert.

Blöderweise nimmt der Todesengel keine Rücksicht darauf, ob man jemanden schon lange nicht mehr gesehen oder wie wenig Zeit man mit ihm verbracht hat. Irgendwann ist es zu spät. Irgendwann besteht das Leben nur noch aus verpassten Gelegenheiten und nicht umgesetzten Träumen. Irgendwann sitzt man mit seinem Sauerstoffgerät auf einem abgeranzten Sofa in einer kleinen, stickigen Bude vor der Glotze und denkt darüber nach, wie vollkommen man sein Leben vergeigt hat. Oder ein kurzer

Moment Unaufmerksamkeit im Straßenverkehr. Dann gehen die Lichter aus, und man ist um seine Lebenszeit betrogen.

»Wie sieht's aus? Gehen wir nach dem Dienst noch frühstücken? Wird mal wieder Zeit«, schlug Lenny vor und nahm mir die Worte aus dem Mund. »Ja. Das wird mal wieder Zeit«, wiederholte ich. Dann fuhren wir in einen neuen Tag.

Abgezockt

Carina Cortez war erst in den Zwanzigern und schlief mit Männern meist nicht zum Spaß. Ihre bernsteinfarbenen Augen, die von microgebladeten Brauen überwölbt wurden, suchten das karierte Blatt Zeile für Zeile ab. Im Feld hinter dem Namen in der letzten Zeile stand noch kein Betrag – bis heute Abend, wo sie ihn besuchen und dann für jede spezielle Leistung schön abkassieren würde. Ihr geöffneter Kleiderschrank gab eine ganze Menge her. Sie durchwühlte das Fach mit der Unterwäsche und konnte sich erst nicht entscheiden. Dann huschte ihr ein Grinsen über das herzförmige, sommerbesprosste Gesicht.

Palim palim. Ihr Smartphone lag hinter ihr am Bettrand. Das musste er sein. Sie stürzte zum Telefon, öffnete den Chat und sah in seine tiefblauen Augen, die das kantige, glatt rasierte Gesicht auf dem Profilbild vollkommen machten. Die Männer, mit denen sie normalerweise gegen Bezahlung schlief, hatten einen oder mehrere Gründe, weshalb sie für Sex bezahlen mussten. Aber der Mann, der sich als Thomas Bürger bei ihr vorgestellt hatte, war anders. Die Art, wie er sie angeschrieben hatte, hatte sie zum Schmelzen gebracht. Er konnte Gedanken lesen. Woher wusste er nur, worauf sie stand? *Konzentriere dich, Carina. Nicht den Verstand ausschalten – es ist nur ein Job*. Aber dass *er* für Sex mit *ihr* bezahlen wollte, war ein veritabler Glücksfall für sie. Er hätte mit seiner *Baywatch*-Figur und dem makellosen Lächeln doch jede haben können. Aber zu ihrem Glück war er verheiratet und auf absolute Diskretion angewiesen.

[16:01 Thomas:] Ich muss es leider verschieben. Meine Frau ist heute überraschend zu Hause. Schade – hatte mich so auf die Ganzkörpermassage und die Flasche Veuve Clicquot gefreut. Aber das lässt sich nachholen. ;) Oder können wir uns bei dir treffen?

[16:31 Carina:] Kostet einen Hunderter Aufpreis. Dann kein Problem.

[16:32 Thomas:] Perfekt. Dann um sieben :*

Geld schien für den Mittvierziger keine Rolle zu spielen. Umso besser. Sie tippte ihre Adresse in das Feld und zögerte. Dann drückte sie den Senden-Knopf und fragte sich eine Sekunde später, weshalb sie zum ersten Mal gegen ihre eigenen Sicherheitsauflagen verstoßen hatte, seitdem sie als Edelhostess arbeitete.

In der Wache herrschte lustige Stimmung. Lenny hatte in eine Tüte mit Schokodrops gegriffen und sich gleich mehrere auf einmal in den Mund geschoben. Dazu gab's einen Schluck Kaffee. Die Quittung kam prompt: Ein Teil des Kaffees lief in die falsche Röhre. Lenny hustete so, dass etwas Kaffee zur Nase herauskam und Shirt, Hose und den Küchentisch besudelte. Ich zog ihn auf, dass er doch nicht so schlingen müsse und dass ihm von dem Zeug niemand etwas wegessen würde. Er fragte mich daraufhin krächzend, ob ich nicht den Rettungswagen waschen müsse. Bevor wir klären konnten, weshalb das eine mit dem anderen nichts zu tun hatte, ging der Piepser. Im Daten-Display stand: »Hilflos. Nachbar braucht RTW. Pol kommt auch.« In diesem Moment dachte ich an einen der letzten Einsätze, bei dem ebenfalls nur »Hilflos« auf dem Display gestanden hatte. Alle Türen des Hauses hatten offen gestanden. Eine stark fettleibige Dame hatte den Notruf gewählt, damit wir ihr Bier aus dem Kühlschrank holen und zur Couch bringen konnten. Ich hatte ihr daraufhin gedroht, beim nächsten Mal die Polizei mitzubringen. Wenn es um Notrufmissbrauch geht, kann ich ein echter Spielverderber sein.

»Wenigstens ist es warm draußen«, sagte Lenny und bog in die Straße ein, in der Carina Cortez wohnte. Ein junger Typ in Jeans und T-Shirt winkte uns, als probierte er einen neuartigen Tanz aus. »Veitstanz«, meinte Lenny. Ich dachte das Gleiche. Mein linker Mundwinkel zog wie von selbst nach oben.

»Guten Abend. Wie können wir helfen?«, fragte ich den Mann, nachdem ich mein Seitenfenster heruntergelassen hatte.

»Hallo, mein Name ist Alexander Barth. Meine Nachbarin hat offenbar ein Problem.«

»Wie kommen Sie darauf?« Ich schulterte den Rucksack.

»Ich wollte den Müll runterbringen. Als ich an ihrer Wohnungstür vorbei bin, hörte ich komische Geräusche aus der Wohnung.«

»Haben Sie geklingelt?«

»Ja. Ich höre da aber nur etwas, das sich wie Flennen anhört. So, als versucht sie, etwas zu sagen, und es geht nicht.«

»Gehen Sie bitte vor, Herr Barth.« Meine Uhr zeigte 21:35 Uhr.

Das Wohnhaus besaß fünf Stockwerke. Herr Barth wohnte in der dritten Etage. Und Carina Cortez' Wohnung war die mittlere von drei Parteien auf dieser Ebene. Ich klopfte. Die Tür schien keine Sicherheitstür zu sein.

»Frau Cortez? Der Rettungsdienst ist hier.« Keine Antwort. Nur ein Wimmern.

»Was zum Teufel spielt sich da gerade ab?« Lenny drückte gegen die Tür.

»Herr Barth, kann ich kurz auf Ihren Balkon?«, fragte ich.

»Hier entlang.« Herr Barth führte mich durch das Wohnzimmer auf den Balkon. Ich hatte gehofft, über den Balkon in die Nachbarwohnung gelangen zu können. Aber ich hatte Pech: Das Rollo war komplett heruntergelassen.

Das gegenüberliegende Haus reflektierte blaues Blitzen. Polizei. Iris und Katja stiegen aus. Sobald sie bei uns waren, erklärte ich ihnen, was los war. Katja stellte sich vor die Wohnungstür.

»Brauchen Sie Hilfe, Frau Cortez?«

»Mhhh. Hilfm.« Die Stimme war kaum hörbar. Es klang, als hätte eine Frau einen Knödel im Mund.

»Okay. Wir kommen jetzt rein.« Die Polizistin nahm Anlauf und ließ sich gegen die Tür fallen. Noch mal und noch mal. Man hörte ein Brechen und Bersten. Sie gab der Tür einen Tritt. Die Türfalle flog davon. Die Risse im Holz zeigten, dass die Tür aus Pressspan war. Noch ein Tritt. Die Tür sprang auf und knallte gegen die Wand. Lenny betrat die Wohnung als Erster. Alles war durcheinander. So, als hätte hier ein Einbrecher gewütet. Er blieb mit aufgerissenen Augen an der Schlafzimmertür stehen und bewegte sich keinen Millimeter. Dann ließ er den Rucksack auf den Boden sinken. Ich trat neben ihn.

»Mhhhhhh.« Carina Cortez schluchzte und drehte sich zu uns um. Ihre Schminke war zu einem Brei verlaufen. Sie kniete, nur mit einem Slip und Shirt bekleidet, auf dem Bett und hielt sich am Bettrahmen fest. Ihre Hände waren mit jeweils einem Paar Handschellen darangefesselt. Ein Streifen Panzertape lief quer über ihren Mund. Ich trat an das Bett und zog das Klebeband ab.

»Dieses Arschloch.« Sie fletschte die Zähne und schnaufte hörbar aus. Speichel lief ihr herunter.

»Was ist passiert?« Ich nestelte an den Handschellen herum, kam aber nicht weiter.

»Er hat … mich ausgeraubt«, keuchte sie.

»Wer?«

»Mein Kunde.«

»Sie haben Sex gegen Geld angeboten, und der sogenannte Kunde hat sich einfach beides genommen?« Polizistin Iris war in ihrem Element.

»Nein. Er hat mich ans Bett gefesselt, geknebelt und sofort angefangen, nach Asche zu suchen. Für mich … hat er sich nicht interessiert.«

Auf dem Nachtkästchen lagen die Schlüssel für die Handschellen. Nachdem wir sie befreit hatten, stand Carina Cortez auf, lockerte ihre Handgelenke und schlüpfte in eine blau gemusterte Trainingshose .

»Wie konnte ich so unterbelichtet sein … der Typ wusste genau, dass ich in dem Job wahrscheinlich eine Menge Bares zu Hause habe.« Carina Cortez saß am Bettrand und hatte ihre Stirn in die Hände gelegt. Sie erzählte wütend von Thomas Bürger, wie er aussah und wie sie an ihn geraten war und sich hatte bequatschen lassen, ihn bei sich zu Hause zu treffen. Thomas Bürger, der sicher nicht seinen richtigen Namen genannt hatte, hatte 15 000 Euro erbeutet. Ich konnte nur hoffen, dass der Täter unvorsichtig gewesen war, die Kripo Fingerabdrücke sicherstellen und irgendjemand Thomas Bürger anhand seines Aussehens identifizieren würde. Carina Cortez ging es den üblen Umständen entsprechend gut. Wir überließen sie den beiden Polizistinnen, die sich nun mit der Aufarbeitung des Geschehens beschäftigen mussten. Lenny stand in der Ecke und betrachtete ein Bild, das an der Wand hing und eine nackte Carina Cortez bei Low-Key-Beleuchtung in Nahaufnahme von hinten zeigte. Ich stieß ihn an, schulterte den Rucksack und trat durch die zerstörte Wohnungstür, die nun erneuert werden musste. Am Rettungswagen angekommen wunderte ich mich, weshalb Lenny noch nicht da war. Irgendwann trat auch er aus der Haustür. Auf dem Weg zum Wagen steckte er sich ein kleines Stück Papier in die Brusttasche. Dann setzte er sich ans Steuer, grinste betont in meine Richtung und ließ den Motor an.

»Du Sack …«, sagte ich, »die hat dir ihre Nummer gegeben.«

»Reden ist Silber, Schweigen ist Gold.« Dann gab Lenny Gas und bog auf die Hauptstraße ab.

Ein ganz normaler Nachtdienst

Sie fragen sich vielleicht, wie eine komplette Schicht von Anfang bis Ende im Rettungsdienst bei uns aussieht. Den größten Teil meiner Zeit habe ich bis vor Kurzem in einem ländlichen Gebiet am Rand einer Großstadt verbracht. Das 2-Schicht-System umfasste zwölf Stunden Dienstzeit mit einer wöchentlichen Regelarbeitszeit von bis zu 45 Stunden. Wie das geht, fragen Sie? Unter gewissen Umständen darf in Deutschland länger gearbeitet werden als acht Stunden täglich – nämlich dann, wenn in diesen Zeitraum ein gewisser Teil Arbeitsbereitschaft fällt. Zeit, die wir Retter auf dem Sofa vor der Glotze verbringen, warten und Kaffee trinken.

Es gibt übrigens Leute, die behaupten, dieser Job wäre pervers. Warum? Weil er außer der Wartezeit daraus besteht, dass sich etwas Grausames ereignet und ein Mensch zu Schaden kommt.

Beginnt der Dienst um 18 Uhr, sind wir meist schon um 17:30 Uhr in der Wache. Dann geht es am Schrank mit der frischen Dienstkleidung vorbei, es folgt gemütliches Umziehen in der Umkleide, danach holen wir uns Kaffee in der Wachenküche und halten ein Schwätzchen in der Fahrzeughalle. Da stehen wir im Kreis und tauschen den neuesten Klatsch und Tratsch aus. Man muss schließlich up to date bleiben, wenn man mitschnabeln oder wissen möchte, wer wieder was mit wem hat.

Es gibt mehrere Einsatzkategorien. Eine davon ist der normale Krankentransport mit Zeitfenster. Die Leitstelle vereinbart mit dem Auftraggeber, den Transport innerhalb von zum Beispiel zwei Stunden abzuwickeln. Das lässt dem Leitstellendisponenten

Spielraum, seine Fahrzeuge einzuteilen. Eine weitere Kategorie ist der dringliche Krankentransport. Diesen führen wir zwar ohne Blaulicht, aber dafür sofort durch. Die Leitstelle verwendet diese Einsatzart auch häufig dafür, um den Einsatz eines Rettungs- anstelle eines Krankenwagens zu rechtfertigen, weil nie genügend Krankenwagen verfügbar sind, die Patienten aber trotzdem ins Krankenhaus müssen. Die nächste Kategorie ist der Notfalleinsatz ohne Notarzt. Hier kommt ein Rettungswagen (RTW) zum Einsatz, wenn keine vitale Bedrohung zu erwarten ist. Oft entstehen auch hier durch Abfragefehler brandgefährliche Situationen für uns, weil der Patient, anders als gemeldet, trotzdem in akuter Lebensgefahr ist. Der Notarzt wird schließlich sofort beauftragt, wenn von vornherein klar ist, dass es beim Patienten Spitz auf Knopf steht. Mit Inkrafttreten des Notfallsanitätergesetzes ist die Schwelle für Notarzteinsätze weiter gestiegen. Das System, in dem heute ein irrsinniger Ärztemangel herrscht, soll damit stabilisiert werden. Notfallsanitäter dürfen sehr viel mehr, als es früher den Rettungsassistenten erlaubt war.

Entgegen allen Erwartungen besteht der Rettungsdienst übrigens nicht ausschließlich aus Katastrophen. Nicht bei jedem Einsatz kommt es darauf an, innerhalb einer Sekunde die richtige Entscheidung zu treffen und eine korrekte Maßnahme zu ergreifen, die dem Patienten das Leben rettet. Ungefähr 80 Prozent der Einsätze sind Krankentransporte – der Transport von Menschen, die dringend auf Hilfe angewiesen sind, zum Arzt oder in eine Klinik oder von dort nach Hause. Wenn dies nicht so wäre und wir nur von Reanimation zu Reanimation hetzen würden, könnten wir den Job nicht lange machen, da wir die physische und mentale Belastung nicht ertragen könnten. Wenn Sie also eine Serie wie *Chicago Med* anschauen, in der ein Paramedic permanent irgendwelche spannenden Einsätze hat, dann hat dies mit der Realität nicht viel zu tun. Manchmal gibt es allerdings durchaus solche Tage.

Lenny und ich hatten an diesem Abend die erste Schicht. Das heißt, dass wir als Erste ausrücken mussten. Die zweite Schicht folgte erst, wenn wir unterwegs auf Einsatzfahrt waren. Einer meiner Kollegen der zweiten Schicht war Blaulicht-Manni, der so genannt wurde, weil er eine besondere Affinität zu Blaulicht-Einsätzen hatte. Ertönte der Alarmmelder, war der quirlige Kollege mit seinem Schnauzbart und einer Menge Falten im Gesicht wie ausgewechselt. Niemand erreichte den Einsatzort schneller als er. Seit er einmal kurzerhand einen umgestürzten Milchlaster zum Gefahrgutunfall deklariert hatte, war Manni in unserem Rettungsdienstbereich bekannt wie ein bunter Hund. An diesem Abend wirkte es, als hätte es Manni die Petersilie verhagelt. »Lass mich in Ruhe«, schnaubte er auf meine Frage, was denn los sei, und verschwand in der Fahrzeughalle.

»Lass uns für etwas gute Stimmung sorgen«, sagte Lenny, zog einen Mundwinkel nach oben und zwinkerte mir zu. Dann öffnete er die Schublade, nahm die Frischhaltefolie heraus. Sein Plan war mir sofort klar. Diese Folie ist unsichtbar, wenn Sie sie nur mit genügend Spannung aufbringen – auf einer Toilettenschüssel unter dem Klodeckel zum Beispiel. Derjenige, der dann dringend auf die Toilette muss, wird sein blaues Wunder erleben. Nachdem Blaulicht-Manni einer der Kollegen war, die vorzugsweise die Arbeitszeit zur Verrichtung der größeren Geschäfte nutzten, war dies der ideale Zeitpunkt, um diesen Scherz an ihm auszuprobieren. Lenny kniete vor der Schüssel, ich stand Schmiere vor der Klotür. Kaum war die Folie aufgebracht und der Deckel geschlossen, alarmierte uns die Leitstelle. Schade, dass wir den Ausgang unserer Überraschung vermutlich verpassen würden. Im Durchgang zur Fahrzeughalle begegneten wir Manni, der sich den Bauch hielt. »Ich hab so Durchfall«, stöhnte er und bewegte sich zackig in Richtung Toilette. Eine Mischung aus Triumphgefühl und schlechtem Gewissen machte sich in meinem Kopf breit. Doch jetzt war es eh zu spät, deshalb überwog schnell die Schadenfreude und ließ mich innerlich grinsen. Kurz bevor sich die Stahltür schloss, hörte ich einen lang gezogenen Schrei und eine Schimpftirade, die mir die Schamesröte ins Gesicht trieb.

20:31 Uhr: Wir rückten aus ins Hinterland und hatten 18 Minuten Anfahrtszeit. Mit unserem Equipment betraten wir das Zimmer des Gasthofs im ersten Stock. Die Tochter war überfordert. Die Mama lag mit dünnflüssigem Durchfall im Bett und hatte einige Spuren auf ihrem Weg zur Toilette hinterlassen. Das Norovirus hatte zugeschlagen. Die Tochter hatte die 112 gerufen, denn beim ärztlichen Bereitschaftsdienst, bei dem man abends je nach Aufkommen bis zu zwei Stunden in der Warteschleife hängen kann, war es ihr nicht schnell genug gegangen. »Bee üns im Östen geht das viel schnelloor«, konstatierte sie dazu. Mir lag einiges auf der Zunge, das meine nordrhein-westfälische Mentalität dringend nach draußen befördern wollte, doch ich schluckte es hinunter und erklärte ihr stattdessen Sinn und Unsinn eines Rettungswagens. Dann beauftragte ich telefonisch einen Bereitschaftsarzt mit einem Hausbesuch bei der armen Frau.

Um 21:31 Uhr fuhren wir weiter in die Nacht, ins Altenheim zu einer Dame mit Bluterbrechen. Sie hatte ihren Hausarzt angerufen und um Hilfe bei ihrem Problem gebeten. Dieser machte regen Gebrauch seines homöopathischen Wissens und hatte ihr nach telefonischer Diagnose Joghurt und Pfefferminztee empfohlen. Sie haben richtig gelesen – Hausmittelchen im ärztlichen Repertoire. Grundsätzlich habe ich nichts gegen Naturheilmittel, aber zumindest wäre es gut, den Patienten zunächst tatsächlich zu untersuchen, um etwas Gefährliches auszuschließen. Ich sah Lenny an und schüttelte den Kopf. Kein Wunder, dass die Tipps nicht funktioniert hatten. Mit gerade einmal der Hälfte des normalen Hämoglobinwertes eines gesunden Menschen brachten wir die Dame in die Klinik, in der man das gemütlich vor sich hinblutende Magengeschwür dann zu reparieren versuchte.

22:50 Uhr. Aus der Ambulanz des Krankenhauses brachten wir zwei Senioren zurück in das Pflegeheim, in dem die beiden wohnten. Die beiden waren gestürzt und hatten eine Kopfplatzwunde und einen Arm röntgen lassen. Ein Doppeltransport, der nicht so oft vorkommt. Wann hat man schon mal zwei Patienten, die die gleiche Anschrift haben?

23:40 Uhr. Die Leitstelle schickte uns von dem Altenheim aus in einen Bereich mit betreutem Wohnen. Ein älterer, dementer Mann war aus dem Sessel gerutscht. Wir sollten dem Betreuer helfen, ihn vom Boden aufzuheben und ins Bett zu bringen. Sollte für einen Betreuer doch kein Problem sein, denken Sie jetzt bestimmt. Wenn der Patient allerdings 150 Kilo Lebendgewicht auf die Waage bringt, dann ist dies eine Hausnummer, bei der man mehr benötigt als ein paar Stunden Bankdrücken in einem Fitnesscenter.

Die Hebehilfe dauerte nicht lange. Um 0:20 Uhr tankte Lenny den Rettungswagen an der einzigen noch geöffneten Tankstelle unseres Ortes, die einen winzigen Supermarkt enthielt, in dem es für uns etwas zu essen gab. Das nötige Kleingeld vorausgesetzt, da die Tankstelle bezüglich der Lebensmittel mit einer Apotheke vergleichbar ist. Wer für ein Mettbrötchen 3 Euro bezahlen möchte, ist hier an der richtigen Stelle. Als ich das Brötchen verzehrt hatte, fielen mir die Augen zu. Ein traumloser, kurzer Schlaf, in dem ich mich nicht wirklich erholte. Um zehn vor eins kam dann der nächste Alarm.

Um 1:03 Uhr betraten wir eine Wohnung im fünften Stock eines Wohnblocks. Der Schmerz im Rücken der älteren Frau war kein normaler Schmerz. Die Ärztin des Bereitschaftsdienstes erzählte etwas von einem Schlaganfall. Lenny und mir war es schleierhaft, wie sie darauf kommen konnte, denn die Symptome waren eindeutig. Stechender Schmerz tief im Bauch, der sich gürtelförmig in den Rücken ausbreitete. Dazu noch ein unterirdischer Kreislauf. »Kann ich fahren?«, drängelte Frau Doktor. Anscheinend wollte sie zum nächsten Patienten oder ins Bett. »Ja«, antwortete ich. »Besser so«, dachte ich. Dann das Einzige, das man an diesem Einsatz als Routine bezeichnen konnte: Zugang rein, Blutentnahme. Flüssigkeit strömte durch das Plastiklumen in die Vene. Der miese Druck stieg nicht. 50 zu 30. Man sah es ihr an. Adrenalin? Einen Versuch war es wert. Der Ehemann hatte keine Ahnung, wie schlecht es um seine Frau stand. »Die Lage ist ernst«, sagte ich, nahm das Funkgerät und meldete die Patientin an. Wir hatten es eilig. Dann der Schockraum, Übergabe an das Team. Als ich mich von der alten Frau verabschiedete, war ihr nicht bewusst, dass das gerissene Bauchaorten-Aneurysma ihr Leben zwei Minuten später beenden und sie keine Gelegenheit mehr bekommen würde, ihrem Mann Lebewohl zu sagen.

3 Uhr. Wir blieben gleich am Krankenhaus zur Gebietsabsicherung stehen. Stellen Sie sich einen Landkreis vor, in dem in der süd-östlich gelegenen Hauptstadt RTW 1 und RTW 2 und an der westlichen und nördlichen Landkreisgrenze jeweils RTW 3 und 4 stationiert sind. Ist der RTW aus dem Norden an einem Einsatz gebunden, würde einer der beiden RTW aus dem süd-östlichen Bereich sehr lange brauchen, um den Norden zu erreichen. Die Leitstelle beordert aus diesem Grund RTW 1 oder 2 näher an die nördliche Landkreisgrenze, um die bayerische Hilfsfrist einhalten und rechtzeitig Hilfe schicken zu können.

Kurz vor fünf. Da war noch der junge Typ, Ende 40 und auf Besuch. Es sollte ein schönes Wochenende bei einer guten Freundin werden. Ohne Ankündigung traf ein hässlicher Impuls in die gefürchtete instabile Phase der elektrischen Leitung am Herzen und verursachte Kammerflimmern. Ein kurzer Moment Schwindel und Atemnot, dann war auch dieses Leben zu

Ende. Wir trafen erst ein, als der Mann bereits tot war. Der Anruf der Freundin war zu spät gekommen.

Um 5:40 Uhr parkte Lenny den Rettungswagen in der Fahrzeughalle. Tom und Petra hatten volle Kaffeetassen in der Hand und waren bester Laune. Manni schien mich mit seinem Blick eher töten zu wollen. Ich konnte es ihm nicht verdenken.

Wenn ich nach Dienstschluss nach Hause fahre, lasse ich den vergangenen Dienst nochmals vor meinem geistigen Auge Revue passieren und bewerte alle Maßnahmen, die wir unternommen haben, um Menschen zu retten. Manchmal gelingt das nicht. Das müssen wir akzeptieren. Rettungsdienst ist kein normaler Job. Menschen sterben auch nicht nach bestimmten Gesetzmäßigkeiten. Sie sterben einfach so und manchmal ohne jede Vorankündigung und Chance auf Rettung. So, als wäre unser Schicksal vorbestimmt.

Herbstregen

Ilse Kaufmann dachte an ihre Gnadenhochzeit, die sie erst vor Kurzem gefeiert hatten. Sie war vor ihn getreten, hatte gelächelt und ihn angesehen. Dann hatte sie das Gesicht ihres Mannes gestreichelt, der genau wie sie 1928 geboren worden war. Er hatte seinen schwarzen Frack getragen und darin so gut ausgesehen wie bei ihrer Hochzeit vor 70 Jahren. Gleich würde er für sich und seine Frau Kaffee machen und selbst gebackenen Kuchen mit Äpfeln aus dem eigenen Garten anrichten. Dann würden sich beide an den Wohnzimmertisch setzen. Sie stellte sich vor, wie er sie wie jedes Mal fragte, ob sie noch etwas Sahne in den Kaffee haben wolle. Sie würde dabei nur lachen und antwortete in Gedanken: *Nein, nein … ich muss doch auf meine Linie achten …* Und er würde sagen, dass sie so schön sei wie immer und das überhaupt nicht nötig habe.

Das Bild ploppte weg, als der Pfarrer sie am Arm berührte: »Frau Kaufmann, ich würde dann jetzt anfangen.« Die vergoldete Uhr am Kirchturm der winzigen Franziskanerkapelle zeigte 13:45 Uhr. Kilometerweit konnte man die Trauerglocken des Ortes Wiedenzhofen hören, in dem ihr Mann Joachim nun beerdigt werden sollte. Das halbe Dorf hatte sich eingefunden, um sich von ihm zu verabschieden. Sie standen auf dem gepflasterten Vorplatz direkt unter dem Giebel der Eingangstür mit dem Steinrelief eines Heiligen. Viele alte, aber auch junge Menschen trugen schwarz, manche weinten und umarmten sich, manche standen einfach nur da und hielten Blumen in den Händen.

Die alte Dame hatte sich für einen schwarzen, knöchellangen Bundfaltenrock aus Wolle und einen hauchdünnen Schal aus marineblauer Seide entschieden. Die dunkle Bluse passte farblich zum Rock und besaß am Kragen einen schmalen, weißen Rundhalsausschnitt. Ilse Kaufmann stellte sich neben den aufgebahrten, mit Blumen geschmückten Sarg aus hellbrauner Esche, strich über ihren Ärmel und hielt inne. Dann nahm sie ein schwarzweißes Sterbebildchen, das in einer goldenen Schale direkt neben dem Sarg lag und hielt es mit beiden Händen so vor sich, dass sie ihm in die Augen sehen konnte. Sie erinnerte sich an das Eheversprechen, in dem die beiden ausgemacht hatten, sich auch im Tod nicht allein zu lassen. Und wenn der eine früher sterben sollte, würden sich die beiden danach Silvester um Mitternacht auf dem Schlossplatz in dem Ort treffen, in dem sie wohnten. *Jeder von uns trägt blaue Schuhe, damit der andere ihn auch erkennt*, hatten sie für den Fall besprochen, dass sie in anderen Körpern wiedergeboren würden. Das war ihr immer ein Trost in ihrer Angst vor seinem Tod gewesen. Aber dass es trotzdem so schwer werden würde, hatte sie nicht gedacht.

»Heute wird es noch regnen«, sagte ich und nippte an meinem Pappbecher, der einen süßen Cappuccino enthielt. Ich saß zusammen mit Lenny auf den Steinpollern einer Raststätte nahe der Autobahn. Die Leitstelle hatte uns auf Gebietsabsicherung gestellt, weil der Rettungswagen in dem Bereich auf einem längeren Einsatz gebunden war. Die Sonne lieferte 15 Grad und besaß noch genügend Kraft, aber am Horizont bildeten sich große Haufenwolken und kündigten für diesen 5. Oktober herbstliche Gewitter an.

»1/83/1? Ich hab was für euch.«

»Och nee …« Lenny nahm den Hörer.

»Auf Empfang.«

»Bewegt euch mal Richtung Wiedenzhofen. Da kommt gerade ein Einsatz rein.«

»Verstanden.« Ich sah auf meine Uhr, die genau 14:40 zeigte.

Kurz davor stand Ilse Kaufmann in der Kapelle in erster Reihe. Der dicke, graubärtige Pfarrer sah immer wieder zu ihr hinüber. Über seinem weißen Talar trug er einen violett gefärbten Chormantel, der an den Seiten kunstvoll bestickt war. Die ganze Trauerrede über hatte sie immer wieder den Namen ihres Mannes hören müssen. Irgendwann sprach der Pfarrer seinen Segen, und es war klar, dass sie nun zum Grab gehen und dabei zusehen musste, wie sie Joachim Kaufmann in das zwei Meter tiefe Loch hinunterlassen und ihn mit Erde bedecken würden. Sie hielt sich die Brust, es fühlte sich an, als läge ein Stein auf ihr. Adrenalin strömte in ihre Blutbahn. Gleich musste sie sich für immer von Joachim verabschieden. Wie lange sie jetzt wohl noch allein auf der Erde bleiben musste, bevor sie wieder zu ihm konnte?

Um 14:25 Uhr hatte der Pfarrer seine letzten Worte gesprochen. Die Totengräber ließen den Sarg in die Erde hinunter, verneigten sich und traten zurück. Der Pfarrer nahm das Aspergill, tauchte es in den silbernen Weihwasserbehälter und besprenkelte das Grab. Dann ging er einen Schritt zur Seite, faltete die Hände vor seinem Bauch und sah zu Boden. Ilse Kaufmann machte einige Schritte und blieb vor dem Weihwasserbehälter stehen. Sie blickte auf den Sarg, öffnete den Mund, als wollte sie etwas sagen, dann sank sie am offenen Grab zusammen, als hätte sie dies mit ihrem Mann abgesprochen.

Der Disponent hatte den Einsatz endlich komplett aufgenommen und gab ihn mir durch. »1/83/1, fahren Sie: Wiedenzhofener Friedhof, am Haupteingang erwartet – bewusstlose Person. Der Notarzt kommt auch.« Ich wiederholte den Einsatz, drückte Status Drei und sah mir im Rückspiegel an, wie die goldenen Blätter vom Rettungswagen aufgescheucht herumwirbelten. Wahrscheinlich hatte wieder einmal jemand einfach zu wenig getrunken und war dann kollabiert. Derjenige hatte sich sicher schon wieder aufgerafft und wollte keine Hilfe, geschweige denn ins Krankenhaus. Doch irgendwie meinte ich auch an der Stimme des Disponenten zu erkennen, dass der Einsatz einen ernsten Hintergrund besaß.

Als wir an den Eingang kamen, hatte der Mesner das Tor längst geöffnet. Lenny rollte in Schrittgeschwindigkeit an den Gräbern und Engelsstatuen aus verwittertem Gestein vorbei. Einige Besucher traten zur Seite und sahen uns hinterher. Am Himmel hatten sich mittlerweile noch mehr Gewitterwolken gebildet und verdunkelten das Licht. Dann sah ich sie – die ausgehobene Grube, in der sich der Sarg befand. Daneben ein Holzkreuz mit einem Sterbebildchen. Am Fuße des Grabes lag Ilse Kaufmann unnatürlich verdreht. Niemand half. Niemand hatte sie zur Seite gedreht, den Oberkörper frei gemacht und eine Wiederbelebung eingeleitet. Ich blickte in fassungslose, erstarrte Gesichter von Menschen, die mit der Situation überfordert waren, und war selbst fassungslos über die Untätigkeit der Zuschauer.

»Ich habe sie bereits gesegnet«, erklärte der Pfarrer mit der monotonen Stimme eines miesen Vorlesers und bekreuzigte sich mehrfach in Ilse Kaufmanns Richtung. Ich hatte den Eindruck, dass der Pfarrer nicht wollte, dass wir in den gottgewollten Ablauf eingriffen.

»Treten Sie bitte zur Seite«, sagte ich. … *wenn Sie schon nicht helfen*, dachte ich. Ich kniete mich an Ilse Kaufmanns Kopf auf die Erde, drehte sie auf den Rücken und sah in die halb geöffneten Glasaugen ihres maskenhaften Gesichts, das seltsam blutleer wirkte. Ich entfernte den Seidenschal und riss mit einem Ruck die Bluse auf. Mit einer knappen Handbewegung schnitt Lenny den BH auseinander. Die Brust lag frei. *Entwürdigend*, ging mir durch den Kopf. Aber es half nichts. Ilse Kaufmanns Leben hatte höhere Priorität als der Schutz ihrer Privatsphäre. Lenny öffnete das Hauptfach des Rucksacks, nahm den Beatmungsbeutel heraus und steckte das Ventil auf, das sich in der Sauerstofftasche befand. Die Flasche gab beim Drehen einen leisen Zischlaut von sich. Dann legte er den Beutel neben mich. Ich hatte den Defibrillator links neben mich auf den Boden gestellt, mit einem Druck auf den Schalter aktiviert, riss die Seitentasche auf und entnahm die Elektroden. Jetzt strich ich die erste Elektrode seitlich am Rippenbogen unter der linken Achselhöhle fest, dann brachte ich die zweite unter dem rechten Schlüsselbein an. Aus dem Augenwinkel sah ich Lennys Finger, und wie er den Status Null am Handfunkgerät drückte, das neben ihm auf der Erde lag. Dringender Sprechwunsch. Lagemeldung an Notarzt Boris, der schon auf dem Weg zu uns war. Das EKG zeigte eine Nulllinie. Ilse Kaufmanns Herz war einfach stehen geblieben, als hätte man einen Knopf betätigt.

Ich blendete die Umgebung aus und nahm nur Lennys Wippen auf dem Brustkorb wahr. In meiner Vorstellung hielt der Pfarrer Ilse Kaufmanns übergroße Lebensuhr in seiner Hand und betrachtete sie. Die Uhr zeigte kurz vor zwölf an. Je effektiver unsere Maßnahmen, desto langsamer tickte der Sekundenzeiger. Die Farben der Umgebung schienen so kühl, als hätte man sie fast komplett entsättigt. Mir war, als würde sich der graubärtige Pfarrer in die schmallippige Figur des Todesengels verwandeln. Die Zuschauer bewegten sich nicht, die Geräusche hörten sich weit entfernt an.

Lenny hatte einen venösen Zugang gelegt. Adrenalin strömte in die Vene hinein. Nach kurzer Zeit veränderte sich das EKG-Bild in feinschlägiges Kammerflimmern. Jetzt der Druck auf die gelbe Taste. Der Defibrillator lud hoch. Die imaginäre Uhr blieb stehen. »Achtung, weg vom Patienten …«, warnte ich. Mein letzter Blick galt ihr. Ich spürte einen kühlen Windstoß. Dann drückte ich auf den roten Knopf mit dem Blitz. Das Relais im Defibrillator machte Tack, Ilse Kaufmann zuckte einen Sekundenbruchteil. Das EKG zeigte wieder normale Herzaktivität. Ich tastete einen Puls an ihrer Halsarterie. Der Zeiger der Lebensuhr hatte sich zurückbewegt. Der Todesengel war verschwunden.

»Was habt ihr?« Boris stellte sich neben mich und versuchte, sich einen Überblick zu verschaffen.

»Bei Eintreffen asystol. Unklares therapiefreies Intervall. Beatmung geht einwandfrei. 1 Milligramm Adrenalin über einen grünen Zugang in der rechten Ellenbeuge. Überraschend ROSC nach einem Schock.« »Return Of Spontaneous Circulation«, was so viel heißt wie Rückkehr des spontanen Kreislaufs. Ich hatte meine Übergabe noch nicht beendet, da blieb das Herz erneut stehen. Nulllinie. Boris beugte sich zu Ilse Kaufmann hinunter und leuchtete ihr in die Augen. Die Pupillenreaktion gibt Aufschluss darüber, welcher neurologische Schaden im Bereich des Gehirnes bereits eingetreten ist und ob der Patient eine Chance hat, je wieder in ein bewusstes Leben zurückzukehren. Ein Herz ist sehr viel länger wiederbelebbar als ein Gehirn. Herzzellen lassen sich manchmal bis zu 30 Minuten nach Eintritt eines Herzstillstands reaktivieren. Beim Gehirn sieht die Lage ganz anders aus. Nach einer Minute sterben bereits die ersten Gehirnzellen ab, und schon nach drei Minuten liegen Gehirnschäden vor, die sich nicht mehr heilen lassen. Überlebt die Person die Reanimation überhaupt, zieht sie ab da vielleicht ein Bein nach oder kann nicht mehr richtig sprechen. Pro nutzlos verstrichener Minute sinkt die Überlebenschance um 10 Prozent. Sechs Minuten Herzstillstand, und derjenige ist höchstwahrscheinlich ein Pflegefall. Nach neun Minuten ohne Blutfluss gibt es keine Chance mehr, je in ein bewusstes Leben zurückzukehren. Nach zehn Minuten ist der Patient tot.

»15:25 Uhr. Wir hören auf. Alle einverstanden?« Wir nickten. Boris notierte die Zeit auf seinem Notarztprotokoll. Die Pupillen sahen aus wie ein Klecks Tinte in einem Teich aus weißer Farbe und reagierten nicht mehr auf Licht. Ilse Kaufmanns imaginäre Lebensuhr zerfiel in der Hand des Pfarrers zu Asche, und der Todesengel erhob sich mit einem lauten Schrei in den Himmel, kurz bevor die Farben in die Szenerie zurückkehrten. Auch die Geräusche schienen wieder normal zu sein. Mein Blick schweifte umher und blieb an einzelnen Gesichtern hängen, die mich umgaben. Fassungslosigkeit, wohin ich sah. Eine junge Frau lehnte an einer Steinmauer und presste mit starrem Blick die Hand an die Stirn. Ein Vater hielt seinem Sohn die Augen zu und blickte in eine andere Richtung, als hätte er sich das Gaffen selbst verboten. Der Mesner stand daneben, hatte den Kopf gesenkt und die Hände gefaltet. Ich bildete mir ein, Zufriedenheit in den Augen des Pfarrers zu erkennen, als hätte Gott verhindert, dass wir Menschen in die göttliche Lenkung eingriffen. Vielleicht war das aber auch unfair, und mein Eindruck rührte daher, dass ich ein Problem mit von Menschen erschaffenen, metaphysischen Gebilden habe, die noch nie jemand zu Gesicht bekommen hat.

Irgendwann waren die beiden Papierlaken vollgesogen, die ich über Ilse Kaufmanns Körper gelegt hatte. Denn der Himmel hatte seine Schleusen endlich geöffnet.

Für mich ist es fraglich, ob Ilse Kaufmann das Ereignis überlebt hätte, selbst wenn wir direkt daneben gestanden hätten. Manchmal ist die Zeit einfach abgelaufen, weil derjenige keine Lebensenergie, geschweige denn Lebensmut hat, um weiterzumachen – so, wie das bei der alten Dame der Fall gewesen sein musste.

Abgebrannt

Als Allererster am Einsatzort zu sein und dann auf unerwartete Situationen und Überraschungen zu treffen macht meinen Job zwar unkalkulierbar, aber auch besonders reizvoll. Eben dieser Reiz war einer der Elemente, weswegen ich den Beruf als Rettungsassistent einst erlernt und mich später zum Notfallsanitäter weitergebildet habe. In einer Schicht, an die ich mich noch gut erinnern kann, habe ich einmal drei Einsätze erlebt, die mir alle diesen Reiz wieder deutlich vor Augen geführt haben. Die Devise dabei heißt immer: jederzeit umdenken und spontan auf alles reagieren können.

Sommerlicher Dienstbeginn, 18 Uhr. Es dauerte keine zwei Minuten, bis die Leitstelle Lenny und mich auf den ersten Einsatz schickte. Ein alter Herr hatte den Knopf für den Hausnotruf gedrückt. Ein sogenannter Funkfingeralarm, bei dem der Notrufteilnehmer aktiv um Hilfe ruft. Das ist nicht zu verwechseln mit dem 24-Stunden-Alarm, bei dem jemand einmal innerhalb von 24 Stunden eine Taste betätigen muss, damit die Leitstelle weiß, dass alles in Ordnung ist. Der überwiegende Teil dieser Hausnotrufeinsätze ist unspektakulär. Oft sind Stürze Grund für den Alarm. Alte Menschen tun sich sehr schwer damit, sich selbstständig wieder aufzurichten, wenn sie hingefallen sind. Dann benötigen sie Hilfe. Hat die Hausnotrufzentrale Kontakt zum Patienten und kann so ermitteln, dass kein akuter Notfall vorliegt, übernimmt das ein spezielles Team, das ohne Blaulicht zum Einsatz fährt. Wenn kein Kontakt zum Hausnotrufteilnehmer besteht, ruft die Zentrale die Leitstelle an und fordert einen Rettungswagen an. So wie uns an diesem Abend.

Als wir vor die Doppelhaushälfte rollten, hatte sich der Einsatz bereits in meinem Geist abgespielt. Ich hatte mir vorgestellt, dass wir auf einen Hausnotrufteilnehmer treffen würden, der den Alarm versehentlich bei dem Versuch ausgelöst hatte, sich aus einem geblümten Sessel aufzurichten, wie ihn nur alte Menschen besitzen. Wir würden einen kurzen Smalltalk halten und uns dann verabschieden. Ich sah mich um und suchte vergeblich nach dem Schlüsselzubringer, einem speziellen Fahrzeug der Organisation, mit dem der Hausnotrufteilnehmer den Vertrag abgeschlossen hat. Der Hausschlüssel ist dort hinterlegt und wird durch einen Mitarbeiter der Firma gebracht. Mit dem Notfallrucksack verließen wir den Rettungswagen und standen dann vor den verschlossenen Türen der hinteren Doppelhaushälfte eines Grundstückes, das von einer zwei Meter hohen Hecke umgeben war. Die Bude war verrammelt wie Fort Knox. Ich versuchte einen Blick durch die ebenerdigen Fenster zu werfen. Aber auch hier hatte der Bewohner, der Arthur Wagner hieß, vorgesorgt und sicherheitshalber alle Jalousien heruntergelassen. Uns blieb also nichts anderes übrig, als einige Minuten abzuwarten. Dann endlich hielt das Fahrzeug mit dem Schlüsselüberbringer an der Straße.

»Tut mir leid … es ging nicht schneller. Der Verkehr ist richtig übel heute …« Ein schlanker Typ in den Zwanzigern kam uns schnellen Schrittes entgegen. Er schloss auf, drückte die Tür nach innen auf und betrat das Haus, das nach alten Büchern roch. Ganz hinten war das Wohnzimmer, in dem Licht brannte. Ein Radio summte irgendwo vor sich hin.

»Ach du Sch…« Der Typ hielt sich mit aufgerissenen Augen im Türrahmen zum Wohnzimmer fest.

»Was ist denn?« Ich schob ihn zur Seite. Dann sah ich es. Herr Wagner lag in einer Ecke, hatte den Hausnotrufsender noch in der Hand und bewegte sich nicht. Vermutlich hatte er sich hingekniet, weil ihm schwindlig geworden war – offenbar der Beginn einer tödlichen Herzrhythmusstörung. Dann hatte er den Knopf am Hausnotrufsender gedrückt und war vornüber gekippt. Arthur Wagners Herz hatte nicht mehr gewollt.

»Ich fange an. Geh mit Lenny raus und hol alles an Equipment rein. Und: Fordert einen Notarzt nach.« Ich packte Herrn Wagner an Schulter und Hüfte, drehte ihn auf den Rücken und riss das Nachthemd auf. Keine Atmung, kein Puls. Völlig blau im Gesicht. Der Mann war 95 Jahre alt. Einen kurzen Moment dachte ich darüber nach, wie es moralisch zu bewerten war, jemanden wiederzubeleben, der schon fast in einem dreistelligen Altersbereich angekommen war. Aber Arthur Wagner hatte den Hausnotrufsender aktiv gedrückt und wollte Hilfe haben. Er wollte leben. Dazu kam, dass ich als Nicht-Arzt eine solche Entscheidung selbst gar nicht treffen durfte.

Beim ersten Druck auf den Brustkorb musste ich an einen Imbissstand denken und wie der Verkäufer mit der Geflügelschere ein Hähnchen zerteilt. Mit einem dumpfen Knock brach eine Rippe. Aber das war nichts, das nicht wieder verheilen würde. Mit einer Frequenz irgendwo zwischen 100 und 120 drückte ich den Brustkorb 5 bis 6 Zentimeter tief ein. In meinem Kopf lief der Song »Stayin' alive«, der mit 103 Beats per Minute genau die richtige Frequenz dafür bietet. Dann hörte ich Gepolter im Eingangsbereich und Lenny schnaufen, als wäre er gerade einen Berg hochgelaufen. Lenny zog die Klebeelektroden aus der Tasche und öffnete sie. Dann zog er die Folie von der ersten ab, drückte sie sachte auf die Haut und strich mit beiden Händen mehrmals darüber, damit die Elektrode besser hielt. Jetzt die zweite Elektrode. Der Defibrillator zeigte die elektrische Ableitung der Elektroden, die beim Einschalten voreingestellt ist. Nulllinie.

»Ich lege einen Zugang«, sagte Lenny und deponierte den Beatmungsbeutel neben sich.

»Welche Vorerkrankungen hat der Mann?«, wandte ich mich an den jungen Typen.

»Frag lieber, was der Mann *nicht* hat … die Liste liegt auf dem Wohnzimmertisch.«

»Verstehe. Kannst du mich nach diesem Zyklus ablösen?«, fragte ich ihn, der nur Schlüsselzubringer war und sich in diesem Moment sicher irgendwo anders hin wünschte.

Einige Minuten später. Jemand kam zur Haustür hinein.

»Hallo? Wo seid ihr?« Die Stimme von Notarzt Boris drang durch den Hausflur. Er kam ins Wohnzimmer und stemmte die Hände in die Hüften. »Was haben wir?« Ich übergab die Situation auch mit dem Hinweis auf die Liste der Vorerkrankungen. Boris nahm das Blatt und hielt kurz inne. Dann beendete er die Wiederbelebung von Arthur Wagner.

Als Nächstes erhielten wir einen Krankentransport in einen Ort des Hinterlands. Nachdem wir den Patienten abgegeben hatten, machten wir uns gegen halb neun auf die Rückfahrt zur Wache. Einige Kilometer vor Goppertshausen sah ich eine Rauchsäule, die sich direkt vor uns in den Himmel türmte. Zunächst dachte ich an einen Bauern, der Unkraut verbrannte. Doch eine Sekunde später funkte uns die Leitstelle an.

»1/83/1 hört.«

»Goppertshausen, Ortsmitte: ein Brand.« Noch bevor ich den Einsatz bestätigte, hatte Lenny das Blaulicht angeschaltet und beschleunigt. Ich konnte das Ortsschild schon sehen, nahm den Hörer und drückte den Status Null.

»Bestätige hohe, dichte Rauchsäule auf Sicht. Lagemeldung in Kürze.«

»Verstanden, 1/83/1.«

Wir fuhren am Ortsschild vorbei. Dann die letzte Kurve, und wir standen direkt davor. Ein Haus brannte. Ein Anwohner versuchte, mit einem Eimer Wasser den Brand zu löschen. Ich musste an einen Tropfen Wasser denken, den man in die heiße Glut eines gigantischen Lagerfeuers spritzt und der bereits auf dem Weg dorthin verdunstet. Das Haus strahlte eine enorme Hitze ab, die wir spürten, obwohl wir uns etliche Meter entfernt positioniert hatten. Hinter uns traf das erste Fahrzeug der Feuerwehr ein. Doch bei dem Gebäude ging es nicht mehr darum, es zu löschen. Es ging auch nicht darum, Menschen aus diesem Haus zu retten. Es ging nur noch um Schadensbegrenzung und darum, dass die Flammen nicht auf die Nebenhäuser übergriffen.

Für uns war hier nicht viel zu tun, denn es gab keinen Verletzten. Alle waren aus dem Haus, das auch ein kleiner Gasthof gewesen war, entkommen. Die Löscharbeiten der Feuerwehr waren in vollem Gang. Lenny und ich standen etwas abseits unter einer überdimensionalen Eiche, als sich der Besitzer des Anwesens zu uns stellte und die Hände über dem Kopf zusammenschlug.

»Oh Gott …«

»Gott hat vermutlich nicht viel damit zu tun«, sagte ich, »aber können Sie sich erklären, was den Brand ausgelöst hat?«

»Nein. Aber jetzt ist alles im Arsch. Die Lebensmittel, alle Geräte und die Flaschen im Keller.«

»Besitzen Sie viele Weinflaschen?«

»Nein, aber Butangas.«

»Was?«

»Hinter dem Haus ist ein Gaststättenbereich. Für die Barbecue-Smoker brauchen wir normalerweise einen größeren Vorrat an Butangasflaschen. Und die stehen im Keller.«

»Ouh scheiße …« Ich konnte mich einige Sekunden nicht bewegen. Dann drehte ich mich auf dem Absatz um und lief zum Einsatzleiter der Feuerwehr.

»Butangasflaschen. Im Keller lagert Butangas. Der Besitzer hat das gerade gesagt.« Wie ich noch einige Sekunden zuvor, erstarrte der Einsatzleiter kurz zur Steinfigur. Einige Tage zuvor erst hatte ich in einem Bericht über einen Brandermittler darüber gelesen. 1 Kilogramm Butangas besitzt die Sprengkraft eines halben Kilos TNT, also Sprengstoff. Flaschen, wie Sie sie im Baumarkt bekommen, enthalten 3 bis 11 Liter Gas. Rein rechnerisch ergibt sich bei einer großen Flasche eine Sprengwirkung von bis zu 6 Kilogramm TNT. Verdammt. Der Feuerwehrmann griff sich sein Funkgerät und gab etwas für mich Kryptisches durch. Daraufhin eilten alle Feuerwehrmänner mit den nahezu gleichen Bewegungen vom Haus weg. BAM. Die erste Flasche explodierte. BAM BAM-BA-BAMM-BAM … BAM. Im Haus sah ich Blitze, die zeitgleich zur Detonation aufflackerten. Einen kurzen Moment wirkte das Ganze, als hätte jemand das Feuerwerkfinale gezündet. 30 Sekunden später war alles vorbei. Ich hörte nur noch die Aggregate der Feuerwehr.

Auch dieser Einsatz verlief ganz anders, als ich anfangs vermutet hatte. Ein Brand ist nichts Ungewöhnliches, wenn es sich denn überhaupt um einen richtigen Brand handelt. Meist ist es angekohltes Essen, und jemand ruft wegen des angebrannten Geruchs die Feuerwehr. Aber diesmal hätte es für die Floriansjünger eine sehr unliebsame Überraschung gegeben, wäre der Besitzer nicht damit herausgerückt, was er in seinem Keller lagerte.

Nach diesem Einsatz hatten wir einige Stunden Ruhe. Im Sommer setzten wir uns gern auf die Campingstühle in den Hof vor der Wache und genossen den angenehmen Wind und den Geruch nach frisch gemähten Gräsern. Die angrenzende Bundesstraße besitzt ihren eigenen Charme und bietet die typischen Geräusche von Motoren und Reifen auf dem Asphalt. Erst gegen kurz vor 3 Uhr früh ging der Alarmempfänger erneut. Ich drückte auf die kleine Flagge im Display des Rettungswagens und auf die Zeile mit dem Einsatz. Eine nicht zeitkritische Hebehilfe bei Herrn und Frau Weintraub. Mir ist zwar nicht ganz verständlich, weshalb sich die Besatzung eines Rettungswagens um jemanden kümmern muss, der beispielsweise nicht mehr aus dem Bett aufstehen kann, aber wir konnten den armen Patienten natürlich in seiner Situation auch nicht einfach allein lassen.

Keine 15 Minuten später bogen wir in die wie ausgestorben wirkende und von hellen Neonlampen beleuchtete Straße ein. Im Schein einer der Laternen stand eine alte Dame im zartrosafarbenen Nachthemd vor ihrem geöffneten Gartentor und verfolgte jeden unserer Schritte mit ihren Augen. In ihren Händen, die sie gebetartig vor dem Körper hielt, hatte sie einen Schlüsselbund. Licht drang aus der weit geöffneten Haustür hinter ihr. Vermutlich hatten wir es mit Frau Weintraub zu tun, vor der wir stoppten. Noch bevor wir sie begrüßen konnten, sagte sie so, als wäre es das Normalste der Welt: »Kommen Sie herein. Ich glaube, mein Mann ist schon tot.« Ich drehte mich zu Lenny um. Der verstand sofort, ohne dass ich etwas sagen musste, und riss die Schiebetür des RTWs auf. Wir nahmen Rucksack, Absauger, Sauerstoff und Defibrillator heraus und beeilten uns, in das Haus zu gelangen.

Lenny und ich traten neben den am Boden liegenden Herrn Weintraub.

»Was ist passiert? Wie lange liegt er schon so?« Wir drehten den Mann auf den Rücken.

»Es war um halb drei. Er hat sich aufgesetzt und ist dann einfach neben das Bett gefallen und gestorben. Dann habe ich Sie angerufen, denn allein bekomme ich ihn ja niemals wieder ins Bett.« Herr Weintraub zeigte keine sicheren Todeszeichen wie Fäulnis oder Leichenstarre, bei der auch wir als Notfallsanitäter keine Wiederbelebung durchführen müssen. Sein Herz war erst vor Kurzem stehen geblieben.

»Wir müssen anfangen«, sagte ich zu Lenny, der das Telefon schon ans Ohr hielt und einen Notarzt nachforderte.

»Nein … also mein Mann will nicht wiederbelebt werden«, erklärte Frau Weintraub und betonte jedes einzelne Wort, »er ist doch schon 95 Jahre alt – genau wie ich. Aber können Sie ihn nicht ins Bett heben? Das wäre schön.« Ich überlegte, was wir tun sollten, denn wenn wir nicht mit der Reanimation begannen, konnte es sein, dass uns irgendwann eine Anklageschrift der Staatsanwaltschaft ins Haus flatterte, weil irgendein Angehöriger Anzeige wegen unterlassener Hilfeleistung gegen uns erstattet hatte.

»Gib mir das Handy«, bat ich Lenny und wählte die Nummer von Notarzt Boris. Es klingelte nur einmal, bis er abhob.

»Christian?«

»Ja. Selbe Situation wie der Hausnotruf gestern Abend. Nur diesmal möchte die Ehefrau keine Rea beim Mann, der 95 ist. Abwarten?«

»Ja. Macht schon mal 'ne kleine EKG-Ableitung. Bis dahin bin ich bei euch.« Klick. Lenny zog das EKG-Kabel aus der Tasche.

»Wissen Sie, wir hatten unser gemeinsames Leben und haben uns auf diesen Moment lange vorbereitet. Und es ist in Ordnung.« Frau Weintraub fing an zu weinen, beugte sich zu ihrem Mann hinunter und streichelte ihm die Wange. Mein Blick fuhr an der Wand mit Schwarzweißbildern von Frau Weintraub und ihrem Mann entlang: auf einem Schiff in den Vierzigerjahren, am Markt von Tel Aviv und in der Nähe der Klagemauer, kurz vor dem Eingang zum Westmauer-Tunnel. Das EKG zeigte ein Herz, das gerade stirbt. Sie sah mich an und hielt kurz inne. »Bitte«, sie atmete hörbar ein, »bitte tun Sie ihm das nicht an.« Ich blickte zu ihr. Meine Augen bewegten sich zu Lenny, der fast unmerklich nickte, dann wieder zu Frau Weintraub. »Er wollte doch in Ruhe sterben.« Notarzt Boris, der unbemerkt eingetreten war, betrachtete die Situation einige Sekunden lang und kniete sich dann vor die alte Dame, die am Bettrand Platz genommen hatte und ihrem Mann die Hand hielt. »Frau Weintraub, wir lassen ihn gehen, ja?« Sie fing wieder an zu weinen. Irgendwann sah sie auf und bedankte sich wie eine Frau, die das Beste aus ihrem Leben gemacht hat und für alles gerüstet ist.

»Erwarte das Unerwartete« und »Erhoffe das Beste, aber rüste dich für das Schlimmste«, diese beiden Sprüche begleiten mich seit einem Vierteljahrhundert durch den Rettungsdienst, in dem es wichtig ist, Augen und Geist immer geöffnet zu halten. Noch eine ganze Zeit lang blieb mir diese Schicht in Erinnerung – bis sie von neuen Überraschungen abgelöst wurde.

Kaputtes Leben

Olivia Gattuso hatte es nicht so mit der Abstinenz. Als ich sie das erste Mal traf, lag sie in einem winzigen abgedunkelten Zimmer in ihrem verkotzten Bett und hatte die versiffte Decke bis unters Kinn gezogen. In ihren schulterlangen dunklen Haaren klebte etwas, das wie Babynahrung aussah, aber nach Mageninhalt roch. Sie machte Geräusche, wie ich es damals nur von meinem Stiefvater kannte, wenn er nachmittags in unmöglicher Haltung nach dreieinhalb Bier auf dem Sofa eingeschlafen war. An diesem Tag war sie gerade 21 geworden.

»Iche weiße nikkte, wie viele dieses Male …« Der kleine Sizilianer mit dem geblümten Hemd vergrub sein Gesicht in den zu klein geratenen Händen. »Iche weiße nikkte, was ich noch maken solle …« Lenny zog am Kettenzug der Jalousie, die sich im Schneckentempo hob und Licht ins Zimmer ließ. Ich zählte auf den ersten Blick 20 Wodka-Flaschen. Nicht schlecht für ein Persönchen, das etwa 50 Kilo wog.

»Wie heißt Ihre Tochter?«, fragte ich den Mann, der so klein war, wie man es von einem typischen Sizilianer erwartete.

»Olivia.« Ich beugte mich zu ihr herunter und zog die Decke hinunter.

»Olivia? Aufwachen … mach die Augen auf.«

»Mhhhhhhgnn.«

»Lass mich mal«, sagte Lenny, beugte sich hinunter und tat das, was man im Erste-Hilfe-Bereich als Schmerzreiz kennt. Der Zug an den Schläfenhaaren treibt einem Tränen in die Augen und kann im wahrsten Sinne des Wortes Tote aufwecken. Olivia riss die Augen auf.

»Hau ab, du bebrilltes Arschloch.« Ihre Stimme erinnerte an ein Reibeisen.

»Ich hab dich auch lieb. Wir müssen jetzt ins Krankenhaus fahren«, sagte Lenny.

»Ihr könnt mich alle mal«, antwortete sie und zog die Decke wieder hoch.

»Nettes Angebot, aber lass mal«, erwiderte ich und riss ihr die Decke weg. Sie rollte sich in Embryostellung zusammen.

»Fa chiddu ca ti dicinu e va cu iddi! U mmogliu ca ti capita nenti!« Mein Sizilianisch war noch nie das Beste, aber einige Brocken konnte ich mir erschließen. Ihr Vater sorgte sich um Olivia und wollte sie im Krankenhaus haben. Sie gab auf. Ihr Vater hatte das letzte Wort. Sie schob ihre Beine aus dem Bett, setzte sich an die Bettkante und stützte ihr Gesicht in die Hände.

»Schwerer Kopf?«

»Ja.« Dann stand sie auf. Lenny und ich griffen ihr unter die Arme. Sie musste zumindest eine Nacht im Krankenhaus überwacht werden. Die Gefahr, dass sie sich unbeobachtet erbrach und daran erstickte, war zu groß.

Als wir im Klinikum ankamen, stand die Laune-Flagge der Schwestern auf rot. Ich hatte Olivia auf dem elektronischen Meldeboard der Notaufnahme mit »#südalpines-mammamia-syndrom« und »#dasletztebierwarschlecht« angekündigt und bekam dafür gleich Ärger vom Oberarzt und Leiter der Notaufnahme. Das würde archiviert werden, mache keinen guten Eindruck und noch ein paar ähnlich unbedeutende Floskeln, die darauf schließen ließen, dass der Gute überhaupt keinen Spaß verstand. Als wir den Raum mit der Nummer Acht betraten, schlief Olivia wieder. Ich verabschiedete mich trotzdem von ihr und machte mich mit Lenny auf den Weg zum nächsten Einsatz.

Bis zu unserem nächsten Zusammentreffen vergingen drei Monate. Die Bäume hatten die Blätter mittlerweile abgeworfen, und die Temperaturen waren unter die 5-Grad-Grenze gesunken. Als ich die Tür des Rettungswagens hinter mir schloss und den Einsatz am Display aufrief, wusste ich sofort, um wen es ging. Diesmal schickte die Leitstelle sofort einen Notarzt mit. Im Display las ich die Worte »Alkoholvergiftung« und »Suizidversuch«. Keine schöne Kombination.

Das weiß gestrichene Haus der Familie Gattuso lag inmitten eines Industriegebiets. Als ich den RTW verließ und die Tür zuschlug, stieg mir der Duft von Salamipizza und Zigarettenrauch in die Nase. Wir traten über einen Hintereingang, der bereits geöffnet war, in den Wohnbereich ein. Ihr Vater war von der Arbeit nach Hause gekommen und hatte sie gefunden. Eine schmale Treppe führte in das winzige, unordentliche Zimmer, in dem Olivia am Bettrand saß und weinte. Sie hatte sich eine oberflächliche Wunde an ihrem linken Handgelenk zugefügt. Neben ihr lagen Tablettenschachteln und leere Blister, die ein größeres Problem darstellten.

»Hast du die auch genommen?«, wollte ich wissen.

»Ja.«

»Warum?«

»Was für eine blöde Frage. Ich hasse mein Leben. Und ich hasse mich selbst, weil ich es nicht schaffe, mit der Sauferei aufzuhören.«

»Du wolltest dir was antun?«

»Cazzo … si. Aber ich hab's verkackt.«

Olivia nahm offenbar trizyklische Antidepressiva und hatte sich eine ganze Schachtel davon eingeworfen. Schlecht, denn dadurch konnte eine tödliche Herzrhythmusstörung entstehen. Der Alkohol machte die Sache nicht besser. Lenny hing mit seinem Telefon beim Giftnotruf in der Warteschleife und holte sich die Bestätigung über das, was wir ohnehin schon wussten.

»Du musst mit. Zuerst auf die Überwachung, dann in die Geschlossene.«

»Das könnt ihr vergessen, ihr Penner.« Sie schlug meine Hand weg.

»Du weißt doch, wie das läuft ... in der Psychiatrie kommst du auf klare Gedanken.« Olivia sah mich einige Sekunden an und wusste, dass ich die Herren in Grün hinzuziehen würde, die sie dann zwangsweise in der Psychiatrie unterbringen würden. Also packte sie ihr Handy und das Ladegerät und ließ sich von uns in den Rettungswagen führen. Ganz ohne Diskussion, ohne Beschimpfungen und ohne Eskalation. Auch wenn man sich als Retter wünscht, dass ein Einsatz so abläuft, beunruhigte mich Olivias Verhalten. Sie schwieg während der Fahrt und ließ sich ohne Weiteres einen venösen Zugang legen und das EKG anschließen.

»Warum bist du so?«, fragte ich ins Blaue hinein, ohne zu überlegen, welchen Nerv ich damit treffen konnte und ob mir die Frage überhaupt zustand. Sie sah mich an, blickte auf ihre Hände, die sie in ihren Schoss legte. Dann schaute sie wieder zu mir, atmete tief ein und aus und begann zu erzählen. Von ihrem Martyrium, das sie erlebt hatte, bevor sie der kleine Sizilianer als Vierzehnjährige bei sich aufgenommen hatte. Sie stammte aus einem kleinen Dorf namens Calamonaci in Sizilien. Ihre leiblichen Eltern hatten sie für ein Butterbrot an Menschenhändler verschachert, die sie ab dem sechsten Lebensjahr an Kinderficker ausliehen und dafür Unsummen kassierten. Mit 13 verschleppte man sie nach Deutschland. Bei einer groß angelegten Razzia bei Angehörigen der italienischen Mafia befreite das SEK sie. Dann wurde sie untergebracht – bis Herr Gattuso sie adoptierte. Olivias Weg in die Depression schien also längst vorbestimmt. Ich wusste nicht, was ich darauf antworten sollte. Es war mir peinlich, dass ich diese Frage einfach so in den Raum geworfen und diese Reaktion provoziert hatte. Mir war klar, dass man dieses Problem nicht einfach so beheben und Olivias Psyche heilen konnte.

»Das ist der Grund dafür. Für alles. Weil ich völlig am Arsch bin. Weil ich Albträume und Visionen habe, die ich nur mit 'ner Menge Alkohol und mal 'nem Joint ausschalten kann. Deswegen habe ich keinen Bock mehr«, schloss sie ihre Erzählung und sah aus dem Fenster. Mir fiel ein, was eine Freundin vor einiger Zeit als Statusmeldung auf Facebook gepostet hatte: »Behandle jeden mit Respekt, denn du weißt nicht, welchen Kampf derjenige hinter sich hat.« Vermutlich erinnerte ich mich deshalb daran, weil ich Olivia im Verlauf der Einsätze ein paar Mal richtig blöd angeredet hatte, und auch wegen des Schmerzreizes, den Lenny beim ersten Mal gesetzt hatte. Ich wandte mich meiner Dokumentation zu und hoffte einfach, dass die Geschichte trotz allem gut ausgehen würde.

Sechs Wochen später trafen wir Olivia vor einem riesigen Einkaufszentrum unserer Stadt. Passanten hatten angerufen, weil sie bei winterlichen Temperaturen auf dem kühlen Asphalt lag und sich nicht mehr bewegte. Eine geplatzte Dose Billigbier lag neben ihr in der Gosse und hatte den olivgrünen löchrigen Parka besudelt, der seine besten Zeiten längst hinter sich hatte. Ich rüttelte an ihrer Schulter.

»Olivia? Kannst du mich hören?« Sie riss die Augen auf.

»Was? Was ist denn? Lasst mich in Ruhe, ihr Affen.«

»Lang nicht mehr gesehen.« Sie rappelte sich auf. Ich setzte mich neben sie an die Bordsteinkante.

»Wenn das so weitergeht, hast du bei der Krankenkasse bald Platinstatus.« Sie sah mich an, einige Sekunden lang, und zog dann einen Mundwinkel hoch. Danach ließ sie sich aufhelfen und von uns in den vorgeheizten Rettungswagen bringen. Ich setzte mich neben sie auf den Begleiterstuhl. Sie lächelte mich an. Das irritierte mich, weil ich immer nur Beschimpfungen und Widerstand gewohnt war. Eine Träne lief ihr über die Wange.

»Was ist los?«, fragte ich und kam mir angesichts der Vorgeschichte bescheuert vor.

»Nichts. Danke, dass ihr euch immer so um mich gekümmert habt.«

»Ist doch selbstverständlich.«

»Ist es nicht. Aber das war mir sehr wichtig, das loszuwerden.« Den Rest des Weges schwiegen wir. Olivia wirkte in diesem Moment so klar und zerbrechlich auf mich wie noch nie. War sie in diesem Moment im Krankenhaus überhaupt richtig aufgehoben, wenn sie doch in der Lage war, selbstständig zu laufen? Auf jeden Fall wollte ich sie von der Straße bringen. Dass sie im Rinnstein lag, empfand ich in diesem Moment nur als entwürdigend.

»Oh … Frau Gatto … diesmal gar nicht betrunken?«, sagte der dicke Pfleger Kevin über den Tresen des Leitstandes hinweg. »Was ist denn da passiert?« Ich konnte den Typen nicht ausstehen.

»Die Patientin heißt Gattuso. Gibt's deinen Kasack eigentlich auch in der richtigen Größe, Kevin?«, kam mir Lenny zuvor. Etwas Ähnliches hatte ich ebenfalls auf den Lippen.

»Sehr witzig. Hat die 'ne Versichertenkarte?« Ich hielt sie ihm hin. Er nahm die Karte, ohne Olivia anzusehen, und schob sie in den Schlitz seines Kartenlesers. »Raum Neun für euch.«

Olivia wandte sich mir zu. Sie hielt mir ihre Hand hin, nach der ich automatisch griff, drückte sie, blickte mir einige Sekunden in die Augen und lächelte. Dann drehte sie sich um und ging den weiß gestrichenen Krankenhausgang entlang, bis sie in Zimmer Neun aus meinen Augen verschwunden war.

»Was war *das* denn?«, fragte Lenny. Die Frage konnte ich jedoch nicht mehr beantworten. Der Melder ging, und die Leitstelle schickte uns zu einem Kreislaufkollaps in ein 300-Seelen-Dorf, das an der äußersten Landkreisgrenze lag.

Der Einsatz dauerte über eine Stunde, bis wir den Patienten endlich im Krankenhaus hatten und wieder einsatzklar vor der Notaufnahme standen. Pfleger Kevin kam heraus. Trotz der niedrigen Temperaturen hatte er Schweißperlen auf der Stirn. Der Kasack schien nicht nur zu eng, sondern auch etwas zu kurz. Eine Fettschürze quoll über seinen Hosenbund.

»Habt ihr die Patientin von eben zufällig unterwegs gesehen?«, schnaufte er. »Gattoso oder so ähnlich.«

»Olivia Gattuso heißt sie immer noch. Nein, wieso?« Ich sah kaum auf und tippte auf meinem Tablet.

»Sie ist weg. Noch bevor sie untersucht werden konnte, hat sie sich aus dem Staub gemacht.«

»Hatte halt keinen Bock auf dich und deine Unverschämtheiten«, sagte ich und grinste ihn an.

»Nein, mal ernsthaft. Der Doc ist stocksauer und hat mich angeblökt deswegen. Also, ihr habt sie nicht gesehen? Gut, dann ist es halt so.« Er drehte sich um und wackelte wieder hinein. In der Ferne hörten wir ein lang gezogenes, kreischendes Signal. Ein markerschütternder Ton, der mir wie eine Rasierklinge in den Rücken fuhr. Ich sah zu Lenny, der nicht reagierte. Dann blickte ich wieder auf mein Tablet, drückte auf Okay und schickte die Daten des letzten Einsatzes zur Abrechnung in die Zentrale. Es vergingen zwei weitere Minuten.

»1/83/1?« Kurze Zeit Stille. Ich nahm den Hörer in die Hand, hielt meinen Mund vor das Mikro und drückte die Sprechtaste.

»1/83/1 ist auf Empfang.«

»Sind Sie schon wieder einsatzklar?«

»Positiv.«

»S-Bahnhof, Gleis 2 – Person vor Zug.« Ich atmete durch und schwieg einige Sekunden, bevor ich den Einsatz wiederholte. Die Uhr zeigte eine Minute nach 16 Uhr, die Sonne war längst verschwunden. Der Disponent schob noch hinterher, dass die Anfahrt über den Bahnhofplatz erfolgen sollte und der Notarzt aus einem 15 Kilometer entfernten Dorf käme. Die Strecke wurde durch den Notfallmanager der Bahn in diesem Moment gesperrt. Ein Einweiser erwartete uns auf der Frühlingstraße, die direkt zum Vorplatz mit den ganzen Taxen, dem Kiosk und dem Zugang zum Gleisbett führte. Lenny sah zu mir rüber. Wir nickten uns zu und waren uns einig, dass wir keinerlei Material an die Einsatzstelle mitnehmen würden. Zwei Leute der Bahn-Sicherheit führten uns über eine Treppe ins Gleisbett, am Schotter entlang standen winterbraune Gräser. Ein Polizist in Zivil hielt mir seinen Ausweis hin und deutete auf eine uniformierte Kollegin ein Stück weiter. Wir kamen näher heran. Ein Körper lag rücklings parallel zum Schienenstrang. Aus der Entfernung erkannte ich den olivgrünen, löchrigen Parka. Ich trat neben sie und ging in die Hocke. Olivia wirkte wie eine statische Puppe mit halb geöffneten Augen, als hätte man während einer Videoaufnahme die Pause-Taste gedrückt. Alles an ihr sah unnatürlich verbogen aus. So, als wäre sie unter die S-Bahn geraten und einmal von vorne nach hinten überrollt worden. So, als hätte man sie einfach zerbrochen.

Ein halbes Jahr nach Olivias Tod fuhr ich am Abend mit meinem Wagen auf den Parkplatz eines großen Einkaufscenters im Osten unseres Ortes. Ich parkte ein, verließ meinen Wagen und erkannte eine Reihe weiter das geblümte Hemd. Der kleine Sizilianer hatte seinen Fiat Punto abgestellt und ihn gerade verlassen. Er drehte mir den Rücken zu, als ich ihn ansprach.

»Buona Sera, Signore Gattuso … können Sie sich noch an mich erinnern?« Herr Gattuso verzog keine Miene. Er grüßte nicht zurück, blickte mich einige Sekunden lang an und schwieg. Dann erzählte er übergangslos, dass er bald wegzöge – in eine andere Stadt, ein anderes Land, ein neues Leben, weit weg vom Drama um seine Kleine, das sich hier abgespielt hatte. Er hielt kurz inne. Dann wünschte er mir ein langes Leben, stieg wieder in seinen Wagen und fuhr davon, als wolle er mir nicht noch einmal begegnen. Ich konnte es ihm nicht verdenken.

Zuckerschock

Hatte sie ihm nicht erst noch zugerufen, er solle seinen Becher in die Spüle stellen, wenn er ausgetrunken habe? Warum antwortete sie ihm nicht mehr? Der sechsjährige Olaf Sander trat in das blau akzentuierte Wohnzimmer und suchte seine Mutter. Wo war sie nur? Hinter der Gardine? Die hatte sie sich öfter als Unterschlupf gesucht, wenn die beiden Verstecken gespielt hatten. Er tapste zum Vorhang. Sein hellblonder Stufencut mit extralanger Ponypartie wippte im Takt seiner Schritte. Der Platz war leer. Olaf lief zum Schlafzimmer. Er sah durch den Türspalt. Die Hand seiner Mutter hing vom Bett herunter und bewegte sich nicht.

Eine Stunde zuvor: Olaf stand mit seiner Mutter Judith in ihrem erdbeerroten Seat Impreza vor dem Supermarkt in der nahgelegenen Stadt. Sie fühlte sich, als würde ihre Muskulatur mit einem Stoff geflutet, der sie bewegungsunfähig und träge machte. Sie blickte das entfernte Straßenschild an. Immer, wenn die Umrandungen verschwammen, wusste die dreißigjährige Diabetikerin, dass sie mit ihrem Blutzuckerwert zu hoch lag. Sie holte ihr Etui aus der Tasche, nahm Spritze und Ampulle heraus. Dann sah sie das Fläschchen an, zog die Kappe von der Spritze und stach diese in den Gummi ein. Zehn Einheiten mussten es sein. Sollte sie vorher nicht messen? Jeder Diabetiker unter Ihnen schlägt jetzt wahrscheinlich die Hände über dem Kopf zusammen. Aber Judith Sander stach die Nadel durch die Jeans in den Oberschenkel hinein und drückte ab. Dann trat der Schleier von der Seite in ihr Sichtfeld. Und was, wenn sie sie doch geirrt hatte? Wenn sie falsch entschieden hatte? Judith öffnete ihren schwarzen Nike-Rucksack und zog ihr Messgerät heraus. Sie positionierte die Stechhilfe am Zeigefinger und drückte. Ein Klick. Sie presste den Finger zusammen. Der dunkelrote Lebenssaft quoll aus der winzigen Einstichstelle. Judith Sander setzte das Messgerät an. Blut füllte den schmalen Kanal in dem Plastikstreifen. Das Display zählte im Sekundentakt fünf Ziffern nach unten. Es piepte. Sie sah ungläubig auf das Display, hielt inne und schlug sich mit der flachen Hand an die Stirn. Die Anzeige ergab 32 Milligramm pro Deziliter anstatt der normalen 70 bis 130 Milligramm. Die Diabetikerin befand sich im Unterzucker, hatte das Gefühl in ihrer Muskulatur falsch gedeutet und sich blind noch zusätzlich Insulin gespritzt. Ein Himmelfahrtskommando.

Sie startete den Motor. Direkt hinter dem Supermarkt leuchtete das gelbe M des amerikanischen Schnellrestaurants. Judith Sanders Körper konnte Unterzuckerungen sehr gut kompensieren. Stand man ihr in so einer Situation gegenüber, bemerkte man diesen niedrigen Wert nicht. Sie ging schnell zum Schalter, bestellte eine große Cola und schüttete die auf einmal hinunter. Der Zuckergehalt dieser Cola sollte reichen, um sicher nach Hause zu kommen. Dort würde sie sich gleich etwas zu essen machen. Sie stolperte durch die Haustür in ihre Wohnung im Erdgeschoss eines 6-Parteien-Hauses, stellte die Tüten hinter der Tür ab und setzte sich auf das Bett.

»Mama, kann ich was trinken?«

»Ja, mein Schatz. In der Küche steht noch ein halber Becher mit Orangensaft.« Als er die Küche betrat, hörte er noch, dass er den Becher danach in die Spüle stellen solle.

Da lag sie nun und bewegte sich nicht mehr. Speichel lief ihr aus dem Mund. Sie schnarchte ganz komisch. Olaf hatte die Tür ganz aufgedrückt und sah seine Mutter auf der Seite liegen. »Mama? Mama … ich hab Angst. Das Spiel ist doof …«

Olaf packte den Arm und zog daran, konnte aber mit seinen 22 Kilo Körpergewicht nichts ausrichten. Dann wandte er sich ihrem Kopf zu. Normalerweise mochte sie es nicht, wenn er gegen ihre Stirn tippte, aber auch darauf reagierte sie nicht. Er stand vor ihr und weinte. Schrie, sie solle aufhören, so zu sein. Es dauerte eine Weile, bis er schließlich begriff, dass das kein Spiel war. Was hatten sie ihm im Kindergarten erklärt? Wann sollte man auf dem Telefon die 112 tippen? Wenn sich jemand nicht mehr bewegte. Wenn jemand nicht reagierte. Und wenn man Angst hatte. Er musste irgendwie Hilfe holen und lief in das Wohnzimmer. Dort lag das Telefon. Er nahm es, tippte mit zittrigen Fingern die Zahlen ein, dann drückte er die Taste mit dem grünen Hörer. Eine Stimme meldete sich auf der anderen Seite.

»Rettungsdienst- und Feuerwehrnotruf, guten Tag.« Pause. »Hallo? Hallo … ist jemand dran? Hier ist der Rettungsdienst. Hallo …« Irgendetwas raschelte am Mikro.

»Ich bin Olaf.« *Stell dich immer vor*, hatte seine Mutter ihm eingetrichtert.

»Olaf? Von wo rufst du denn an?«

»Von zu Hause.«

»Und wo *ist* dein Zuhause?«

»Na hier … in der Wohnung.«

»Warum rufst du denn an? Wie kann ich dir helfen, Olaf?« Der Telefonist hatte die Adresse von Judith Sander durch Inverssuche längst im System. Die Karte poppte auf und zeigte den Wohnblock in der Wuppertaler Straße.

»Meine Mama steht nicht auf.«

»Kannst du sie nicht aufwecken?«

»Nee. Geht nicht. Ich hab Angst.«

»Das verstehe ich, Olaf. Aber du machst das toll, und ich bin jetzt für dich da.«

»Ich will, dass sie wieder aufsteht.«

»Pass auf: Ich schicke dir einen Rettungswagen und einen Arzt vorbei, und die kümmern sich um deine Mama. Ist das in Ordnung?«

»Mhh … gut.«

»Machst du ihnen auch die Tür auf, wenn sie klingeln?«

»Aber ich darf die Tür nicht aufmachen. Meine Mama hat das verboten.«

»Deine Mama will bestimmt, dass du diesmal eine Ausnahme machst … wir wollen ihr ja helfen.«

»Ich weiß nich … ja okay.«

»Bis die Leute bei dir sind, legst du nicht auf, ja?«

»Okay.«

Der Telefonist tippte etwas auf seiner Tastatur. Das System disponierte automatisch den nächstgelegenen Rettungswagen und ein Notarzteinsatzfahrzeug – der Moment, in dem Lennys und mein Alarmempfänger ging und wir uns mit dem Notarzteinsatzfahrzeug im Schlepptau auf den Weg in die Wuppertaler Straße machten.

»Gehst du gern in den Kindergarten?« Der Telefonist versuchte, Olaf bei Laune zu halten.

»Ja. Aber ich komm jetzt dann in die Schule.«

»Wie alt bist du denn?«

»Sechs.«

»Olaf? Machst du jetzt bitte die Türe auf? Die Leute wollen deiner Mama helfen.« Der Telefonist reagierte auf das durchdringende Summen der Türklingel. Olaf betätigte den Öffner für den Hauseingang. Wir hörten, dass der Junge Mühe hatte, den Schlüssel umzudrehen. Aber es klappte. Die Tür öffnete sich einen Spalt breit. Nur zwei grüne Augen sahen uns an.

»Du bist bestimmt Olaf, oder? Dürfen wir reinkommen?«, fragte Notarzt Boris, der kurz nach uns mit Klaus, seinem Fahrer, das Treppenhaus betreten hatte. Klaus schnappte sich Olaf und ließ sich sein Zimmer zeigen – ein beliebtes Ablenkungsmanöver bei Kindern. Wir fanden Judith Sander bewusstlos im Schlafzimmer und legten ihr einen venösen Zugang. Eine Blutzuckermessung ergab einen Wert von 18 Milligramm pro Deziliter. Die Menge Cola hatte nicht ausgereicht, um das gespritzte Insulin abzudecken. Der Blutzucker war zwar kurzzeitig angestiegen, aber danach erneut in einen gefährlichen Bereich gefallen. Lenny zog die Glukoselösung aus den Plastikampullen in eine Spritze, setzte an und drückte den Zucker in die Vene. Keine zwei Minuten später schlug Judith Sander die Augen auf.

»Hallo, Frau Sander, bitte erschrecken Sie nicht, der Rettungsdienst ist hier: Sie hatten einen Unterzucker.« Es dauerte einen kurzen Moment, bis Judith Sander wieder richtig bei sich war und erzählen konnte, wie es dazu gekommen war. Olaf war überglücklich darüber, dass seine Mutter wieder bei Bewusstsein war. Er saß neben ihr und drehte zwei Lego-Männchen in seiner Hand, die er aus seinem Zimmer mitgebracht hatte. Judith Sander war unendlich erleichtert und platzte auch vor Stolz. Wer konnte schließlich schon sagen, vom eigenen, erst sechsjährigen Sohn gerettet worden zu sein, weil im Kindergarten ein Erste-Hilfe-Kurs für Vorschulkinder abgehalten worden war? Die Amerikaner machen es seit Jahrzehnten: Egal, welches amerikanische Kind Sie in Olafs Alter nach der Notrufnummer befragen, Sie bekommen nur eine Antwort: 911. Stellen Sie hier in Deutschland drei Erwachsenen aller Gesellschaftsschichten die gleiche Frage, bekommen Sie drei unterschiedliche Antworten. Das ist ein erbärmliches Ergebnis. Mittlerweile gibt es zum Glück einige Firmen für Notfalltrainings, die in Grund- und weiterführenden Schulen auftreten und den Schülern Erste-Hilfe-Unterricht erteilen. Meines Erachtens ist es höchste Zeit, dass dieser Unterricht zur Pflicht für alle Schüler wird.

Ich traf Judith Sander geraume Zeit nach dem Einsatz zufällig in einer Buchhandlung. Die Krankenkasse hatte ihr ein kontinuierliches Glukosemesssystem genehmigt. Das System misst selbstständig und sendet den Wert alle fünf Minuten an das Mobiltelefon. Wenn der Patient einen gewissen Wert unterschreitet, schlägt das System penetranten Alarm.

Sie erzählte mir, dass Olaf seit dem Einsatz von nichts anderem mehr sprach als von den Sanitätern, die seiner Mutter geholfen hatten. Ich bin mir sicher, dass wir da einen Nachwuchs-Notfallsanitäter gefunden haben.

Leichte Geburt

»Feuerwehr- und Rettungsdienstnotruf, guten Tag?«

»Reschel, Steinstraße 6. Kommen Sie schnell. Meine Frau ist schwanger.« Der Telefonist tippte die Angaben in seinen PC.

»Und wie kann *ich* jetzt dabei helfen?«

»Also … sie bekommt ein Kind.« Die Stimme überschlug sich.

»Alles klar. Bleiben Sie ganz ruhig. Ist die Fruchtblase bereits geplatzt?«

»Nein. Ja. Also … weiß ich nicht.«

»Guckt der Kopf schon raus?«

»Nein, Quatsch. Sie hat aber Schmerzen.« Eine weibliche Stimme wimmerte im Hintergrund.

»Gut. Herr Reschel, ich schicke Ihnen einen Rettungswagen. Bitte sehen Sie zu, dass die Kollegen Zugang zu Ihrer Wohnung haben.« Klick. Der Telefonist legte auf, tippte auf seiner Tastatur und aktivierte den Einsatz. Es war 17:52 Uhr.

Als ich 20 Minuten zuvor zur Wache gekommen war, hatte ich auf eine ruhige Schicht und eine Mütze Schlaf gehofft. »Eingesprungene Dienste sind immer Mist«, grinste Lenny, der schon am Eingang stand und mir die Tür aufhielt. »Ich weiß«, antwortete ich. Ich hatte diesen Dienst zwei Tage zuvor zugesagt, da jemand krank geworden war.

»Wir haben heute nichts von den Wachenaufgaben geschafft.« Wachleiter Peter deutete auf den Berg frischer Dienstkleidung, der geliefert worden war und in die Schränke verteilt werden musste. Überall standen Gläser und Tassen. Die Spülmaschine war auch noch nicht ausgeräumt und der Boden der Wache noch nicht gewischt. Das Thermometer überstieg an diesem ersten Juni erstmals die 30-Grad-Marke. Ich hatte gerade meine Dienstkleidung angelegt, da alarmierte uns schon die Leitstelle.

»R0102. Sonstige, Geburt/Entbindung, RD1, Steinstraße 6, Reschel«, las ich vom Display ab und schüttelte den Kopf. »'Ne Geburt. Das glaubste doch wohl selbst nicht.«

»Quark. Da ist – wenn überhaupt – die Fruchtblase geplatzt, die Dame hat heute Termin – sonst hätte der Disponent doch sicher einen Notarzt mitgeschickt. Wir packen sie schön in den Wagen, fahren ins Krankenhaus und holen uns dann was zum Essen. Ich wollte schon immer mal die neue Dönerbude an der Ecke ausprobieren.« Lenny schien zuversichtlich und gab Gas.

Das mit den Daten auf dem Display ist so eine Sache. In der Leitstelle funktioniert so etwas folgendermaßen: Für die unterschiedlichen Einsätze gibt es ein Stichwort, eine Kategorie, ein Schlagwort und die dazugehörige Zifferngruppe. Anhand der Kombination können wir das, was sich am Einsatzort abspielt, gut differenzieren. Steht auf dem Display »R0102, Sonstige, Geburt/Entbindung, RD1«, heißt das Folgendes: »Sonstige« bedeutet als Hauptgruppe, dass das Problem in irgendeinem Bereich zu suchen ist, der nicht so häufig vorkommt und deswegen zusammengefasst ist. Das Schlagwort »Geburt/Entbindung« bezeichnet das Problem genauer: Es ist gynäkologischer Natur, und die Patientin steht kurz vor der Entbindung. Nach Einschätzung des Telefonisten in der Leitstelle liegt keine Lebensgefahr oder vital bedrohliche Akutsituation vor. Das kann man von dem Kürzel »RD1« herleiten. Das System sieht für so einen Einsatz einen Rettungswagen besetzt mit Notfallsanitätern vor. Die nächste Stufe wäre übrigens »R0112 Sonstiges, Geburt/Entbindung akut/vitale Bedrohung, RD2«. Dann würde zeitgleich mit einem Rettungswagen ein Notarzt an die Einsatzstelle geschickt. Das ist üblich, wenn der Wehenabstand weniger als drei Minuten beträgt, der Kopf aus dem Uterus guckt oder die Patientin wie eine Fontäne aus dem Geburtskanal blutet. Zwei von drei Punkten waren in unserem Fall erfüllt, sie waren aber offenbar aus Zeitmangel oder vielleicht wegen einer großen Anzahl an Notrufen nicht abgefragt worden. Dieser Leichtsinn kann den Rettern und natürlich den Patienten gravierende Probleme bereiten.

Der Rettungswagen hielt mit einem Ruck vor dem Hochhauskomplex. Ein blondes und ein rothaariges Mädchen standen davor und sahen in unsere Richtung. Die Blonde deutete auf uns. Kinder schrien auf einem nahe gelegenen Spielplatz, als ginge es um ihr Leben. Es stank nach einem Gemisch aus Fäkalien und Abgasen der Autos, die direkt an uns vorbeifuhren.

»Ich nehme den Kinderkoffer mal mit. Man weiß ja nie«, sagte ich. Lenny schüttelte den Kopf und schnappte sich den Rucksack. Ich zog die Schiebetür ins Schloss und drückte die Verriegelung. Das blonde Mädchen hielt uns die Haustür auf, die Rothaarige lief voraus. Sie rief nur, dass wir schnell mitkommen sollten. Die beiden machten einen ziemlich nervösen Eindruck, als wir durch den lang gezogenen Hausflur stapften. Eine weibliche Stimme schrie, als hätte man ihr einen Pfahl aus glühendem Metall in die Eingeweide gerammt.

Die Wohnung war leer. Nur einige Umzugskartons standen herum. Entweder war die Familie gerade erst eingezogen oder sie wollte ausziehen. Ich trat in das Wohnzimmer. Eine Mittdreißigerin lag in Linksseitenlage auf einem Handtuch, hielt sich den Bauch und wimmerte vor Schmerzen. Der Ehemann stand hilflos im Türstock, daneben zwei kleine Kinder, die wirkten, als liefe gerade ein spannender Film ab.

»Sie war heute früh im Krankenhaus«, begann die Blonde, »sie hatte üble Bauchschmerzen.«

»Welcher Monat?«, fragte ich.

»Sie ist zehn Tage überfällig«, antwortete die Rothaarige.

»Was zum … Sie hatte wahrscheinlich Wehen und wurde wieder nach Hause geschickt?«, sagte ich in Lennys Richtung.

»Wie viele Kinder haben Sie?«, forschte Lenny nach.

»Na die beiden da«, stöhnte die werdende Mutter, bevor sie einen lang gezogenen Schrei ausstieß. Das hörte ich nicht gern, denn der Geburtsvorgang läuft normalerweise wesentlich schneller ab, wenn jemand bereits Kinder zur Welt gebracht hat.

»Sie müssen die Strumpfhose ausziehen«, forderte ich die Frau auf. Einfacher gesagt, als getan, wenn man einen Bauch vor sich herschiebt, der aussieht, als wäre man mit einem Medizinball schwanger. Lenny stand hinter mir. Gemeinsam guckten wir uns die Situation zwischen den Beinen der Dame an.

»Und? Gefällt Ihnen, was Sie sehen?«, schnaubte die Frau in meine Richtung. Ich musste wohl ziemlich intensiv geguckt haben.

»Äh … ja. Das Kind ist dort, wo es hingehört.« Ich legte ein Handtuch über den Unterleib der Dame, um sie etwas vor Blicken zu schützen. Die Rothaarige kicherte. Dann kam die nächste Wehe. Der Abstand betrug weniger als eine Minute. Ich wies Lenny an, zum Rettungswagen zu gehen, die Trage vor die Tür zu stellen und das Tragetuch mitzubringen. Laufen war in diesem Moment schließlich etwas schwierig für die Frau. Im Rausgehen rief er noch, er würde den Kreißsaal des nächstgelegenen Krankenhauses zwangsweise belegen lassen. Etwas Blut rann an den Beinen der Frau hinunter und fing sich in dem dunkelgrünen Handtuch aus Frottee, das der Ehemann untergelegt hatte. Dann wieder eine Wehe. Als ich die Situation zwischen den Beinen erneut betrachtete, lief es mir eiskalt den Rücken hinunter. Die nächste Wehe kam, keine 30 Sekunden nach der letzten. Die Frau schrie, als zöge man ihr die Haut vom Leib, die Augen sahen aus, wie zwei Tischtennisbälle mit Farbmuster. Eine Blase kam zum Vorschein. Das konnte ein Teil der Fruchtblase sein. Gar nicht gut. Vor meinem geistigen Auge lief ein Film ab:

Wir legten die Frau unten auf die Trage und rasten mit Karacho in die Klinik, wo man uns bereits mit offenen Armen empfing. Aber dann kamen auch alle möglichen anderen Bilder …

Bei einem Einsatz vor etlichen Jahren war eine Hebamme als Praktikantin im Rettungswagen mitgefahren. Wir bekamen einen Einsatz bei einer schwangeren Patientin, die kurz vor der Entbindung stand. Im Rettungswagen wurde sie kreislaufinstabil. Weder wir noch der Notarzt konnten uns das erklären, weil niemand genügend Diagnose-Routine besaß – außer der Hebamme, die den Verdacht auf eine Plazentaablösung stellte. Im Zeitraum eines Wimpernschlages waren Mutter und Ungeborenes auf einmal in akuter Lebensgefahr. In Lichtgeschwindigkeit fuhren wir die nächstgelegene Klinik mit Schockraum an, wo das Team uns bereits erwartete. Das Kind wurde per Notsectio geholt. Die Mutter verblutete noch auf der Trage.

»Da ist der Kopf zu sehen«, sagte die Blonde und riss mich damit aus meinen Gedanken. In dem Moment kam Lenny mit dem Tragetuch zurück.

»Ruf einen Notarzt. Hol mir das Abnabelungsset. *Jetzt*.«

»Ouh Scheiße.« Lenny riss sein Telefon aus der Tasche.

»Holen Sie Handtücher. Zwei oder besser drei«, befahl ich dem Ehemann, der ins Bad stürzte. Wenn das Kind abgenabelt ist, besteht immer zusätzlich die Gefahr einer Unterkühlung. Ich ging auf die Knie und bemerkte etwas Feuchtes, das sich als Fruchtwasser und Blut herausstellte. Mein Blick suchte nach einem Nabelschnurvorfall. Keine Nabelschnur zu sehen – kein Problem. Sehr gut.

»Bei der nächsten Wehe pressen Sie!« Ich tastete den Kopf. Erst die obere, dann die untere Schulter? Oder umgekehrt? Mist. Fünf gespannte Augenpaare sogen wie ein Schwamm auf, was auf dem Wohnzimmerteppich vor sich ging. Aber jetzt war ich mir sicher. Die obere Schulter musste zuerst raus. Ich bewegte den winzigen Kopf mit dem Gewicht einer Feder nach unten.

Dann ging alles im Turbogang. Die Wehe kam. Die werdende Mutter kniff die Augen zusammen und verzerrte das Gesicht, als läge sie in Guantanamo auf einer Folterbank. Zuerst rutschte die obere, dann die untere Schulter aus der Gebärmutter. Ein Schwall Fruchtwasser und Blut spritzte aus der Frau hinaus. In diesem Moment musste jedem klar gewesen sein, weshalb man sich seitlich neben den Patienten stellt, anstatt direkt davor. Der Wohnzimmerteppich war im Eimer.

Ich hielt ein winziges Bündel Mädchen mit braunen Haaren und verschmierter Haut in meinen Händen. Schweißperlen standen auf der Stirn des Vaters, der mir ein Handtuch reichte. Ich legte es vor die Mutter und platzierte den Säugling darauf, der auf nichts reagierte. Ich rieb eine Fußsohle. Das Kind verzog das Gesicht, das noch immer aschfahl-violett aussah. Dann hielt es wieder inne. In mir machte sich Anspannung breit. Musste es nicht sofort losschreien oder sich bewegen? Der Oro-Absauger aus dem Kinderkoffer musste her, der aus einem Sekretgefäß besteht, in den zwei Schläuche münden. Einen davon führte ich zuerst in die Nase, dann in den Mund des Kindes ein. Mit meinem Mund erzeugte ich über den anderen Schlauch einen Sog. Die kleine Dame grimassierte wieder. Anscheinend musste ich mehr stimulieren. Ich rieb am Brustbein und am Rücken und hoffte, nicht allzu hilflos zu wirken. Ich blickte auf. Die Angehörigen standen da und staunten verzückt. Lenny hatte Nabelklemmen und Schere bereitgelegt. Aber was, wenn das Kind nicht »ansprang«? Ich ertappte mich einige Male dabei, wie ich »mach was« vor mich hin flüsterte und dabei an der Haut des Säuglings rieb. Dann fing die Kleine an, sich zu bewegen. Gefühlt waren zehn Minuten vergangen. In Wirklichkeit war es nur eine einzige, wie Lenny mir später sagte. Ich wollte den Puls fühlen und noch einige Werte ermitteln, damit ich das Kind klinisch beurteilen konnte. Aber nein – die Zeit verschwamm auf surreale Weise. Die ersten Krächzer kamen aus dem Mund. Ein Auge blinzelte. Die blasse Gesichtsfarbe verschwand, die Lippen wurden so rot, wie ich mir das vorstellte. Endlich.

»Herzlichen Glückwunsch«, sagte ich. Frau Reschel weinte vor Glück. Ich legte ihr das Mädchen auf den Bauch und strich die Nabelschnur zum Kind hin aus, um das Blut noch in den kindlichen Kreislauf zu bekommen. Dann hob ich die Schnur an. Lenny setzte die Nabelklemmen. Ich nahm die Schere und hielt sie Herrn Reschel hin. Zwei große Augen sahen mich an. »Ich?«, sagte er. »Ja klar. Wer denn sonst?« Ein großer Moment im Leben eines Vaters, in dem er seinem Kind symbolisch auf die Welt hilft. Schnipp. Nur noch ein paar Tropfen Blut liefen aus der Nabelschnur. Das in Handtücher eingewickelte Kind schien neugierig. Es hatte die Augen mittlerweile geöffnet. Lenny blickte auf den zerstörten Wohnzimmerteppich. Er war in diesem Moment sicher froh, dass er das alles schon längst hinter sich hatte.

Der Rest war Routine. Irgendwann betrat der Notarzt mit seinem Fahrer die Wohnung. Ich deutete auf den Säugling und sagte, dass wir uns jetzt auf den Weg in die Klinik machen könnten. Der Arzt stimmte zu. Und ab jetzt gibt es auch keine Pointe mehr. Kein Neugeborenen-Notarzt, der gerufen werden musste, kein Nabelschnurvorfall oder eine andere bedrohliche Situation, in die das kleine Mädchen noch kam. Aber das muss auch nicht so sein. Nicht jede Geschichte muss schließlich tragisch ausgehen – auch wenn sie sich im Beisein des Rettungsdienstes ereignet.

Der Einsatz war zu Ende. Wir kamen mit unserem Equipment aus dem Krankenhaus. Die Uhr zeigte mittlerweile halb neun. Ich genoss die frühsommerliche Stimmung und das Licht der untergehenden Sonne. Schräg gegenüber stand eine alte Dame im Rasenbereich unter einer Überdachung, wie sie für Bushäuschen üblich ist. Sie musterte uns.

»Junger Mann … können Sie mir eine Frage beantworten?« Ich ging zu ihr.

»Aber natürlich.«

»Können Sie mir sagen, wann der nächste Bus kommt? Ich warte hier schon über eine Stunde …«

»Wie? Was für ein Bus?«, fragte ich.

»Na der Bus. Das hier *ist* doch die Haltestelle zum Bahnhof, oder?« Ich musste lachen.

»Das hier ist keine Haltestelle, sondern ein Unterstand für Raucher … der Bus kommt hier erst, wenn die Hölle zugefroren ist.« Die Dame sah mich eine kurze Weile an, als hätte ich ihr gerade eine absurde Geschichte aufgetischt. Dann lachte sie los, meinte, sie müsse wegen ihrer Augen mal wieder dringend zum Arzt und packte ihre Handtasche, die so aussah, wie Oma-Taschen eben aussehen.

Wir machten unseren Rettungswagen klar und meldeten uns bei der Leitstelle in dem Bewusstsein, dass die Bürger dieser Stadt an diesem Abend sicher noch einiges für uns parat haben würden.

Zeitstillstand

An einem warmen Juli-Abend öffnete Amelie Schultz das Handschuhfach des nagelneuen AMG-Mercedes ihres Ehemannes und zog eine kleine Tüte mit einem Slip aus roter Spitze hervor. Aus ihrem Schrank stammte er nicht. Sie starrte den edlen Stoff einige Sekunden lang an und tippte dann etwas in ihr Handy. Die Lust auf einen Bridge-Abend mit ihrer Freundin war ihr vergangen. Sie öffnete die Tür im Tempo einer Wanderdüne und verließ den Wagen. Schweiß rann ihr die Stirn hinunter. Sie zitterte und fühlte sich, als ob ein Blitz in ihr eingeschlagen hätte. Was würde sie ihm sagen? Dass er diesmal zu weit gegangen war? Dass er einfach verschwinden und niemals wiederkommen solle? Hätte sie diesen bescheuerten Ehevertrag niemals unterschrieben, hätte sie bei einer Trennung zumindest keine finanziellen Probleme. Hätte, hätte, Fahrradkette – aber jetzt hatte sie wenigstens einen Beweis für das, was sie schon lange geahnt hatte. Diesmal musste sie es durchziehen. Gehen. Ihn verlassen. Ihn, der meinte, er hätte die Welt erfunden.

Auf dem kurzen Weg zur Haustür dachte sie an ihre zwanzigjährige Ehe. Plötzlich kam sie sich vor wie eine Haushaltshilfe, die nur dazu da war, um dem Herrn Großgrundbesitzer alles hinterherzutragen und zuzusehen, dass das Haus in Ordnung war. Sie blieb vor der Sicherheitstür aus rotem Metall stehen und zog etwas aus der Tasche, das wie ein Ufo aussah. Der Transponder öffnete die Schließmechanik der Haustür. Sie drückte die goldene Klinke nach unten, schob die schwere Tür wie in Zeitlupe ins Haus und trat ein. Dass sie ihren Bridge-Abend abgesagt hatte, schien seine Pläne zu durchkreuzen. Sie hielt ihm den Slip vor das Gesicht, er riss ihn ihr aus der Hand. Dann wollte er an ihr vorbei, aber sie hielt ihn am Arm fest. »Rede mit mir«, schrie sie ihn an. Aber ihr Mann war noch nie ein Freund großer Worte gewesen. »Ich bin in der ›Post‹«, sagte er nur und meinte damit einen Gasthof in der Nähe ihres Anwesens. Er sah ihr in die Augen, packte seinen Trachtenhut aus grauem Filz und verließ das Haus. Das Brummen des silbernen Boliden verstummte irgendwann in der Ferne.

War er zu schnell gegangen, hätte er lieber wieder einmal mit ihr reden sollen? Der kleine dicke Mann mit dem karierten Hemd steuerte den schweren Wagen über die Hauptstraße des kleinen Ortes, bis er einige Minuten später auf den Parkplatz zum Gasthaus »Die Post« abbog. Er liebte seine Frau, aber er hatte es nie richtig zeigen können. Als sie ihre Depression und Wahnvorstellungen bekommen hatte, hatte er gefürchtet, sie könne sich etwas antun. Ständig unterstellte sie ihm, er würde sie betrügen. Ständig diese Vorwürfe, warum denn alles so sei, wie es war. Aber er konnte nichts für die psychische Erkrankung seiner Frau. Sein Blick auf das Handy verriet ihm, dass im Haus alles in Ordnung war. Er hatte Kameras installiert, um nachzusehen, ob alles mit rechten Dingen zuging, wenn niemand im Haus war. Sie lösten bei Bewegung aus und zeichneten einen Videostream auf dem Server auf. Aber diesmal wollte er nur prüfen, ob es seiner Frau gut ging. Sie saß im Wohnzimmer auf der Couch und blickte in den Fernseher. Gut so – alles im grünen Bereich. Einige Minuten später hatte er bei der Wirtin der »Post« sein erstes Bier bestellt und das Handy in seiner Tasche verschwinden lassen. Der Empfang in der Wirtschaft war sowieso miserabel.

»Dir zahle ich alles heim«, sagte sie in die Kamera. »Und zwar mit deinem Werk.« Sie trat zur Terrassentür und zog die Tür auf. Die Außenkamera erfasste ihren Weg ans Ende des Gartens, zu einer Pflanze, die ihr Mann so liebte. Die Kelche leuchteten in der Abendsonne hellrosa-violett und gaben die gelben Stempel

und das gepunktete Innenleben frei. *Digitalis purpurea* oder auf Deutsch Roter Fingerhut – eine der giftigsten Pflanzen Deutschlands. Das Gift der rohen Pflanze tötet einen Menschen, wenn er lediglich zwei oder drei Blätter davon zu sich nimmt. Und jetzt stand Amelie Schultz davor und griff danach. Sie pflückte Blatt für Blatt und sammelte sie in ihrer hohlen Hand. Irgendwann war die Staude leer. Sie drehte sich in Zeitlupe um und genoss jeden Schritt in Richtung des Hauses. Dann schloss sie die Terrassentür sorgfältig hinter sich. Sie flanierte an den Bildern vorbei, die im Flur an der Wand hingen, berührte jeden Rahmen mit ihrem Finger und schenkte jedem der Menschen darauf ein Lächeln. Sie betrat die Küche und öffnete einen der Küchenschränke. Ihre Lieblingstasse hatte sie schon lange nicht mehr benutzt. Sie ließ die Blätter in die Tasse fallen, hängte noch einen Beutel Pfefferminztee hinein und gab etwas Zucker dazu, dann übergoss sie alles mit heißem Wasser. Sie nahm den Tee, setzte sich in den Wohnzimmersessel und nippte Schluck für Schluck. Er würde schon sehen, was er davon hatte. Hoffentlich würde es ihn treffen – zumindest etwas. Die Vorstellung, gleich tot vom Stuhl zu rutschen und ihrem Ehemann damit einen gehörigen Schrecken einzujagen, befriedigte Amelie Schultz in diesem Moment. Sie fuhr die Rollos herunter und schaltete das Licht an. Plötzlich machte es Klick in ihrem Kopf. In der Dunkelheit erschien ihr der Augenblick des Todes auf einmal so abstrakt. Sie stellte sich vor, wie ihr Herz stehen bleiben, sie vom Sessel herunterrutschen und auf dem Wohnzimmerteppich liegen würde. Sie sah ihren Körper, und wie ihr Ehemann vor ihr kniete. Dann fuhr die Angst in sie. Wenn sie tot war, ginge ihr Bewusstsein in ewiger Dunkelheit unter. Sie würde nie mehr aufwachen, könnte nie mehr in ihrem Garten sitzen, in die Sonne schauen oder mit ihrer Freundin Bridge spielen.

»Ich will das nicht«, stöhnte sie in die Kamera hinein, »was habe ich nur getan?« Sie versuchte, sich aus dem Sessel zu erheben. Der Bauch schmerzte. Sie verspürte Übelkeit und würgte. Der Wirkstoff des Fingerhuts war längst in den Blutkreislauf übergetreten und entfaltete seine vernichtende Wirkung. Unbehandelt würde es zu schweren Herzrhythmusstörungen kommen, die tödlich enden mussten.

Amelie Schultz übergab sich auf den blauen Wohnzimmerteppich. Sie sank vom Sessel auf den Boden, so wie sie das vorausgesehen hatte. Alles drehte sich. Sie spürte ihr Herz und griff sich an die Brust. Es setzte immer wieder aus. Sie versuchte sich am Sessel hochzuziehen. Dort musste irgendwo in der Ritze das Haustelefon liegen. Die Herzfrequenz hatte einen bedrohlichen Wert erreicht. Das Gift blockierte die elektrische Impulsleitung am Herzen. Dann endlich das Telefon. Sie tippte die 112 ein. Als der Disponent den Hörer abnahm, flüsterte sie nur: »Mein Name ist Amelie Schultz. Ich habe mich vergiftet.« Dann versank sie in Dunkelheit.

Amelie Schultz hatte mit ihrem Anruf die Rufnummer übermittelt. Der Disponent wusste durch Inverssuche, wo sie sich befand. Das Geo-Informationssystem bildete den Hof und die zugehörige Umgebung auf dem Monitor des Disponenten mit hoher Detailgenauigkeit ab. Keine zehn Sekunden später ging unser Alarmempfänger und staubte Lenny und mich vom Sofa.

»1/83/1, ich schicke Ihnen die Feuerwehr zur Wohnungsöffnung dazu. Die Anruferin kollabierte am Telefon. Beeilen Sie sich. Das hat sich nicht gut angehört.«

»Verstanden.« »Schlecht«, war mein erster Gedanke. Besonders wenn die Anruferin bereits bewusstlos geworden war. Dazu kam, dass ich die Adresse kannte, befand sie sich doch in dem Ort, in dem ich selbst wohnte. Vermutlich war ich den Schultzens schon etliche Male irgendwo begegnet. 15 Minuten später fuhren wir zeitgleich mit der Feuerwehr und dem Notarzteinsatzfahrzeug in den Hof und standen wenig später vor der roten Tür.

»Die Tür ist aus Metall«, bemerkte der Kommandant und erzählte uns damit nichts Neues. »Das Problem sind die Sperrriegel. Sechs davon verhindern, dass man die Tür gewaltsam aufbrechen kann.«

»So wie das Grundstück und das Anwesen aussehen, ist hier alles dazu gemacht, damit man nicht einfach so in den Bunker reinspazieren kann«, sagte Lenny und lehnte sich neben dem Eingang an die Wand.

»Habt Ihr 'ne Strategie?«

»Ehrlich gesagt … nein.« Der Kommandant blickte zu seinen Leuten, die vor der Metalltür standen und zugaben, mit so etwas noch nie zu tun gehabt zu haben. »Die Tür ist aus dickem Metall. Ramme, Brecheisen, Spreizer, Ziehfix und Motorsäge helfen da nicht.«

»Irgendwas Hydraulisches?« Ich hatte zwar keine Ahnung, wollte aber irgendwie auch etwas dazu sagen.

»Nein. Das ist nichts, das man auseinanderspreizen kann.«

»Fenster?«

»Weisen den gleichen Sicherheitsstandard auf wie die Haustür. Automatische Rollos aus Metall. Das Ding ist so sicher wie eine Zitadelle. Wer das hier gebaut hat, hat entweder Millionen hier drin oder Angst vor irgendetwas.«

»Was ist mit dem Schließzylinder?«, wollte Lenny wissen.

»Funktioniert genauso wenig.«

»Mist.« Ich sah nach oben. Aber auch im ersten Stock waren alle Rollos heruntergelassen. Sprengstoff fiel mir ein, aber der Gedanke war zu absurd, um ihn dem Kommandanten gegenüber auszusprechen. Schließlich wollte ich nicht riskieren, dass mir jemand vorwarf, ich würde zu viel amerikanische Serien gucken. Also schwieg ich lieber und überließ der Feuerwehr das Feld.

Herr Schultz war beim dritten Bier angekommen. Der Landwirt hatte einen beträchtlichen Teil seines Vermögens mit einigen Felder erwirtschaftet, die ihm sein Vater vermacht hatte. »Die Menschen sind böse«, hatte der Vater immer wieder gesagt, bis dies tief im Inneren seines Sohnes festsaß wie ein Anker auf dem Grund des Meeres. Als er genug Geld verdient hatte, hatte Herr Schultz sein Haus mit allen möglichen Sicherheitsvorkehrungen ausgestattet, um Fremde von seinem wertvollen Hab und Gut fernzuhalten. Jetzt wollte er noch einmal die Lage überprüfen. Er nahm das Handy, ging wegen des besseren Empfangs vor die Tür und loggte sich in das Programm ein, das seine Überwachungskameras ansteuerte. Er starrte einige Sekunden auf das Telefon. Die Unterkiefermuskulatur verkrampfte sich, so stark biss er die Zähne zusammen. Im Reingehen zog er einen Fünfziger aus der Tasche, drückte ihn der sprachlosen Wirtin in die Hand und drehte mit eingefrorener Miene auf dem Absatz um. Als er den Parkplatz verließ, verhinderte nur die Antischlupfregelung, dass die Reifen nicht durchdrehten.

»Oh Gott … Amelie!«, schnaufte der Landwirt, während er zu uns an die Haustür stürmte. Ein Polizist stellte sich ihm in den Weg.

»Herr Schultz, wir haben Grund zu der Annahme, dass sich Ihre Frau eingeschlossen und sich dann etwas angetan haben könnte. Haben Sie einen Schlüssel?«

»Ja … natürlich …« Er betätigte den Transponder, den er bereits in der Hand gehalten hatte. Der Riegel wurde mit einem Piep freigegeben. Herr Schultz drehte den Knauf mehrmals. Es klickte. Dann schob er die Tür auf. Seit Amelie Schultz' Notruf in der integrierten Leitstelle waren mittlerweile 59 Minuten vergangen. Notarzt Boris ging voraus. Lenny, Moritz, der das Notarzteinsatzfahrzeug fuhr, und ich folgten mit dem Equipment. Herr Schultz drückt auf einer Armatur rechts neben dem Eingang herum. Alle Rollos öffneten sich, Licht ging an. Es roch nach den Rosen, die auf dem Fensterbrett direkt neben dem Eingang standen.

Amelie Schultz lag in ihrem Erbrochenen direkt vor dem Wohnzimmersessel. Die Blätter des Eisenhuts waren erkennbar. Augen und Mund waren halb geöffnet. Wenn wir einem Notfallpatienten in einer derartigen Situation begegnen, denken wir sofort in Algorithmen, in vorgegebenen Abläufen, die komplexe Handlungsstränge vereinfachen. Noch beim Betreten des Wohnzimmers schaltete ich den Defibrillator ein, damit er beim Anlegen betriebsbereit war. Ich packte Amelie Schultz zusammen mit Boris, brachte sie in Rückenlage und riss das dünne hellblaue Hemd auf. Ein Schnitt durch den BH, sodass die Brust freilag. Lenny reichte dem Notarzt den Absauger. Die Pumpe saugte Erbrochenes aus den Atemwegen. Mir stieg ein saurer Geruch aus Urin, Galle, Kartoffeln und Wurst in die Nase. Ich brachte die Klebeelektroden des Defibrillators an, und mein Blick wanderte zum EKG. Seltsam deformierte und breite EKG-Komplexe. Ein Herz, das gerade starb. Boris schüttelte den Kopf. Lenny hing schon über dem Brustkorb und fing mit der Herzdruckmassage an. Mit jedem Mal Drücken kam ein Geräusch aus Amelie Schultz' Mund, als würde sie in kurzen, schnellen Stößen einatmen.

Mit unserer Vorahnung liegen wir meist richtig, wenn wir einen Patienten sehen. Wir wissen, in welche Richtung der Einsatz laufen und welche Chancen der Patient im Verlauf haben wird. Der Notarzt trägt die medizinische Gesamtverantwortung, und irgendwann muss er eine Entscheidung treffen. Jede dieser Entscheidungen verändert das Leben beteiligter Menschen für immer. So wie das von Herrn Schultz.

»Das ist Fingerhut«, sagte Notarzt Boris. »Hat Ihre Frau davon genommen?« Herr Schultz öffnete die Terrassentür, lief in den Garten und kam nach kurzer Zeit zurück.

»Die ganze Staude ist leer.«

»Willst du intubieren?«, sagte ich und sah den Arzt an. Der zögerte.

»Nein. Lass mal.«

»Zugang?«

»Nein.« Boris sah zuerst Lenny an, dann mich, dann Moritz. Wir hielten inne.

»Aber warum nicht?« Herr Schultz hatte alles beobachtet. »Warum nicht? Tun Sie etwas!«

Boris bedeutete mir, die Kopfposition zu übernehmen. Dann erhob er sich und ging zu Herrn Schultz, der zitternd in der Ecke stand. »Kommen Sie«, sagte er und führte ihn am Arm aus dem Zimmer und in die Küche. Kurze Zeit später hörte ich einen lang gezogenen Schrei. Notarzt Boris hatte Amelie Schultz für tot erklärt.

Für uns fühlte sich das plötzlich so an, als würde die Zeit stillstehen. Niemand bewegte sich im Raum. Die Polizisten hielten sich an ihren Schreibblöcken fest. Nur der Kommandant der Feuerwehr hatte davon nichts mitbekommen und kam eine Minute später herein. »Wir fahren«, sagte er schließlich kaum hörbar. Dann drehte er sich um und verließ mit seinen Leuten das Haus.

Herr Schultz stand im Türrahmen und blickte mit eingefrorener Miene auf seine tote Frau. »Wir hätten in zwei Wochen Hochzeitstag gehabt«, flüsterte er. Eine Träne lief ihm die Backe hinunter. In seinen Händen hielt er den roten Slip und wusste, dass er ihr dieses Geschenk nie mehr geben konnte.

Kölsche Lieder

Der Nachtdienst an jenem Dienstagabend in einem Juli der neunziger Jahre begann wie die meisten meiner Nachtdienste. Lenny und ich kamen zum Schichtwechsel, übernahmen die Schlüssel für das Fahrzeug und die Betäubungsmittel und checkten die Geräte. Zu Schichtbeginn ist dies für jeden Retter Pflicht. Es stellt sicher, dass man Fehlfunktionen frühzeitig bemerkt und kein Schaden am Patienten entsteht. Für den eigenen Kopf und das Sicherheitsgefühl ist es von Vorteil, über die medizinische Ausstattung im Rettungswagen genau im Bilde zu sein. Stellen Sie sich vor, Sie fahren zu einer Reanimation und wissen nicht, ob Ihr Sauerstoffbestand ausreicht oder die Akkus in Ihrem Defibrillator vollgeladen sind. Wenn Sie das erst beim Einsatz herausfinden, bedeutet dies russisches Roulette und sorgt für eine Bombenstimmung an der Einsatzstelle.

Zu einem guten Sicherheitsgefühl sollte auch die Rettungsleitstelle beitragen. Benötigt ein Retter einen Notarzt, ruft er die Leitstelle über Funk, und es meldet sich dann ein Disponent, der einem das schickt, was man braucht. Ob Hubschrauber, Krisenintervention oder Polizei – kein Problem. Unsere Leitstelle steckte in den Neunzigern noch in den Kinderschuhen. Alles funktionierte auf analoger Basis. Es gab keine GPS-basierte Fahrzeugortung, bei der die Rettungswagen auf einer Karte als rote, leuchtende Punkte angezeigt werden. Auch existierten keine Statusmeldungen, die man über die Funktastatur abschickte und die dem Disponenten sagten, wo sich der Rettungswagen herumtrieb. Wollte man etwas, kontaktierte man die Rettungsleitstelle schön brav über Sprechfunk und wartete dann darauf, dass der Disponent einen drannahm. Es gab keine

Computer, sondern Klappkarten vom Format eines Wandkalenders, auf denen der Disponent die jeweilige Positionsänderung per Hand vermerkte. Die Einsatzrate war vor zwei Jahrzehnten nicht ansatzweise so hoch, wie sie das heute ist. Als ich im Rettungsdienst angefangen habe, gab es im Monat insgesamt 2500 Einsatznummern – für jeden Einsatz eine. Wenn man ausnahmsweise die 3000 erreichte, jammerten die Retter schon, dass das Arbeitspensum ansteigen würde. Seit damals hat sich die Einsatzrate versechsfacht. Die Auslastung wirkte sich auch auf die Besetzung in der Rettungsleitstelle aus. Tagsüber arbeiteten lediglich zwei Disponenten in dem Großraumbüro und waren für vier Landkreise zuständig. Ab 22 Uhr ging die Einsatzrate in den Landkreisen zurück. Dann saß ein Disponent in der Leitstelle und koordinierte alle Einsätze, die anfielen. Die Notrufnummer war zu der Zeit auch nicht einheitlich. Ein Notruf-Teilnehmer erreichte sie über die 19222. Als es Handys gab, musste vom Mobiltelefon die Vorwahl des Ortsnetzes gewählt werden, in dem man gerade eingebucht war. Nicht ganz einfach, wenn man gerade irgendwo zu Besuch war und sich nicht auskannte.

Doch was passierte, wenn die Notrufleitung ausfiel? Dann gab es in der Hauptwache des jeweiligen Ortes einen Schalter, mit dem man veranlassen konnte, dass die Notrufe der Vorwahl des eigenen Landkreises direkt in der Wache aufliefen. Die Voraussetzung dafür war aber, dass einem auffiel, dass mit der Leitung etwas nicht stimmte. Hört sich kompliziert an? War es auch.

Es dämmerte, und die Geräusche der Straße verstummten allmählich. Ein paar Menschen waren unterwegs und suchten das Abenteuer – und wir gurkten mit unserem Rettungswagen in ein nahe gelegenes Altenheim. Eine Dame hatte sich beim Sturz aus dem Rollstuhl eine Weichteilverletzung an der rechten Hand zugezogen. Wir benötigten daher ein spezielles Haus mit Handchirurgie.

»Leitstelle vom RTW 1/83/1.« Keine Antwort. Ich wiederholte meine Anfrage. Der Disponent meldete sich erst nach einigen Minuten.

»1/83/1, bitte … kommen Se.«

»Weiblich, 71 Jahre, Handverletzung. Wir brauchen ein Haus mit Handchirurgie«, erklärte ich.

»1/83/1 – vschtandn. Isch kukke.« Der Disponent, den ich nur unter dem Namen Hans kannte und den alle aufgrund seiner Herkunft nur den »Kölner« nannten, schien bestens gelaunt und ließ dieser Laune auch freien Lauf.

»83/1?«

»Hört.«

»Fahrt ins Phantasialand, Phantasialand, ins Phantaaaa-siaaaaland.« Hans sang die Worte mit einer schrägen Melodie.

»Ist der auf Drogen? Mann, was soll denn das …« Lenny schüttelte den Kopf.

»Und die Hand soll der Dorfsheriff versorgen, oder was?«, blaffte ich in den Hörer und ließ die Funktaste wieder los.

»Fahren Se ins Phala… Plu… Aqualand. Ins Alu, mein' isch.«

»Also nach Großhadern, richtig?«

»Rischtisch.«

Na also. Das war eine Aussage. Das Krankenhaus kannte man nur unter dem Namen »Alu«, weil es aussieht wie ein überdimensionaler Aluminium-Kasten. Als wir die Patientin übergaben, fragte uns der Aufnahmearzt, ob mit dem »Herrn in der Leitstelle« alles in Ordnung sei. Offenbar war das Gespräch zur Anmeldung ähnlich abgelaufen wie das, das wir über Funk erlebt hatten. Der Arzt hatte sein Krankenhaus aufgrund der vielen Patienten, die bereits in der Notaufnahme waren, längst abgemeldet. Das hatte er dem Kölner auch gesagt, der dies jedoch geflissentlich übergangen hatte. Ich schüttelte nur den Kopf und machte mich mit Lenny auf den Heimweg.

An der Landkreisgrenze funkte ich die Leitstelle wieder an.

Keine Antwort.

»Leitstelle von 1/83/1.« Erneut keine Antwort. Mittlerweile hingen noch andere Rettungswagen in der Warteschleife und versuchten, die Rettungsleitstelle zu kontaktieren – ohne Erfolg, genau wie wir.

Zehn weitere Minuten später: Eine Rettungswagen-Besatzung wollte einen Notarzt zur Schmerzbekämpfung nachfordern. Keine Antwort. Da wird doch nichts passiert sein, dachte ich. In einem Schnellrestaurant, in dem wir uns einen Kaffee geholt hatten, bat ich darum, telefonieren zu dürfen. Damals gab es noch keine Mobiltelefone oder ähnliche fortschrittliche Gimmicks. Ich wählte die Nummer und hörte ein Freizeichen. Aber niemand hob ab. Allmählich machte sich ein mulmiges Gefühl in mir breit. »Wir sind doch in der Nähe. Vielleicht sollten wir mal vorbeischauen. Was meinst du?«, fragte Lenny, startete den Motor und fuhr Richtung Rettungsleitstelle, ohne meine Antwort abzuwarten. Als wir vor dem Gebäude, in dem die Rettungsleitstelle im ersten Stock untergebracht war, ankamen, war die Leitstelle hell erleuchtet. Normalerweise konnte man die Disponenten von der Straße aus sehen. An diesem Tag waren aber nur die Neonleuchten zu erkennen. In dem Gebäude war zusätzlich eine Rettungswache untergebracht, deren Eingang sich direkt gegenüber der Rettungsleitstelle befand. Wir klingelten dort. Die Kollegen schienen überrascht.

»Na so was«, sagte einer der beiden, den ich unter dem Namen Thorsten kannte. »Was verschafft uns die Ehre?«

»Wir versuchen seit beinahe einer halben Stunde, den Kölner zu erreichen. Und mit uns noch einige andere RTWs. Er antwortet aber nicht.«

»Der wird wohl auf dem Klo sein. Sei halt nicht so ungeduldig.«

»Bin ich nicht. Aber er reagiert auch nicht auf Anrufe über die Notrufleitung.«

»Oh … das ist schlecht.«

Gut erkannt, dachte ich und ärgerte mich über die flapsige Reaktion des Kollegen.

»Deswegen ist es so ruhig …«, sagte dieser und drehte sich um, um seinen Kollegen zu holen.

Wir gingen zur breiten Stahltür, die durch Panzerglas gesichert war, damit niemand in die Leitstelle eindringen und Unsinn anstellen konnte. Durch den Glasstreifen sahen wir den Rand des Tisches, an dem Hans sitzen sollte. Der Tisch war leer. Der schwarze Bürostuhl stand zwei Schritte vor dem Tisch. Lenny sah es zuerst und stockte. Schien den Atem anzuhalten und verlor an Gesichtsfarbe, als könne er nicht glauben, was er dort sah. Ich drängte ihn zur Seite und schob meinen Kopf an die Scheibe. Scheiße – da lag eine Hand, direkt hinter dem Bürostuhl. Sie bewegte sich nicht. Und die Hand gehörte Hans, dem Kölner. Ich zog am Knauf, konnte die Tür aber nicht öffnen. Dann drehte ich mich zu Thorsten um. »Wie kommen wir da rein?«

»Nur mit einem Schlüssel, den leider niemand hat. Zumindest weiß ich nicht, wo der sein soll.«

»Wir müssen Hilfe holen«, schaltete Lenny sich ein.

»Klar – ich kann mal eben die Leitstelle anfunken.« Sarkasmus war schon immer eine meiner Stärken.

»Ich versuche, die Tür aufzustoßen.« Lenny trat einige Schritte zurück, lief los und prallte an der Tür ab wie eine Gurke, die man gegen eine Kühlschranktür wirft.

»Ich wollte dich gerade noch warnen, dass es eine Sicherheitstür ist …« Thorsten half Lenny auf. Nicht nur die Tür war aus Hochsicherheitsmaterial, auch die Fensterscheiben waren aus Panzerglas. Es war also nicht möglich, einfach so in die Leitstelle einzudringen. Die Situation war brenzlig. Hans lag offenbar bewusstlos in einem Büro, das man nicht betreten konnte, und der Rettungsdienst-Notruf war seit mindestens 45 Minuten nicht mehr erreichbar. Einen kurzen Moment blitzte vor meinem geistigen Auge die Situation auf, dass ein Mann seine Frau findet, die nicht mehr atmet, und versucht, Hilfe zu holen. Er wählt die Notrufnummer und erreicht – niemanden. Und Hans erst … Wir mussten zusehen, dass wir die Tür aufbekamen. Lenny ging zu unserem Rettungswagen und holte unser Equipment, damit wir Hans sofort versorgen konnten.

»Wo ist euer Telefon?«, fragte ich.

»Gerade durch, dann rechts im Wachraum«, antwortete Thorsten.

Ich packte den Hörer und wählte die 110.

»Polizei-Notruf?«

»Christian Strzoda vom Rettungsdienst. Wir haben einen Notfall direkt in der Rettungsleitstelle und brauchen die Kollegen der Feuerwehr.«

»Was für ein Notfall?«

»Der Disponent scheint bewusstlos zu sein. Wir stehen vor der Panzertür und kommen nicht rein.«

»Oh Scheiße …« So eine Reaktion hatte ich von einem Polizisten bis dato noch nicht gehört. Er hatte den Ernst der Lage offenbar sofort erkannt.

»Ich alarmiere die Feuerwehr und schicke eine Streife raus.« Die Polizei war damals für die Alarmierung der Feuerwehr zuständig, bis man den Notruf einheitlich auf die 112 umstellte. Der Polizist sagte noch, dass er die Leitstellenleitung benachrichtigen werde. Wir hatten Glück. Der Leitstellenleiter Wilhelm wohnte nicht weit weg und war zu Hause. Er traf noch vor der Feuerwehr ein und flog die Stufen in den ersten Stock hinauf. Die Schritte hallten wie Gewehrfeuer im ganzen Treppenhaus. Er ließ seinen Schlüsselbund vor Nervosität einige Male auf den Boden fallen. Endlich klappte es, er drehte den Schlüssel und öffnete die Tür. Wir drückten sie energisch auf, sodass sie gegen die Wand stieß und eine hässliche Marke hinterließ. Hans lag auf der Seite. Er atmete ruhig und gleichmäßig. Aus seinem Mund floss Speichel seitlich heraus. Ich setzte einen Schmerzreiz, indem ich an den Haaren an Hans' Schläfe zog, woraufhin er ein tiefes »Mhhhmhmmm« von sich gab. Das war schon mal gut. Blutdruck: normal. Auch die Herzfrequenz schien in Ordnung. Pupillenreaktion: prompt und seitengleich. Aber was war los? Lenny punktierte eine Vene. Blut floss in die Kammer zurück, als Lenny den Stahlmandrin zurückzog. Der Zugang lag. Ich nahm den Mandrin und gab einen Tropfen Blut in unser Blutzuckermessgerät. Und traute meinen Augen nicht. Auf dem Display erschienen die beiden Buchstaben »lo«, was sich vom englischen Wort »low« ableitet und so viel heißt, wie »nach unten nicht messbar«. Der Kölner hatte einen fulminanten Unterzucker. Unser damaliges Blutzuckermessgerät hatte einen Messbereich von 25 bis 500 Milligramm pro Deziliter. Hans musste folglich darunter liegen.

Einige Ampullen Glukose später.

»Wat macht ihr denn hier?«

»Überraschung … «, sagte ich. »Du hast uns einen ganz schönen Schrecken eingejagt.« Er guckte mich an und versuchte zu begreifen, warum auf einmal so viele Menschen in der Leitstelle standen. Denn mittlerweile waren Feuerwehr, Polizei und ein weiterer Disponent da, der den Dienst für Hans übernommen hatte. »Du hattest einen Unterzucker. Niemand wusste, dass du Diabetiker bist«, erklärte ich. Er schüttelte den Kopf und starrte zu Boden.

Seit sich die Sache mit dem Kölner ereignet hat, saßen die Disponenten in dieser Rettungsleitstelle immer zu zweit am Funktisch. Früher oder später wäre das ohnehin passiert. Denn die Einsatzzahlen stiegen Ende der neunziger Jahre so stark an, dass ein Disponent dem Aufkommen nachts nicht mehr gewachsen war. Schließlich müssen Disponenten nicht nur die Notrufe entgegennehmen, sondern die Fahrzeuge koordinieren und bei

Krankenhäusern Notfallpatienten voranmelden. 2002 wurde die Rettungsleitstelle dann eine sogenannte integrierte Leitstelle. Die Notrufnummer war ab dem Zeitpunkt einheitlich 112 und von jedem Telefon ohne Vorwahl erreichbar. Mit dieser Umstellung kam die Koordinierung von Feuerwehreinsätzen dazu. Ab dem Zeitpunkt musste man nicht mehr die Polizei rufen, wenn die eigene Hütte in Flammen stand. Dem Kölner war das alles egal. Kurze Zeit nach seinem Zusammenbruch verließ er die Leitstelle und eröffnete ein eigenes Unternehmen für nicht qualifizierte Krankentransporte.

Letzte Nachricht

Das Handy war komplettes Neuland für Mara. Nach der Vertragsverlängerung gab's endlich mehr Datenvolumen und ein iPhone mit überdimensionalem Display. Sie hatte sich eine pastellgrüne Schutzhülle dazu ausgesucht, die mit kalligrafischen Designelementen verziert war. Android hatte ausgedient. Mehr Fotos, mehr Leben, mehr Interaktion mit ihren Freunden, die sie so liebte. Maras langes brünettes Haar und der weiche, glatte Teint hatten schon so manchem Y-Chromosom-Träger den Kopf verdreht. Aber sie konnte Jungs nicht viel abgewinnen und hatte nur Augen für Elena. Jetzt noch schnell ein Selfie mit der Kamera, das mit diesem Handy schon beinahe professionell aussah, und ab damit auf Instagram. Ab und zu schimpfte ihre Mutter, sie solle das Handy doch mal eine Weile weglegen und in die Natur gehen. In die Natur ging sie – aber das Handy war immer ihr Begleiter. Plim Plim. Elenas Name leuchtete am Display auf.

[15:22 Elena:] wo bist du? wir warten schon. Haben auch schon nen film und eis geholt

[15:22 Mara:] bin grad erst los. Hatte noch stress zu hause

[15:23 Elena:] oje. Lina ist schon da und freut sich auch auf dich ;)

[15:30 Mara:] kommeeeeee ;)

[15:31 Elena:] beeeeeeeil dich!!!!!!! Ich halts nicht mehr aaaaus!

[15:35 Mara:] bin am fahren. kann schlecht schreiben

[15:35 Mara:] :******

[15:45 Elena:] ♥

[15:46 Elena:] luv yuuuuu

[15:46 Elena:] ♥♥♥♥♥

Erst kurz zuvor war ihre Mutter ausgeflippt. Das Handy hatte am Esstisch gestört. Mara hatte es weglegen und ihrer siebenjährigen Schwester ein Vorbild sein sollen. Diese hatte das Thema Social Media und den ganzen Hype noch längst nicht verstanden. Es waren aber so viele Nachrichten eingetrudelt, denen Mara nicht hatte widerstehen können. Vor allem, wenn Elenas Name am Display erschien, hatte das Telefon Priorität. Die Mutter hatte schließlich mit der Faust auf den Tisch geschlagen, dass die Teller schepperten und die dunkle Soße auf das weiße Tischtuch spritzte. »Seitdem dein Vater tot ist, lebst du nur noch in der virtuellen Realität«, hatte sie geschrien. Maras Schwester hatte geweint. Mara sollte dem richtigen Leben endlich den Vorrang geben. »Das stimmt nicht. Du hast doch keine Ahnung«, hatte Mara gerufen, ihr Handy gepackt und das Haus verlassen.

Sie dachte an den Streit und an das, was ihre Mutter ihr entgegengeschleudert hatte. Ihr Puls ging nach oben. Sie ließ den Ort mit ihrem braunen, rostigen Polo hinter sich. Schwüle Außentemperaturen kündigten Regen an. Hatte sie die letzte Ampel noch bei Gelb überfahren oder bei Rot? Immer wieder der Ton. Plim plim. Vielleicht ihre Mutter. Der würde sie aber sicher nicht antworten. Pausenlos dieser Streit. So sinnlos. Seit Papa den Herzinfarkt gehabt hatte, war die Mutter so verändert. Sie wollte Mara ständig kontrollieren. Sie hatte sich für ihr seit Kurzem volljähriges Leben aber längst etwas anderes ausgedacht. Plim plim. Elena. Ein Herz auf dem Display und etwas Text. Und noch ein paar Herzen. Wenn sie aus dem Ort raus war, wollte sie die Antwort abschicken. Das Lenkrad in der linken und das Handy in der rechten Hand tippte sie die Nachricht und beschleunigte. Augen auf die Straße, dann wieder auf das Display, noch schnell ein paar Zeichen eingegeben. Sie sah von ihrem Telefon auf und hatte den Beginn der lang gezogenen Linkskurve bereits übersehen.

Als die Melder gingen, las ich die Einsatzmeldung auf dem Bildschirm der Datenbox und erschauerte. »R6010 Trauma – vitale Bedrohung – Person schwer verletzt – RD2. Lt Mitteiler eingeklemmt. Pol/FW.« Lenny zog die Tür des Rettungswagens zu und schwieg. Er steuerte in den Ort hinein, den wir komplett durchfahren mussten. Die Leichen verschiedener zerplatzter Insekten verschmierten die Frontscheibe. Von überall her hörten wir die Einsatzhörner von Feuerwehr und Polizei, die das gleiche Ziel hatten wie wir. Einzelne Regentropfen schlugen auf die Scheibe. Ein kurzer Schauer, der nichts als weitere Schwüle bringen würde. Der grüne Apfel, den ich hatte essen wollen, blieb auf der Konsole liegen. Wir passierten die Straße in Richtung Ortsausgang. Ein Stau. Menschen standen neben ihren Autos und versuchten, einen Blick auf den Unfall zu erhaschen. Manche hielten ihre Handys am Ohr und telefonierten mit irgendwem. Sie kamen vermutlich alle zu spät – wohin auch immer. Eine Umfahrung gab es in diesem Bereich nicht. Man konnte nur wenden. Einigen schien das Horn wie ein Messer in die Gehörgänge zu stechen. Sie verzerrten ihre Gesichter, als wir vorbeirollten. Lenny stoppte an der Stelle, an der das Auto in den Baum eingeschlagen war. Als ich die Tür öffnete, roch es nach Regen, der auf dem Asphalt verdampft war. Lenny nahm das Handfunkgerät und machte sich auf den Weg, um die komplette Einsatzstelle zu sichten. Die Leitstelle musste schnellstmöglich wissen, ob weitere Einsatzkräfte nötig waren. Die Stimmung erdrückte mich. Es war so, als befänden wir uns unter einer Glaskuppel, abgeschottet von allen äußeren Einflüssen. Die Gesichter der Menschen, die wie gelähmt herumstanden, sahen aus wie gefrorene Masken. Ein älterer Mann stand mit aufgerissenen Augen da und hatte die Hände in den Nacken gestützt. Eine Frau Anfang 20 war nur mit einem Bein aus ihrem Auto ausgestiegen, als wagte sie den nächsten Schritt nicht. Die linke Hand klammerte sich an die offene Fahrertür, die rechte presste sie auf ihren Mund. Ich nahm Rucksack und EKG aus dem Wagen und bewegte mich Schritt für Schritt auf das blaue Wrack zu, bei dem nicht mehr zu erkennen war, um welche Marke es sich handelte. Reifen hatten ein seltsames Muster auf den Asphalt gezeichnet, das wie ein Kunstwerk aus monochromer Pastellkreide wirkte. Überall Plastikteile und Scherben. Sie ließen die Einsatzstelle wie ein Schlachtfeld aussehen. Mara hatte das Lenkrad offenbar im Reflex nach links gerissen, als sie rechts von der Straße abkam. Sie hatte übersteuert, gegengelenkt. In diesem Moment war ihr ein schwarzer Golf entgegengekommen, dessen Fahrer keine Chance hatte. Die beiden waren zusammengestoßen. Der Golf war im Graben liegen geblieben. Der Schlag hatte Mara zurückkatapultiert. Sie war gegen eine Eiche am rechten Fahrbahnrand geprallt. Die A-Säule war auf der Fahrerseite eingerissen, das Dach eingedrückt, das Chassis zerknüllt wie Aluminiumfolie. Das, was vom Auto übrig war, hatte sich auf befremdliche Weise mit dem Baum verschmolzen. Maras Kopf lehnte am Lenkrad, Blut rann ihr seitlich am Gesicht und aus dem Mundwinkel herunter. Bernsteinfarbene, aufgerissene Augen blickten in meine Richtung und bewegten sich nicht. Außer an ihren linken Arm kam ich von keiner Seite an sie heran. Die Schulter war seltsam deformiert. Blech und Plastikteile schienen physisch mit Maras Unterleib verbunden. Es war unmöglich, sie aus dem Fahrzeug herauszuziehen. Ein tiefer Schnitt hatte den Bizeps des anderen Armes durchtrennt. Knochen standen heraus. Ein Metallteil ragte aus Maras rechter Brustseite. Überall klebten Blut und Reste menschlichen Gewebes.

»Kannst du mich verstehen?« Ich berührte sie.

»Eli.« Mara verzog das Gesicht. Mein Hirn puzzelte mir ein gesichtsloses Mädchen zusammen, das durch den Türspalt einer Eingangstür spähte und auf jemanden wartete, der nicht kommen würde.

»Du bekommst Schmerzmittel, sobald es geht.« Ich tastete ihren Puls, der sich zwar schwach, aber ansonsten schnell und regelmäßig anfühlte. Der Blutdruck machte mir Sorgen. 70 zu 50. Natürlich war der bei jungen Mädchen oft niedriger. Aber die Kombination aus der Pulsfrequenz, dem Druck und dem Unfallmechanismus wiesen auf einen beginnenden Schock hin. Der Feuerwehr-Kommandant tauchte mit dem Funkgerät in der Hand neben mir auf. Seine Leute holten schweres Gerät aus den Fahrzeugen.

»Wie machen wir's?«

»Auf jeden Fall schnell«, antwortete ich und deutete auf das mittlerweile angeschlossene EKG. Lenny kam dazu.

»Der drüben ist mittelschwer verletzt. War nur einer im Auto.«

»Für sie brauchen wir einen Schockraum, der nicht allzu weit weg sein sollte.«

»Mach ich.« Lenny lief einige Schritte in Richtung Straße. Ich sah aus dem Augenwinkel, dass unser Notarzteinsatzfahrzeug gleichzeitig mit einem zweiten Rettungswagen eintraf. Sie hielten hintereinander. Lenny erklärte dem Beifahrer des RTW, er solle sich mit seinem Kollegen um den Fahrer des Golfs kümmern. Notarzt Boris schickte er mit Notfallsanitäterin Denise zu mir.

»Hallo, Christian. Was ist Phase?« Boris' Blick klebte an der eingeklemmten Mara.

»Wir müssen schleunigst hier raus. Die Feuerwehr hat schon Order. Der Druck geht ganz schön runter. Ein venöser Zugang geht nicht. Sie ist zentralisiert und reagiert nicht mehr.«

»Mist. Das EKG …«, sagte Lenny, der auf einmal wieder hinter mir stand. »Die Leitstelle weiß Bescheid. Der Schockraum steht.«

»Wann fangt ihr mit der Bergung an? Es brennt.« Boris sah zum Kommandanten. Die Herzfrequenz war auf 25 Schläge pro

Minute abgefallen. Zu wenig, um zu leben. Das EKG-Gerät mit dem eingebauten Blutdruckmodul meldete einen Fehler. Der Druck war in einem gefährlichen und für das Messgerät nicht mehr erfassbaren Bereich angekommen.

»Wir haben gerade noch ein Problem«, sagte der Kommandant. »Es sollte aber gleich gelöst sein.« Seine Feuerwehrler liefen wie Ameisen um das Auto. Die Hydraulikgeräte der Feuerwehr surrten und knarzten, aber das Fahrzeug war so unglücklich gegen den Baum geprallt, dass es wie mit dem Stamm verwachsen zu sein schien. Zwei der Feuerwehrler hatten eine Seilwinde an der Karosse befestigt. Diese sollte das Wrack lösen. Minuten später war es so weit.

»Okay, Leute, geht mal zurück. Wir ziehen das Auto jetzt vom Baum weg.« Wir traten einige Schritte nach hinten. Der Kommandant gab seinen Leuten ein Signal. Die Winde setzte sich in Bewegung. Mit der Geschwindigkeit eines tickenden Sekundenzeigers bog sich das Metall auseinander und trennte sich von dem Holzstamm.

Es war zu spät. Als wir Mara befreiten, hatte sie längst aufgehört zu leben. Sie glitt durch meine Hände hindurch zu Boden. Kurz darauf tauchte ein dicker, graubärtiger Polizist neben mir auf. Er hielt mir das pastellgrüne iPhone vor das Gesicht, schüttelte den Kopf und sagte nichts. Das Telefon war entsperrt, WhatsApp geöffnet. Es ermöglichte mir einen Blick in eine technisierte Welt, der ich längst selbst zum Opfer gefallen war. Erreichbar zu sein und jede Nachricht sofort zu beantworten hing wie ein Fluch über allem und schien trotzdem das Wichtigste im Leben der meisten Menschen. Wie war die Welt bloß vor Zuckerberg gewesen? Kein Plim Plim, keine herumtaumelnden Mobiltelefonierer. Nur die Stille, die für das Leben substanziell ist.

Ich erschrak. Lenny tippte mir von hinten auf die Schulter. »Ich habe den Schockraum wieder abbestellt. Wir sollten jetzt fahren«, sagte er. Ich nickte. Dann stiegen wir in den Wagen und verließen die Einsatzstelle. Regentropfen unterschiedlicher Größe und Form schlugen auf die Scheibe und verliefen zu einem schlierigen Netz aus Wasser, bis Lenny die Scheibenwischer anschaltete. Da lag er noch, der grüne, saftige Apfel, auf den ich mich kurz vor dem Einsatz gefreut hatte. Ich biss hinein, traf auf einige Kerne, die ich hinunterschluckte, und dachte an das Märchen meiner Großeltern, dass im Bauch ein Apfelbaum wachsen würde.

Lungenwürmer

Die Katze macht mir Sorgen seit ein paar Tagen. Sie ist anders als sonst. Spielt nicht, schläft mehr als gewöhnlich. Und hustet. Vorhin hat sie ein paarmal gehustet. Ungewöhnlich, dass Katzen husten. Hunde eher. Katzen stecken Krankheiten ohnehin besser weg als die meisten Lebewesen. Sie nehmen sie in sich auf und vernichten sie. Auch Krankheiten anderer Lebewesen. Dazu gibt es etliche Überlieferungen. Ist quasi bewiesen. Aber meine Katze hatte gar keinen Kontakt zu anderen Lebewesen. Ich lasse sie schon lange nicht mehr raus. Früher, als es noch sicher war, da ist mein Stubentiger durch die Katzenklappe ein und aus gegangen, wie er wollte. Jetzt, seit sie unter uns sind, kann ich das nicht mehr riskieren. Hat sie sich vielleicht bei ihnen angesteckt? Das wäre nicht gut, wäregarnichtgut … und auch all die anderen Gefahren. Es ist einfach nicht mehr wie früher. Es ist nicht sicher. Sie hustet wieder. Ein trockener, verzweifelter Husten. Und ihr Blick! Sie starrt mich an. Vorwurfsvoll flehend. Sie fordert mich auf, endlich etwas zu tun, ihr zu helfen. Sie wird ersticken! Was soll ich machen? Ich muss sie retten, retten, Rettung rufen, den Rettungsdienst rufen …

»RTW 1/83/1 für Leitstelle?« Die Stimme des Disponenten hörte man bis an die Theke des Bäckers.

»Warten Sie mal«, winkte ich ab, »das wird wieder nichts.« Die Verkäuferin hielt inne und ließ die Brötchenzange zurücksinken. Ich drehte mich um, ging zur Fahrerseite und nahm den Hörer.

»Sprechen Sie.«

»Novastraße 16, der Name ist Ranja Roth – unklar erkrankt.«

»Haben Sie Genaueres?«

»Nein. Irgendwer hat Würmer. Könnte auch eine Angststörung sein oder etwas Psychiatrisches. Sehen Sie sich das Ganze einmal an.«

»Uns bleibt eh nichts anderes übrig.« Ich winkte Lenny, der gerade aus der Toilette der Bäckerei kam und einen Blick aufsetzte, der so viel hieß, wie »wieder kein Frühstück für Lenny«.

»Hallo, hierher.« Die schlanke, aufgebrachte Dame Mitte 40 trug ein Diamantcollier, das mit ihrer roten, transparenten Bluse sehr edel aussah. Vermutlich hatten wir es hier mit Ranja Roth zu tun. Durch die verlaufene Wimperntusche und die zerstörte Frisur wirkte sie jedoch eher so, als würde sie sich an der Essensausgabe der Bahnhofsmission versorgen als in teure Restaurants gehen. Die Wohnung war offenbar tagelang nicht mehr gelüftet worden, und der Mief vermischte sich mit einem deutlichen Hauch Katzenklo. Nicht so unangenehm wie in den meisten Fixerbuden, doch der warm-süßsäuerliche Geruch weckte den Wunsch in mir, zur Wache zurückzufahren und mich auf mein Sofa zu setzen.

»Die Patientin liegt hier hinten in ihrem Zimmer.« Sofort dachte ich, dass die ältere, demente Mutter der Dame im hinterletzten Eck der Wohnung gestürzt war und sich Verletzungen zugezogen hatte. Oder das erziehungsresistente Kind hatte sich mit einem schweren Gegenstand ein Stück Haut aus dem Kopf gehobelt.

»Sie hustet seit gestern Abend. In der letzten Stunde wurde der Husten monumental, exorbitant.« Abgefahrene Wortwahl, dachte ich noch. Kaum hatte ich diesen Gedanken abgehakt, ging es richtig los.

»Ich denke, sie hat sich angesteckt. Sie haben sicher durch Ihren internen Nachrichteninformationsdienst von der Lungenwürmerpandemie erfahren, und bestimmt gibt es schon ein Protokoll für den Ernstfall. Ich habe lange überlegt, ob ich die Symptome meiner Katze melde, da ich nicht ertragen könnte, sie an irgendein geheimes Labor zu verlieren. Ich habe auch daran gedacht, sie einfach zu töten. Aber das habe ich nicht übers Herz gebracht.«

Mit einem ungläubigen Gesichtsausdruck stand ich vor einem Zimmer, das bis obenhin mit Kratzbäumen, Sofakissen und Katzenspielzeug vollgestopft war. In einer Ecke lag zusammengekauert eine weiße Perserkatze mit struppigem Fell, die an einen Flokati erinnerte.

»Eckch.« Der Flokati hustete.

»Sie sehen es selbst. Die Lage ist ernst, vermutlich Lungenwümer.«

»Pffhhh.« Lenny konnte sich kaum beherrschen.

»*Sie* bringen einfach alle möglichen Krankheiten ein. Aber wem erzähle ich das, Sie sind ja an der Front. Das macht einem Angst, und wenn dann die eigenen Liebsten betroffen sind, nimmt die Bedrohung eine völlig neue Dimension an.« Ihre Sprechgeschwindigkeit erhöhte sich mit jedem Satz. Ranja Roth sprach ohne Pause oder Veränderung der Tonlage. Man musste sich anstrengen, ihr zu folgen. Während Lenny damit kämpfte, nicht loszuprusten, war mir bereits völlig klar, wohin die Reise gehen musste.

»Haben Sie noch Impfstoff?«, fuhr sie fort, »Und wurde inzwischen ein potentes Mittel gegen die Auswüchse dieser Bedrohung entwickelt, ja – wahrscheinlich schon, abersiehabensicherAnweisungdasnichtherauszugeben … nicht herauszugeben … an uns nicht herauszugeben.«

»Lungenwümer?«, brach es aus Lenny hervor, »die fressen sich dann von der Lunge ins Gehirn oder wie … pfff …« Ich strafte Lenny mit meinem Blick von der Seite. Psychotiker nehmen ihre Umwelt verändert wahr. Das bedeutet aber nicht, dass sie nicht merken, wenn sie verarscht werden. Türrahmen mit Alufolie abzukleben oder Hüte aus Rettungsdecken zu basteln kann einem durchaus nötige Zeit verschaffen und die Lage beruhigen. Wenn die Maßnahme allerdings vom Dauergekicher des Kollegen begleitet ist, kann das Ganze in Sekundenschnelle kippen. Und tatsächlich warf sich die schlanke Gestalt mit angstverzerrten Augen hinter den gläsernen Wohnzimmertisch. »IHR KOLLABORIERT! IHR KOLLABORIERT! IchhabesbefürchtetdieRegierungderStaatderRettungsdienst ... ALLE! Alle stecken mit drin!«

Ich erinnerte mich an ein Gespräch mit einer befreundeten Psychologin über den Umgang mit psychotischem Wahn, und wie man das Denken des Patienten auf die Großhirnrinde lenken kann. In diesem Bereich des Gehirns sitzt die Logik. Entfernt sich das Denken des Patienten von der Großhirnrinde in Richtung Kleinhirn oder Hirnstamm, rutscht der Patient kognitiv in den Überlebensmodus und ist nicht mehr erreichbar. Man muss ihn auf die Großhirnrinde zurückholen. Vom Reagieren ins logische Denken. Am einfachsten gelingt das durch einen Dialog – gleichgültig, welchen. Für diesen aktiviert das Hirn nämlich ebendiesen Bereich.

»Lungenwürmer siedeln sich aber doch eher in Equiden an«, bluffte ich. »Lassen Sie mich Ihre Katze mal abhören. Wann hat sie denn das letzte Mal gegessen?« Wie in einem Comic blickte sie von unten über die gläserne Tischkante. Auch ich musste nun gezielt meine Gesichtsmuskeln ansteuern, um nicht vor Lachen zu explodieren.

»Gegessen hat sie normal. Heute morgen.« Die Sprechgeschwindigkeit normalisierte sich.

»Trocken- oder Nassfutter?« Lenny sah mich von der Seite an. Er verstand, worauf ich hinauswollte, und machte sich auf zum Auto, um die Dame in der Psychiatrie anzumelden.

»Sie hasst Trockenfutter, aber von Nassfutter wird sie so fett.« Ich verwickelte die Patientin in einen Dialog über die Vor- und Nachteile der verschiedenen Futtersorten und -marken und traf genau ins Ziel.

»Wie geht es Ihnen damit?«, fragte ich.

»Was meinen Sie?«

»Wenn das Haustier krank ist, kann einen das ganz schön mitnehmen. Sie wirken ziemlich gestresst. Haben Sie mal daran gedacht, sich Hilfe zu holen?« Ihr Gesicht klarte auf und verfinsterte sich im selben Moment.

»Ja. Schon oft. Manchmal glaube ich auch, irgendwas stimmt nicht mit meinem Kopf …« Eine teilweise Krankheitseinsicht ist nichts Ungewöhnliches bei einer psychotischen Erkrankung. Jetzt bloß nichts überstürzen.

»Aber was soll denn meine Miss Sophie ohne mich machen?«, jammerte sie und verzog das Gesicht. Im Augenwinkel bildete Tränenflüssigkeit einen winzigen See.

»Haben Sie Verwandte in der Nähe?«

»Eine Schwester. Sie hat einen Schlüssel zu meiner Wohnung.«

»Was halten Sie davon, wenn Ihre Schwester Miss Sophie so lange betreut, bis Sie wieder zurück sind?« Ranja Roth griff wortlos zu ihrem Telefon, als wäre es die selbstverständlichste Sache der Welt, und wählte die Kurzwahl 1. Irgendwer nahm auf der anderen Seite ab.

»Ja … ich bin's. Ich muss für eine Weile weg. Kannst du so lange auf Miss Sophie aufpassen?« Aus dem Lautsprecher drang eine helle Stimme.

»Okay, danke. Ich werde dann schon weg sein.« Ranja Roth drückte den roten Knopf und legte das Telefon beiseite. Danach stand sie auf und ging ins Schlafzimmer. Ihr schwarzer Burlington-Rucksack war offenbar bereits fertig gepackt. Sie zog den Reißverschluss zu, ging zur Haustür und drückte die Klinke nach unten. »Ich bin bereit. Wir können gehen.« Dann warf sie sich den Rucksack über die Schulter und machte sich auf ihre lange, beschwerliche Reise.

Mitten drin, statt nur dabei

Der Mensch will gucken, wenn etwas passiert. Das liegt in seiner Natur. Er ist ein soziales Wesen und muss informiert sein, um wiederum andere Individuen aus seiner sozialen Gruppe informieren zu können. So sichert er sich ein gewisses Ansehen und trägt zur inneren Sicherheit der Gruppe bei. So weit die sozialpsychologische Perspektive.

Der kleine Misanthrop in mir, welcher bei solchen Gelegenheiten gern mal zum Vorschein kommt, verflucht diese followersüchtigen, klickgeilen Insta-Affen, die glotzen, was das Zeug hält. Die ihre Handys schwingen und in tragischen Rettungsszenarien mitten im Weg stehen und meine Arbeit behindern. So auch an diesem Tag, als Pjotrek das Stahlgerüst abbauen wollte. Der Gehilfe hatte mit seiner Truppe zehn Stockwerke eines Hochhauses mit einem Gerüst versorgt, damit Maler dem Gebäude einen neuen Anstrich verleihen konnten.

Pjotrek war Monate zuvor aus Polen hierhergekommen. In Warschau hatte es für ihn nur Arbeitslosigkeit gegeben. Sein Freund Jacek hatte seinen Chef in Deutschland gefragt. »Tüchtige Arbeiter kann man immer brauchen«, hatte der Chef gesagt und Pjotrek geholt. Der Stundenlohn war nicht üppig, aber so hoch, dass er davon überleben konnte. »Du hast aber Probezeit. Währenddessen kann ich dich leider offiziell nicht anmelden«, hatte der Chef erklärt. Pjotrek hatte keinen Schimmer, was das bedeutete, und ihm war das auch egal. Mit deutschem Steuer- und Arbeitsrecht kannte er sich sowieso nicht aus. Er wollte nur arbeiten und dafür Geld erhalten.

Die Truppe aus zehn Mann bestand überwiegend aus Polen und war an diesem Freitag in Gedanken schon zu Hause bei

Familie und Freunden. Die Stimmung auf der Baustelle war ausgelassen, alle kannten sich gut und mochten sich. Aber sie mussten auch noch klar Schiff machen, bevor es heimging. Das Gerüst musste weg, denn so stand es im Vertrag. Pjotrek begab sich auf den Weg. Das Hochhaus hatte zehn Stockwerke, die bis in 30 Meter Höhe ragten.

»Hast du deinen Sicherungsgurt dabei?«, fragte der Chef.

»Kurwa. Hab ich obän gelassän«, gab Pjotrek zurück und grinste. Der Chef schüttelte den Kopf.

»Pass ja auf und leg das Ding oben an.« Der Chef drohte mit erhobenem Zeigefinger und wandte sich ab. Niemand wusste so gut wie er, dass Routine und Leichtsinn in einem Job wie diesem zum größten Feind werden können. Er lief in Richtung seines Büros, das aus einem Bauwagen bestand. Bevor er die Tür öffnete, blickte er nach rechts. Da lag sie. Die Absturzsicherung, von der Pjotrek behauptet hatte, sie wäre oben geblieben. Er packte sie, drehte sich auf dem Absatz um und lief in Richtung Gerüst. Sah nach oben. Zu spät. Pjotrek hatte den zweiten Stock bereits erreicht, Kopfhörer an und die Musik laut aufgedreht. Zu laut, um das Gebell von unten zu hören. Der Chef schüttelte den Kopf und löschte seine Zigarette. Der Appetit darauf war ihm vergangen.

Eine Absturzsicherung ist an sich ein ungemütliches Ding. Wie Sie es vielleicht vom Klettern her kennen, legen Sie das Geschirr an wie ein Korsett. Am Rücken findet sich eine Leine, die man mit einem Karabinerhaken an fest installierten Gerüstteilen einhakt. Will man weiter, muss man den Haken vorher lösen und am nächsten Sicherungspunkt einhängen. Pjotrek befand sich nun ganz oben und genoss den Ausblick in fast 30 Metern Höhe über der Stadt. Kein Wölkchen war am Himmel zu sehen. Er zog sein Handy raus, um noch schnell ein Selfie für die Freundin zu machen. Und noch ein Selfie, diesmal mit Blick zum Gebäude, damit sie auch ja die Höhe sehen konnte, und was für ein furchtloser Kerl er doch war. Er hielt das Telefon im 45-Grad-Winkel nach oben. Auf dem Foto konnte seine Freundin den Boden und die schwindelerregende Höhe erkennen. »Zadbaj o siebie!«, schrieb sie zurück. Pass auf dich auf! Dann auf zum ersten Gerüstteil. Pjotrek fiel sein Handy auf den Gerüstboden, er fluchte und ging in die Knie, um es aufzuheben. Mit dem Schwindel hatte er nicht gerechnet, als er wieder hochschnellte. Hätte er das doch nach dem letzten Mal bei einem Arzt abklären lassen. Aber ohne deutsche Krankenversicherung war das schwierig. Vor seinen Augen bildeten sich helle Sterne, die in alle Richtungen tanzten. Jetzt nur nicht bewegen und durchatmen. Wo war das Geländer? Er griff nach rechts und verfehlte es. Stolperte das Gerüst entlang. Einen Moment hoffte er, dass die Balustrade ihn stoppen würde. Aber an dieser Stelle hatte er sie schon abgebaut. Ein kurzer Schrei. Dann fiel er in den kühlen Luftstrom. Als die Sterne verschwunden waren, hatte er bereits die Hälfte des Weges nach unten zurückgelegt und keine Zeit mehr, sich seines bevorstehenden Todes bewusst zu werden. Den Bruchteil einer Sekunde später zerstörte sein Körper die Balustrade des Vordachs im ersten Stock und blieb bäuchlings auf dem Gerüstteil liegen. Der rechte Arm und der Kopf hingen herunter. Aus gerissenen Arterien rann hellrotes Blut aus Pjotreks Mund am Arm herunter und sammelte sich in einer Pfütze am Boden. Arbeiter Sergej war der Erste, der es sah. Dann folgten die anderen. Der Chef stand vor seinem Büro. Die Miene war eingefroren. Er hatte auf einen Schlag alle Farbe aus dem Gesicht verloren. Niemand war in der Lage, sich zu bewegen.

Nach einigen Einsätzen betraten Lenny und ich die Wache. Lenny hatte sich beim Griechen um die Ecke Essen besorgt, das er zum Mitnehmen in einen Behälter aus eingeschäumtem Polystyrol hatte einpacken lassen. Es roch nach Tsatziki, Knoblauchbrot und einer Menge Zwiebeln. Nachdem das Frühstück wegen der vielen Einsätze schon ausgefallen war, war das jetzt genau das Richtige für ihn. Ich meinte noch, dass angesichts der Einsatzlage warmes Essen Unsinn wäre, es sowieso nur kalt würde und dann nicht mehr schmecken würde. Aber Lenny tat das als Quatsch ab. Er war überzeugt, dass die Einsatzrate zur Mittagszeit immer etwas nachließe, setzte sich an den Küchentisch und öffnete das duftende Behältnis. Sie ahnen sicher schon, dass ich recht behielt … der Alarmempfänger ging. Lenny hielt kurz inne, nahm sich drei Gabeln Tsatziki auf einmal in den Mund und murmelte etwas davon, dass ich ein rechthaberischer Besserwisser sei. Dann stellte er den Behälter in den Ofen, damit das Essen zumindest warm wäre, wenn wir später wieder zurückkämen.

»Hast du gelesen, was auf dem Display steht?«, fragte Lenny und fuhr auf die Bundesstraße in Richtung Ost. Ich drehte das Navigationsgerät zu mir. »Sturz aus großer Höhe.«

»Das ist bestimmt wieder übertrieben«, sagte ich und biss in meinen Apfel. Wir bogen in die Straße ein, in der es passiert sein sollte. Ein Streifenwagen hielt in dem Moment mit Blaulicht in der Seitenstraße neben dem hohen Gebäude. Zwei Beamte sprangen aus dem Wagen und liefen zum Eingang. Lenny parkte direkt dahinter. Zwei Arbeiter saßen auf einem Mauerabsatz. Einer davon weinte. Andere standen daneben und hatten die Hände in die Hüften gestemmt. Zwei hatten sich die Hände in den Nacken gelegt. Mir schwante Schlimmes. Die Bestätigung erhielt ich, als wir an einer großen Plane vorbeiliefen und das ganze Ausmaß der Katastrophe sichtbar wurde.

Der Körper lag in 3 Metern Höhe auf dem Vordach. Ich stand direkt davor und sah in tote Augen, die durch den erhöhten Hirndruck langsam aus der Schädelhöhle hervortraten. Schweres Schädel-Hirn-Trauma, fiel mir ein. In diesem Moment bog das Notarzteinsatzfahrzeug um die Ecke. Notarzt Boris kam zu mir.

»Wir müssen dort hoch«, sagte er.

»Wozu?«, fragte ich. »Der Junge ist doch tot.«

»Ich möchte sichergehen«, sagte Boris, ging zum Gruppenführer der Feuerwehr und bat ihn, Pjotrek mit der Drehleiter herunterzuholen. Der Korb fuhr mit zwei Feuerwehrlern und Peter im Tempo einer afrikanischen Landschildkröte nach oben. Mittlerweile hatte sich der Himmel zugezogen. Mein Blick schweifte über Bauarbeiter, die nicht fassen konnten, dass sie einen Kumpel verloren hatten. Der Chef lehnte mit einer glimmenden Zigarette im Mund an der klapprigen Tür seines Bauwagens und wünschte sich wahrscheinlich in diesem Moment, dass er lieber Schreiner geworden wäre als Gerüstbauer. Plötzlich hielt ein BMW direkt neben ihm. Zwei Beamte stiegen aus und streckten ihm ihre Ausweise unter die Nase. Der eine Polizist hatte eine Mappe aufgeschlagen. Für den Chef würde es nun schwierig werden, sollte er Pjotrek schwarz beschäftigt haben. Lenny stieß mich an und raunte, ich solle mich mal umdrehen. Ich erschrak. Mindestens 300 Menschen hatten sich zusammengerottet. Die meisten hielten Handys in der Hand und filmten, was das Zeug hielt. Eine junge Mutter beugte sich zu ihren beiden Kindern hinunter. Sie deutete auf den Korb der Drehleiter, dann auf die Blutlache am Boden. Die Kinder folgten dem Finger ehrfürchtig. Ich hätte gern gewusst, was die Frau in diesem Moment zu ihren Kindern sagte. Dass der Mann im Himmel sei? Dass er tot sei? Oder hat sie erklärt, weshalb die Unmengen Blut aus dem Mund des Mannes liefen? Ich wusste es nicht, aber ich fragte mich, was die Eindrücke mit der Psyche der Kinder anstellen würden. Einem Mädchen fiel in dem Gerangel das Handy herunter. Sie fluchte, hob es auf und filmte weiter. Ich hörte das Aggregat der Drehleiter. Die beiden von der Feuerwehr hatten Pjotrek wie einen Sack Mehl gepackt und im Korb abgelegt. Blut lief an der Seite des Korbes herunter. Ein entwürdigendes Schauspiel, aber in diesem Moment war es anders einfach nicht möglich, und irgendwie mussten wir Pjotrek ja herunterbekommen.

Da lag er nun. Entstellt, blutüberströmt. Die Pupillen waren ungleich groß. Zeichen eines schweren Schädeltraumas. Ein Knochen ragte aus dem Ellbogen heraus. Das rechte Schienbein war sicher mehrfach gebrochen. Der Nacken war weich wie Pudding. Jegliche Stabilität fehlte. Pjotrek hatte sich beim Aufprall das Genick gebrochen.

»Geht mal zur Seite.«

Ich erschrak. Galt das uns?

»Du mit der Glatze da … geh mal weg.«

Ein Typ in den Dreißigern hielt eine überdimensionierte Spiegelreflexkamera in meine Richtung. Ich sah ihn eine Sekunde lang an und widmete mich dann wieder der Unfallszene.

»Entschuldigung, darf ich mal?«, sagte der Typ und versuchte mich zur Seite zu schieben.

»Nein, dürfen Sie nicht«, wandte Lenny sich an ihn und versperrte ihm die Sicht auf Pjotrek.

»Ach kommt. Ich brauche ein paar Bilder für meinen Blog.« Der Typ machte Anstalten, über unsere Köpfe weg zu fotografieren.

»Verschwinden Sie. Sie behindern unsere Arbeit«, rief ich und baute mich direkt vor ihm auf. Er machte einen Schritt in meine Richtung und stieß mich mit seiner Kamera an. Ich taumelte nach hinten und prallte gegen Boris.

»Was ist hier los?« Einer der Polizisten kam dazu.

»Der Typ hier hat mich gerade mit seiner Kamera weggestoßen, weil ich ihn keine Fotos machen lasse«, sagte ich.

»Äh, also … hier gibt es ja eigentlich die Pressefreiheit, oder?«, stammelte der Typ. Ein zweiter Polizist kam dazu.

»Die Pressefreiheit endet da, wo Sie den Sanitäter berühren«, sagte der Polizist, »bitte weisen Sie sich aus.« Der zweite Polizist nahm die Kamera.

»Hey, das ist meine Kamera! Was soll das?«, rief der Typ, der rot angelaufen war. Ein kurzes Gerangel entstand.

»Sie haben den Sanitäter tätlich angegriffen und Widerstand geleistet. Ich will jetzt Ihren Ausweis sehen.«

»Den habe ich aber nicht dabei.« Der Typ grinste den Polizisten an.

»Auch gut. Toni? Der Mann hier möchte mit zur Inspektion.« Polizist Toni packte den Mann am Arm und führte ihn zum Streifenwagen. Dort durfte der Typ hinten Platz nehmen und später in der Polizeiinspektion Stellung beziehen. Er war mit einer winzigen Geste vom Gaffer zum Beschuldigten in einem Ermittlungsverfahren geworden. In diesem Moment war ich froh, dass auch Rettungsdienstpersonal seit 2017 in besonderem Maße geschützt ist. Greift jemand einen Sanitäter tätlich an, riskiert er eine Strafe von drei Monaten bis zu fünf Jahren, ohne die Möglichkeit, eine Geldstrafe zu verhängen. Nicht gerade wenig, und es macht sich auch nicht gut im Lebenslauf. Dabei ist es unerheblich, ob sich der Sanitäter im Einsatz befindet oder sich an der Pommesbude eine Tüte Fritten reinzieht. Ein tätlicher Angriff ist es auch, selbst wenn keine Verletzung entsteht.

Mittlerweile hatte die Polizei ein Absperrband gezogen und alle Gaffer so weit nach hinten verbannt, dass eine gute Sicht auf Pjotrek nicht mehr möglich war. Nachdem Notarzt Boris Pjotrek für tot erklärt hatte, blieb uns nur noch der Rückzug. Im Rettungswagen war die Stimmung auf dem Tiefpunkt. Ein junger Mensch war verunglückt, war dabei zu Tode gekommen, und nun musste jemand der Familie oder der Freundin die schreckliche Todesnachricht überbringen. Dazu kam das Erlebnis mit dem skrupellosen Blogger, dem Likes deutlich wichtiger waren als die Würde eines Verstorbenen – von der Tätlichkeit gegen mich ganz zu schweigen.

Lenny parkte den RTW in die Garage ein und freute sich auf sein Essen. Kurz nach uns kam die zweite Schicht ebenfalls von einem Einsatz zurück. Als ich die schwere Stahltür zur Wache öffnete, roch es wie in einer Polystyrenfabrik, in der ein Fass Tsatsiki umgefallen war.

»Was zum ...« Lenny rümpfte die Nase. »Mein Essen ...« Er beugte sich zum Ofen und öffnete die Tür. Der Einstellknopf für die Temperatur stand auf 100 Grad. »Welcher Idiot war das?«. Lenny drehte sich um und sah die beiden der anderen Besatzung an, die uns in die Wache gefolgt waren. Martin wurde kirschrot.

»Äh, das war dann wohl ich. Ich dachte, 50 Grad sind zu wenig.« Der Deckel des Behältnisses war geschmolzen und hatte sich mit dem Tsatsiki und dem Fleisch zu einer unappetitlichen Masse verbunden.

»Mein Tsatsiki ...« Lenny nahm den Teller, auf dem die Überreste seiner Mahlzeit lagen, trat zum Mülleimer und hielt kurz inne. Dann ließ er alles hineinfallen.

»Das schadet deinem Feinkostgewölbe eh nicht«, spottete Martin. »Aber es tut mir trotzdem leid. Ich werde dir in der nächsten Schicht was ausgeben.« »Besser einen Bauch als grob ungeschickt. Die letzte Schramme an der vorderen Stoßstange stammt eindeutig von dir. Ist echt 'ne Leistung, einen Poller anzufahren, der vor dem RTW steht, und nicht dahinter«, feixte Lenny und grinste in Martins Richtung. Die beiden konnten ihr Battle nicht mehr weiterführen, denn die Leitstelle alarmierte uns alle gleichzeitig. Uns für einen Kollaps und die Kollegen für einen Sturz im Altenheim.

Nach diesem Freitag musste ich noch lange an Pjotrek und diesen Einsatz denken. Daran, dass das Unglück allgegenwärtig ist und Leichtsinn gefährlich werden kann, wir aber oft genug leichtsinnig sind. Ein Gericht hat den Chef des Gerüstbauunternehmens später zu einer hohen Strafe verurteilt. Es hatte ihm nachgewiesen, dass er Pjotrek schwarz beschäftigt hatte. Einen Tag nach dem Unglück stand die polnische Polizei vor dem winzigen rostbraunen Holzhaus in Warschau, klopfte an der Tür und veränderte das Leben einiger Menschen für immer.

Für den Gaffer habe ich nichts als Verachtung übrig. Mag sein, dass Gaffen in der Natur des Menschen liegt. Aber der Mensch hat auch die Fähigkeit, seinen Willen und das Handeln zu kontrollieren. Er hat die Wahl: sich seinem Instinkt hinzugeben oder es eben zu lassen.

Auslandseinsatz

Menschliche Grundbedürfnisse kommen im Rettungsdienst häufig viel zu kurz. Trotz aller bei einem Einsatz auftretenden Widrigkeiten kann man sich jedoch meist irgendwie behelfen. Es gibt die Rettungswache, dann hat man die Toiletten des Krankenhauses, und in der allergrößten Not kann man auch mal den Patienten oder Angehörigen fragen, ob man sich seines Problems mal schnell entledigen könnte – natürlich nur, wenn der Patientenzustand das zulässt. Steht es allerdings Spitz auf Knopf, hat man meist ohnehin keinen Sinn dafür. Es gibt jedoch Situationen, in denen alles nicht so einfach ist – zum Beispiel im folgenden Fall für Lenny.

Lenny hatte mal einen Nebenjob als medizinischer Flugbegleiter für Auslandsrückholungen. Er fragte mich, ob ich ihn auf einem seiner Flüge nicht zum Spaß mal begleiten wolle. Einige Wochen später war es so weit. Die Schicht startete gegen 8 Uhr. Der Auftrag lautete, einen herzkranken Patienten vom südafrikanischen Windhoek an den Münchner Flughafen zu transportieren und dort einem Notarztwagen zur Verlegung in eine Klinik zu übergeben. Es war klar, dass ein Learjet dieser Größe nicht die Reichweite besaß, um 12 000 Kilometer an einem Stück zurückzulegen. Wir mussten also zwischenlanden. Frank, der Pilot, ging irgendwann in den Sinkflug über. Als ich aus dem Fenster blickte, konnte ich nur Sand entdecken, Sand, so weit das Auge reichte. Boris, der als Arzt mitflog, kam meiner Frage, die sich offenbar in meinen erschrockenen Augen spiegelte, zuvor. Er beruhigte mich und deutete auf einen Flughafen am Horizont, der so vertrauenswürdig schien wie ein Straßenhändler am Hauptbahnhof, der einem für einen Fünfziger eine echte

Rolex anbietet. Beim Landeanflug auf eine von zwei Bahnen des Airports Hadj Bey Akhamok, der sich im Wüstenort Tamanrasset mitten in der algerischen Wüste befand, sah ich zerstörte Teile eines Passagierflugzeugs im Sand stecken. Co-Pilot Markus erklärte uns, dass diese Maschine einmal von der Landebahn abgekommen sei und sich noch niemand dazu berufen gefühlt habe, den Haufen Schrott aus Metall wegzuräumen. Mir blieb nichts anderes als zu hoffen, dass bei uns alles gut ging.

Kurz bevor die Räder den Boden berührten, rumorte es gewaltig in Lennys Bauch. Es drohte mörderisches Unheil. Unser Learjet setzte unsanft auf und kam zügig in Parkposition. »Mach die Tür auf. Ich muss jetzt echt raus hier«, rief Lenny, dessen Stirn trotz Klimatisierung im Flugzeug feucht war. Dazu kam, dass die Klimaanlage sofort den Betrieb einstellte, als die Turbinen abgeschaltet wurden. Die Temperatur stieg nach kurzer Zeit auf über 50 Grad an. »Wir haben noch keine Freigabe«, meinte Frank, der die Gangway trotzdem entriegelte und so aufklappte, dass Lenny über die Stufen nach unten konnte. Boris lachte nur und riet Lenny, sich zu beeilen. Staubige, trockene Luft mit der gefühlten Temperatur eines Backofeninneren strömte in das Flugzeug. »Ich kann gern auch das Klo hier benutzen«, keuchte Lenny noch, doch das wollten wir aufgrund der Geruchsbelästigung in jedem Fall vermeiden. Der Learjet trug das Zeichen einer Hilfsorganisation, die bei den algerischen Behörden hohes Ansehen und viele Freiheiten genoss – allerdings nur, wenn die Behörde auch die Einreisegenehmigung erteilt hatte. Doch dies war aus unerklärlichen Gründen nicht geschehen. Das Flight-Operation-Center in Deutschland hatte uns offenbar ein Ei gelegt. Mit einem Satz: Der Jet mit uns an Bord befand sich illegal auf dem Gelände des algerischen Flughafens. Aber es half nichts. Wir mussten tanken, denn sonst hätte unsere Reise ebenfalls im afrikanischen Wüstensand geendet.

Lenny startete bei gefühlten 150 Grad Hitze auf dem Rollfeld wie ein Marathonläufer, obwohl er als passionierter Radfahrer mit Joggen so viel am Hut hatte wie ein Esel mit Pullistricken. Der Jet parkte 200 Meter entfernt vom Flughafeneingang. Die Luft flimmerte. An einer Ecke des backsteinfarbenen Flughafengebäudes stand eine überdachte Wellblechhütte. Lenny wusste von seinen bisherigen Auslandseinsätzen, dass dies die unkomplizierteste Möglichkeit war, sein »Problem« zwar unkomfortabel, aber dafür schnell und effektiv zu lösen. Die Hütte war für die Bediensteten des Flughafens vorgesehen und bot wirklich keinerlei Komfort. Doch Lenny überlegte nicht lang, denn sein Problem nahm immer bedrohlichere Formen an. Er lief also zur Hütte, ergriff die Klinke und verbrannte sich die Pfoten – klar, wenn ein verbogener Metallgriff den ganzen Tag von der algerischen Wüstensonne angestrahlt wird. Dann riss er die Tür auf und blickte auf ein lieblos in den Boden gebuddeltes Plumpsklo. Es gab weder Haltegriffe noch eine Spülung, noch ein Waschbecken mit fließendem Wasser oder gar Licht. Die Toilette sah aus, als wäre sie das letzte Mal vor zehn Jahren gereinigt worden. Und offenbar hatten einige Besucher Schwierigkeiten mit dem Zielen gehabt – insbesondere bei Durchfall. Lenny trat einen Schritt in die Hütte und stockte. Am Loch des Klos bewegte sich etwas. Normalerweise hatte er keine Angst vor Spinnen. Aber die Spinne, die sich aus dem Loch tastete, war groß. Sehr groß. Lenny verglich das Ungetüm später mit Fotos aus dem Internet. Er hatte es mit einer tarantelartigen Spinne zu tun, deren Körper den Durchmesser eines Kuchentellers besaß. Sie krabbelte heraus und steuerte mit der Geschwindigkeit, mit der sich überdimensionale Spinnentiere nun einmal bewegen können, direkt auf Lenny zu, der auf dem Absatz umdrehte und mit geöffneter Hose Fersengeld gab. Läuferische Bestleistung bei Saunatemperatur war nun gefragt. Die Entscheidung, das dringende Geschäft aufzuschieben, kam übrigens keine Minute zu früh, denn mittlerweile hatte die Behörde Wind davon bekommen, dass hier etwas nicht korrekt war. Über Funk hatte der Tower die fehlende Einreisegenehmigung beanstandet. Wir sollten kooperieren und dem Militär Zugang zum Flugzeug ermöglichen. Bis dahin durften wir das Flugzeug nicht verlassen.

Ein Tor am Flughafengebäude öffnete sich. »Komm! Verdammt, leg 'nen Gang zu!« Frank schrie Lenny aus der Tür entgegen. Ich beobachtete das Ganze durch ein Seitenfenster. Boris stand mit eingefrorener Miene hinter Frank und Markus und krallte sich zwischen zwei Wandteilen ein. Die drei wussten, dass die algerische Armee hinter diesem Tor wartete und uns mit Sicherheit keinen Begrüßungscocktail servieren wollte, zumal wenn sie feststellte, dass Lenny sich illegal außerhalb des Flugzeugs befand. Gerade noch rechtzeitig stolperte Lenny die Gangway hinauf und triefte wie jemand, der soeben quer durch die komplette Wüste gerannt war. Co-Pilot Markus stellte sich auf die Gangway. Er beherrschte als Einziger an Bord die französische Sprache. In unserem Fall wäre es zwar sicherer gewesen, im Inneren des Flugzeugs zu bleiben, befanden wir uns dort schließlich auf deutschem Hoheitsgebiet, aber wir mussten auch irgendwann wieder weiter. Ob sich das algerische Militär so brennend für die Genfer Konventionen interessieren würde, wollten wir auf jeden Fall nicht ausprobieren – einfach wegzufliegen hätte vermutlich in einem Abschuss geendet, so wie ich einige Wochen zuvor schon mal in den Nachrichten gehört hatte. Am Himmel sah ich zwei Abfangjäger. Die Militärfahrzeuge stellten sich um unseren Learjet auf. Darunter befand sich auch ein Gefängniswagen. Der Kommandant stieg aus und trat an die Gangway. Von dem Gespräch verstand ich nur Häppchen. Markus erzählte mir später, was sie gesprochen hatten. Er beschwichtigte das Militär und wies den Kommandanten auf die medizinische Mission und die Genfer Konventionen hin. Als das nichts brachte, gab Markus eine Flugnummer an, die er sich in diesem Moment ausgedacht hatte. Er behauptete, dass dieser Flug selbstverständlich angemeldet gewesen sei. Offenbar funktionierte die Taktik, denn der Kommandant hielt inne und dachte nach. Markus setzte noch nach, dass wir schließlich nichts dafür könnten, wenn die Algerier ihre Organisation rund um den Flughafen nicht unter Kontrolle hätten. Der Kommandant ging einige Schritte weg und sprach mit jemandem, der ebenfalls der Führungsriege angehörte. Dann kam er zurück, baute sich vor Markus auf und stemmte die Hände in die Hüfte. Einige Schrecksekunden später gab er grünes Licht. Wir wurden betankt und durften Tamanrasset verlassen. Ich konnte es nicht glauben. Markus könnte beim Pokern sicher sehr viel Geld gewinnen.

Frank fuhr die Triebwerke hoch, gab Schub und rollte an die Bahn. »D-CFRA, Wind 060/7 knots, cleared for take-off«, übersteuerte die männliche Stimme im Lautsprecher. »Runway 01 L.« Startfreigabe. Als die letzten Worte des Towers verhallt waren, bestätigte Frank und gab Schub.

Die weitere Reise fand ganz ohne Zwischenfälle statt – zumindest beinahe. Denn Lennys Problem war damit ja noch längst nicht gelöst. Wie Sie vielleicht wissen, ändern sich in großer Höhe auch die Druckverhältnisse, die im Darm herrschen. Bei Flughöhen um die 10 000 Meter dehnen sich Darmgase um etwa 40 Prozent aus. Wenn Sie unter Blähungen oder einem Reizdarm leiden, meinen Sie nach kurzer Zeit, es zerreißt Sie. Lenny erging es ähnlich. Er betrat daher das 1 Quadratmeter große WC des Learjets, riss sich die Hose herunter und erleichterte sich so, dass auch wir außerhalb akustisch daran teilhaben durften. Doch das nächste Problem ließ nicht lange auf sich warten. Lenny betätigte die Spülung. Jetzt sollte der Sog von unten das übelriechende Geschäft eigentlich in die ewigen Abgründe befördern, dann wäre alles wieder im Lot. Aber nein. Er hatte zwar die Spülung in Gang gesetzt, aber nichts lief ab. Lenny fluchte. »Was ist denn?«, fragte ich hinter der Tür. »Alles

Scheiße«, war die knappe Antwort. Sie können sich nun vermutlich bildlich vorstellen, wie es in dieser Kloschüssel aussah. Das Abwasser stand mitsamt den Exkrementen bis knapp unter den Schüsselrand und schwappte hin und her. Hätte Frank den Jet auf eine Seite geneigt, hätte es ein Unglück gegeben. Die Vorstellung davon, was passieren würde, wenn beim Abbremsen auf der Landebahn die Schubumkehr einsetzte und die ganze Geschichte dadurch an die Wand klatschte, ließ Lenny im eigenen Saft schmoren. Was also tun, damit das Learjet-Klo nicht aussehen würde wie das Innere eines Mixers, in dem gerade Schokoshake zubereitet worden war?

Nach einiger Sucherei fand Lenny die Ursache des Problems. Die Putzkolonne hatte offenbar vergessen, nach den Reinigungsarbeiten eine Verriegelung an der Toilettenschüssel zu lösen. Dieser Riegel verhinderte, dass sich die Klappe am Boden der Schüssel öffnen konnte. Lenny kniete sich auf dem winzigen Quadratmeter mit seinem Gesicht direkt vor die Brühe, denn er musste hinter die Schüssel greifen. Lecker. Hoffentlich musste Frank nun nicht noch einige Höhenmeter weiter steigen, sonst hätte Lennys weißes Hemd ein paar hässliche Flecken abbekommen. Endlich machte es Klick. Die Klappe öffnete sich, und der Inhalt zog mit einem schlürfenden Geräusch davon. Glück gehabt. Der Rest des Fluges verlief ohne weitere Zwischenfälle. Über Lennys Sprinteinlage und den Ärger mit dem Riegel lachten wir noch, bis wir in Südafrika zu Boden gingen. Auch der Rückflug lief dann völlig komplikationslos ab.

Dieser Tag war für mich ein Experiment, das beinahe gehörig schiefgegangen wäre. Ich hatte mir diese Möglichkeit nicht entgehen lassen wollen, um auch diesen Teil in mein rettungsdienstliches Portfolio aufnehmen zu können – und vor allem meinen Horizont zu erweitern. Doch nach diesem Einsatz beschloss ich, von nun an doch lieber wieder im bodengebundenen Rettungsdienst zu bleiben.

Chaos-Queen

Seit Notarzt Mario durch ein waghalsiges Fahrmanöver die »Mario-Gedächtniskurve« in unserem Landkreis erschaffen hat, ist es etwas ruhiger um ihn geworden. Bei überhöhter Geschwindigkeit flog sein Notarzteinsatzfahrzeug damals in hohem Bogen aus besagter Kurve. Mario rutschte auf dem Dach in Richtung des kleinen Dorfteichs und blieb kurz davor liegen – zum Glück, denn wer weiß, wie die Aktion sonst ausgegangen wäre. Mario hatte dann die Schnauze gehörig voll vom Selbstkutschieren und leistete sich seitdem für ein paar Kröten immer einen Fahrer an seiner Seite für das NEF. So weit, so gut. Das System funktionierte allerdings nur, solange Marios Komfort darunter nicht leiden musste.

An diesem Samstag hatte der schnauzbärtige, blonde Lockenkopf mit der goldumrandeten, getönten Ray Ban einen der berühmten Marathondienste. Sie müssen wissen: Notärzte sind hinsichtlich ihrer Einstellung zur Arbeitszeit manchmal etwas seltsam. Mir persönlich würde es nicht im Traum einfallen, Freitagabend meinen Dienst zu beginnen und erst Montagfrüh in den Feierabend oder gar in einen anderen Job zu gehen – ohne dazwischen nach spätestens zwölf Stunden Dienst ebenso viel frei zu haben. Bei Notärzten, wie Mario einer war, ist dies jedoch vermutlich aus verschiedenen Gründen zur Normalität geworden. Dazwischen muss aber auch mal Körperhygiene betrieben werden. Ein schönes Bad ist da richtig. Darauf wollte Mario auch während seines Dienstes nicht verzichten. Er ließ sich also von seinem Fahrer nach Hause bringen, und der musste vor der Haustür im Fahrzeug warten. Die Auslastung ließ dies durchaus zu – nur hinsichtlich der Uhrzeit nimmt der Bürger keinerlei Rücksicht auf die körperlichen Belange der Notärzte. Es kam, wie es kommen musste: Mario lag erst einige Minuten in der Wanne, als der Melder losging. »Herzinfarkt«, tönte die Durchsage aus dem Lautsprecher. Marios Miene verfinsterte sich, seine Stirn warf Falten, die Lippen waren zu einem schmalen Schlitz zusammengepresst. Er fluchte. Sah sich um. Die Uhr zeigte 14 Uhr. Fluchte wieder auf den Disponenten, der ihm offenbar keine Entspannung gönnen wollte. Das Wasser wäre völlig erkaltet, bis er wieder zurückkäme, und somit verschwendet. Er blickte zu seinem Handtuch, dann zur Tür und hörte das Klimpern eines Schlüssels. »Ich bin zu Hause, Papa«, rief seine Tochter, die diesen Samstagvormittag in der Uni verbracht hatte. Er überlegte. Und zack – wie nach dem Einwurf einer Münze in eine Parkuhr – kam ihm *die* Idee.

Als Lenny und ich kurze Zeit später vor der Haustür des fünfzigjährigen Patienten hielten, suchten wir vergeblich nach dem NEF, obwohl der Einsatzort nur drei Querstraßen von Marios Haus entfernt lag. Die Haustür war nur angelehnt. Mit unserem Kram betraten wir den blau gestrichenen Hausflur, der nichts für Klaustrophobiker war. Herr Berger saß in seinem geblümten Wohnzimmersessel. Man sah ihm den Herzinfarkt schon beim Betreten des Zimmers an. Mit grauer Gesichtsfarbe blickte er uns an und griff sich an die Brust. Wortlos packte Lenny die EKG-Kabel und bat Herrn Berger, sein Shirt hochzuziehen. Ich maß den Blutdruck. 190 zu 70. Grenzwertig, aber zumindest mussten wir nichts dagegen unternehmen. Ich zog mein dienstliches Telefon aus der Tasche und wählte den internen Helpdesk der Leitstelle an.

»Leitstelle, der Dirk.«

»Christian vom 1/83/1. Männlich, 50, akuter Hinterwandinfarkt. Wir brauchen einen Notarzt. Du könntest dann bitte auch schon mal ein Chest-Pain-Bett suchen.«

»Ja, okay. Aber das NEF wurde gleichzeitig mit euch alarmiert. Der Notarzt müsste längst bei euch sein.«

»Ist er aber nicht. Wir haben uns auch gewundert.«

»Wir gehen dem nach und melden uns.« Dirk legte auf.

Fünf Minuten später schellte die Türklingel, und Schritte waren zu hören. Wir hatten die Tür nur angelehnt. Endlich, dachte ich. Der Patient war in akuter Lebensgefahr, und bei einem derartigen Krankheitsbild benötigten wir jede Hand. Die Wohnzimmertür ging auf. NEF-Fahrer Markus kam mit einem Mädchen Anfang 20 herein. Er sah aus, als hätte man ihm die Suppe versalzen.

»Tut mir leid. Ich konnte nichts machen«, sagte er und schnappte sich die Kladde mit dem Notarztprotokoll, »habt ihr Werte für mich?«

»Was für Werte? Wo ist Mario?«, fragte Lenny.

»Mein Vater liegt in der Badewanne«, schaltete sich das Mädchen ein, »ich bin Maike. Er hat mich gebeten, ihn quasi zu vertreten.«

»Wie bitte?« In diesem Moment hätte ich zu gern mein Gesicht gesehen.

»Ja. Ich studiere Medizin und bin schon im dritten Semester.«

»Echt jetzt?«, sagte ich und legte den EKG-Ausdruck auf den Wohnzimmertisch.

»Ouh, drittes Semester gleich. Dann können wir ja Intensivmedizin betreiben«, meinte Lenny und schüttelte den Kopf.

»Wo ist das Problem?«, fragte Maike. »Wenn mein Vater sagt, ich soll das machen, dann ist das halt so.« Herr Berger verstand von alldem nichts. Er wünschte sich in diesem Moment nur, dass das Engegefühl in der Brust verschwand. Lenny hatte sich das Set für den venösen Zugang bereitgelegt und punktierte eine Vene am Handrücken.

»Kannst du bitte Aspirin, Heparin und Morphin in der üblichen Dosierung aufziehen?«, forderte er Markus auf, der daraufhin sein Ampullarium auf den Tisch legte, nacheinander Medikamente in diverse Spritzen aufzog und diese beschriftete. Maike stand in der Raumecke und machte große Augen. Ich nahm den Hörer, rief die Leitstelle abermals an und bekam wieder Dirk ans Telefon.

»Echt jetzt? Du verarschst mich«, rief er.

»Nein. Wo hast du das nächste NEF?« Wir brauchten schließlich trotzdem einen Notarzt an der Einsatzstelle.

»Ist leider weiter weg. Alles rund um euch herum ist am Einsatz gebunden.«

»Okay, vergiss es. Wir machen es allein. Sag dem Krankenhaus, dass wir in zehn Minuten in der Notaufnahme stehen.«

»Okay.« Dann war das Gespräch beendet.

»Du kannst zu Fuß nach Hause gehen und deinem Vater ausrichten, dass er einen an der Murmel hat«, schnaubte ich in Maikes Richtung, die nicht widersprach. Dann brachten wir Herrn Berger unbeschadet ins Krankenhaus. Der Herzinfarkt hatte sich dort bestätigt. Er kam ins Herzkatheterlabor und einige Tage später auf Reha. Dort erholte er sich vollständig. Glück gehabt.

Kurz vor der Aktion mit dem Überschlag hatte Mario noch einen Einsatz im Hinterland unserer Stadt. Der Einsatz erfolgte in einem Ort, den eine Hauptstraße durchzog. Diese Straße war der tiefste Punkt des Ortes. Links und rechts gingen jeweils kleinere Straßen weg und führten zu Anhöhen mit einzelnen Häusern. Wir wurden am höchsten Punkt des Ortes gebraucht. Lenny und ich waren mit dem Rettungswagen bereits vor Ort und mit dem Patienten beschäftigt. Irgendwann klingelte es an der Tür, und Notarzt Mario spazierte herein. Der Einsatz selbst war so undramatisch, dass ich mich nicht einmal mehr daran erinnern kann, weswegen wir gerufen wurden. Nur: Irgendwann klingelte es erneut an der Tür. Der Patient erwartete aber keinen Besuch. Und alle Einsatzkräfte waren vor Ort. Vielleicht war das ein Nachbar, der sich um den Patienten sorgte. Ich ging also zur Tür und öffnete. Ein älterer, grauhaariger Herr in Jeans, Karohemd und mit Sport-Käppi stand davor und hatte die Hände in die Hüften gestemmt.

»Guten Tag … gehört rein zufällig *Ihnen* das Auto, das rückwärts in meinem Garten eingeparkt und meinen Zaun samt den Gartenzwergen niedergemäht hat?« Irgendwie ahnte ich sofort etwas, drehte mich um und rief nach Mario.

»Die Hortensien sind auch im Arsch.« Der Kopf des Mannes leuchtete in der Farbe einer blutroten Sonne.

»Wie kommen Sie darauf, dass das ein Fahrzeug von uns ist?«

»Das Fahrzeug hat ein Blaulicht auf dem Dach und ist sehr auffällig lackiert. Ich bin auf die Straße und habe Ihren Rettungswagen oben am Berg stehen sehen. Sie können von Glück reden, dass nicht mehr passiert ist.«

Das ganze Ausmaß des Geschehens war erst klar, als wir später an Marios Notarzteinsatzfahrzeug standen. Mario hatte es einfach mit laufendem Motor abgestellt und auf der Anhöhe vergessen, die Handbremse anzuziehen. Das NEF hatte sich daraufhin selbstständig gemacht, war rückwärts die Nebenstraße heruntergerollt, hatte die Hauptstraße überquert und den Gartenzaun durchschlagen. Einige getötete Gartenzwerge weiter war das Fahrzeug dann rückwärts in den Hortensien des Mannes liegen geblieben. Die Blaulichter mit den Drehspiegeln drehten sich noch mit leisem *kring … kring … kring*. Der Mann hatte recht: Niemand war überfahren worden, niemand war mit dem führerlosen NEF kollidiert. Und den Zaun konnte man reparieren. Die Versicherung freute sich sicher, erneut einen Schaden von Mario übernehmen zu dürfen.

Aber das war noch nicht alles, was sich Mario in kurzer zeitlicher Abfolge leistete. Einige Tage zuvor war er mit einem Team einer anderen Organisation zusammengetroffen und versorgte einen Patienten, der mit seinem Fahrzeug auf einer Landstraße ins Bankett geraten und dort nicht ansprechbar liegen geblieben war. Die Besatzung arbeitete nach Anweisung von Mario, der den Patienten noch im Fahrzeug mit Halskrause und mehreren venösen Zugängen versorgte, ihn mittels Schaufeltrage in den Rettungswagen brachte und auf der Vakuummatratze immobilisierte. Dort intubierte Mario den Patienten, um einen stabilen Flug für den nachgeforderten Rettungshubschrauber zu gewährleisten. Aber das reichte Mario noch nicht. Der Patient hätte schließlich einen Pneumothorax haben und daran sterben können. Also legte Mario dem Patienten auf beiden Seiten des Brustkorbs jeweils eine Thoraxdrainage an. Die Drainage sollte bei einer Verletzung Luft und Blut zutage fördern und bewirken, dass die Lunge wieder am Gasaustausch teilnehmen konnte. Dann ging es los. Die zitronengelbe Blechdose flog den Patienten in ein Haus der Maximalversorgung. Im chirurgischen Schockraum erwartete das Helikopterteam über ein Dutzend Mitarbeiter aus allen möglichen Fachrichtungen. Der Arzt des Hubschraubers übergab den Patienten an den unfallchirurgischen Leiter des Schockraumes.

»Wir übernahmen den 34-jährigen Patienten vorversorgt vom bodengebundenen Notarzt. Der Patient kam angeblich mit dem Fahrzeug von der Straße ab und blieb im Bankett liegen. Der Mann war initial bewusstlos. Was exakt passiert ist, kann ich gar nicht so richtig sagen. Eine neurologische Beurteilung war für mich nicht möglich – der Mann war bei unserem Eintreffen bereits intubiert.« Der Arzt des Hubschraubers kritzelte dabei irgendetwas auf sein Protokoll und wirkte dabei, als würde er das jeden Tag machen.

»Haben Sie Messwerte für uns?«, fragte der Unfallchirurg und strich sich übers Kinn.

»Ja. Initialer Blutdruck war 130 zu 80, Frequenz 89, rhythmisch und im Verlauf des Fluges stabil. Pupillen wegen der Narkose nicht beurteilbar.«

»Wie sieht es mit dem Blutzucker aus?«

»Zucker?«

»Ja … Zucker … Diabetes, Insulin. Sie wissen schon.« Der Unfallchirurg hatte seinen siebten Dienst in Folge und klatschte einige Male mit dem rechten Handrücken in die linke Handfläche. Der neben ihm stehende Radiologe starrte an die Decke und blies die Backen auf.

»Äh … Mist. Das ist mir wohl durch die Lappen gegangen.« Der Hubschraubernotarzt wechselte die Farbe, der Unfallchirurg drehte sich zu seinen Mitarbeitern und zog die Brauen hoch und die Mundwinkel runter.

»*Wohl durch die Lappen gegangen* …«, papageite der Arzt, »kann bitte *irgendjemand* den Zucker machen?« Ein Pfleger sprang zum Notfallwagen, packte das Messgerät samt Stechhilfe und pikste dem Patienten in den Finger. Es machte klack. Ein Tropfen Blut verlor sich im Kanal des Messstreifens. Das Gerät zählte herunter. 5 … 4 … 3 … 2 … 1… blip.

»Der Zucker ist 24.«

»Was?« Der Unfallchirurg riss die Augen auf.

»24 Milligramm pro Deziliter. Das zeigt zumindest dieses Gerät an.« Der Chirurg drehte sich mit einer schnellen Kopfbewegung zum Hubschrauberarzt.

»Sagen Sie mir jetzt bitte, dass das ein Scherz ist …«

»Mist. Ich hab es wohl nicht kontrolliert.«

»Wollen Sie mir erzählen, dass der Mann hier lediglich einen Unterzucker hatte und deswegen im Bankett gelandet ist? Und dem Wahnsinnigen da draußen fällt nichts Besseres ein, sich als Intensivmediziner aufzuspielen und uns den Patienten unterzujubeln, anstatt einfach vier Ampullen Glukose zu spritzen?«

»Sieht irgendwie so aus …«

»Ich will wissen, wer der Notarzt vor Ort war.«

»Das steht auf dem Protokoll. Ich glaube, wir gehen jetzt mal besser …« Das Team des Hubschraubers verließ den Schockraum wie ein Pulk Katzen, die man mit einem Eimer Wasser übergossen hatte.

Dann war Mario aus unserem Landkreis verschwunden wie eine seichte Regenpfütze an einem heißen Sommertag. Irgendwann hatte ich ihn und seine Kapriolen vergessen und mich neuen Projekten gewidmet und andere Organisationen ausprobiert. Im Frühwinter 2018 half ich zum Beispiel in einem anderen, etliche Hundert Kilometer von meinem Zuhause entfernten Bundesland aus. Ich absolvierte einige Schichten bei einer Organisation in Frankfurt am Main, die zu diesem Zeitpunkt händeringend Personal für ihre Rettungswagen suchte. Nachts passierte es dann. Wir wurden in ein Altenheim im Stadtteil Gallus gerufen. Die Pflegerin erzählte etwas von Atemnot, Brustschmerz und dass die Patientin anders sei als noch am Abend zuvor. Ein akuter Brustschmerz erfordert immer den Einsatz eines Notarztes – einige Minuten nach unserem Eintreffen hörte ich Schritte im Gang. Jemand drückte die Klinke herunter. Die Tür ging auf. Ich erkannte den blonden Lockenkopf mit der Rotzbremse sofort wieder, der sogar nachts seine getönte Ray Ban mit Goldrand aufhatte.

»Mario? Was zum …«

»Ihr kennt euch? Wie *das* denn?« Meinem Kollegen standen einige Fragezeichen auf der Stirn.

»Lange Geschichte.«

»Christian … so eine Überraschung.«

»Du machst jetzt also Frankfurt unsicher?«

»Och komm schon. So schlimm war ich auch nicht«, sagte er und wandte sich dem Patienten zu. Einige Zeit später holte er ein kleines Mäppchen aus seiner Tasche, zog am Reißverschluss und legte es geöffnet auf den Tisch neben das Pflegebett.

»Sie geben der Patientin bitte drei Kügelchen von jedem jeweils morgens, mittags und abends.« Er hielt der Pflegerin zwei

Globuliröhrchen hin. Sie drehte sie vor ihren Augen, sah zu ihm, dann wieder auf das Röhrchen, auf dem *Bryonia* und *Rhus toxicodendron* zu lesen war.

»Tschüss«, rief er dann in die Runde, »hat mich gefreut, Christian. Bis zum nächsten Einsatz.« Dann ging Mario, ohne dass ich ihn je wiedergesehen hätte.

Großstadtrettung

Großstadtrettung läuft anders, als ich es von der Landrettung her gewohnt bin. Als ich Anfang 2019 nach 25 Jahren auf dem Land zu einem privaten Münchner Rettungsdienst wechselte, hatte man mich gewarnt. Ich würde verheizt, würde immer nur Überstunden machen und wegen des niedrigeren Gehalts verarmen. Ich selbst hatte schließlich nur Angst davor, nur noch Kokolores zu fahren und deshalb meine Sinnesschärfe für bedrohliche Situationen in der Medizin zu verlieren.

Mittlerweile kann ich einen deutlichen Vergleich ziehen. Auf dem Land ist die Bevölkerung im Schnitt etwas älter. Der Landmensch ist an sich sehr hart im Nehmen. Oft ruft er erst an, wenn die Karre schon bis zum Dachhimmel im Moor steckt und es fast zu spät für irgendetwas ist. Der Stadtmensch hingegen sieht das etwas anders. Er ist der Meinung, dass der Rettungsdienst ein fahrendes Service- und Wohltätigkeitsunternehmen für jede Art von Befindlichkeitsstörung ist. Hier rückt man schon mal für eine Erkältung aus und muss sich dann anhören, dass man sich einer unterlassenen Hilfeleistung schuldig macht, wenn man nicht augenblicklich tätig wird und die Wunderspritze auspackt. So wie eines Tages während meiner ersten Tagschicht in der Stadt, als wir gegen Mittag in eine Apotheke in die Münchner Belgradstraße gerufen wurden. Das Einsatzstichwort war wie üblich völlig nichtssagend: »5000, Neuro/Psych«. Sonst nichts. Das kann vom Schlaganfall über Kopfschmerzen bis hin zum Krampfanfall alles Mögliche sein. Als ich mit meiner Kollegin Rebecca eintraf, standen vier Leute in der Apotheke: der Apotheker selbst, der sich als Anrufer entpuppte, dann noch ein älterer Herr in Begleitung, der sich gerade irgendwelche Globuli andrehen ließ, und eine Dame, die direkt neben dem Eingang auf einem Stuhl saß.

»Um wen geht's denn?«, fragte ich in die Runde. Der Apotheker deutete auf die sitzende Frau. Grundsätzlich ist es schon mal fragwürdig, wenn man nicht auf den ersten Blick erkennt, wer der Patient ist.

»Ich habe solche Kopfschmerzen«, stöhnte die Dame, die ich auf 30 Jahre schätzte.

»Sind die Schmerzen plötzlich aufgetreten?«

»Nein, schon kurz nach dem Aufstehen.«

»Hatten Sie das schon einmal?«

»Das habe ich immer, wenn ich erkältet bin.«

»Wie – Sie sind erkältet?«

»Ja. Der Druck hier ist so groß. Das tut so weh …« Die Dame deutete auf ihre Nasennebenhöhlen.

»Sind die Kopfschmerzen stärker als sonst?«, setzte ich nach.

»Nein. Alles ist immer gleich.« Ich blickte den Apotheker an und konnte meine Irritation nicht verbergen.

»Sind Sie nicht genau deswegen in die Apotheke gegangen?« Ich sah zum Apotheker, der betreten zu Boden blickte. Dann sah er mich an und zog eine Braue hoch.

»Messen Sie doch mal den Blutdruck«, schlug er vor, »nicht dass die Kopfschmerzen daher kommen.«

»Ach nee … eine erstklassige Idee.« Ich hatte in meinen Sarkasmusmodus gefunden.

»Wie meinen Sie das?«, sagte der Apotheker.

»Den Blutdruck bei einem Notfallpatienten nicht zu messen ist ungefähr so, wie die 112 für eine Erkältung zu wählen.« Ich zog einen Mundwinkel nach oben.

»Ich meinte ja nur …« Der Apotheker setzte einen Blick auf, als hätte man ihm vor die Füße gekotzt.

»Rufen Sie eigentlich auch die Feuerwehr, wenn Sie eine Kerze löschen wollen?«

»Natürlich nicht.«

»Ich schlage vor, Sie verkaufen der Patientin jetzt die Medikamente, die sie dann auch nimmt. Ibuprofen zum Beispiel oder sonst etwas gegen einen grippalen Infekt. In Ordnung?«, fragte ich und wandte mich der Patientin zu. »Und nun?«

»Ich habe vor einer halben Stunde schon eine Ibu genommen. Sie wirkt nicht.«

»Geben Sie der Ibu Gelegenheit, zu wirken.«

»Ich möchte in ein Krankenhaus.«

»Wie bitte?«

»Ja. Mir geht's nicht gut.«

»Wenn Sie jetzt ein Mann wären, dann würde ich Ihnen selbstverständlich sofort einen Schockraum buchen, alle OPs stoppen lassen und einen Hubschrauber anfordern, damit es schneller geht. Aber so ...«

»Das ist nicht witzig«, schnaubte die Dame. Ich stockte einen Moment, aber auch ich war heute in Fahrt.

»Aber witzig ist es, wenn ich dem Arzt in der Notaufnahme erklären muss, dass ich ihm eine Patientin mit einer Erkältung bringe.« Es kam keine Reaktion mehr. Ich gab auf. Der Stadtmensch ließ sich nicht beeindrucken. Weder davon, dass der Einsatz die Krankenkasse 650 Euro kostete, noch davon, dass mein Rettungswagen so für die nächste halbe Stunde gebunden sein würde und nicht eingesetzt werden konnte. Sie wollte in jedem Fall gefahren werden. Leider bin ich im Rettungsdienst zumindest in meinem Bundesland verpflichtet, jeden Patienten auf Wunsch zu transportieren – ob ich will oder nicht. Als wir in der Notaufnahme eintrafen, nahm ich Schwester Gaby beiseite und erklärte die Sachlage. Damit war der Patientin eine Wartezeit von mindestens drei Stunden garantiert – zumal es ihr ohnehin besser ging. Es war nicht zu glauben, aber die Ibu tat tatsächlich das, was sie sollte.

Auch der nächste Einsatz erforderte weder einen Rettungswagen noch eine Ausbildung zum Notfallsanitäter. München, Carl-

Orff-Bogen, dritter Stock. Ein dicht bewohnter Randbezirk Münchens mit sehr spezieller Klientel. Auf dem Datendisplay stand etwas von »Fentanylpflaster gelutscht«, »gekifft« und »Alkohol«. Leckere Kombination. Der schmierige Typ, der Mitte 30 war und Klamotten trug, die die Waschmaschine schon länger nicht mehr gesehen hatten, öffnete uns persönlich die Tür. Er stapfte vor uns ins Wohnzimmer und setzte sich auf die Couch. Das 1-Zimmer-Appartement besaß einen Balkon, von dem aus man auf die Allianz-Arena schauen konnte. Als ich meinen Blick herumschweifen ließ, stellte ich mir vor, wie der Typ die Mülltonne vor einem Altenheim durchwühlte und die alten, abgeranzten Fentanylpflaster herausfischte, die kurz zuvor noch auf schwitzigen Häuten alter Menschen geklebt und Schmerzen gelindert hatten. Dafür sah der Typ eigentlich nicht wirklich nach Rettungsdienst-Einsatz aus.

»Also … äh … ich habe irgendwie die Pflaster auf meine Haut geklebt und bin dann versehentlich eingeschlafen.«

»Ja … und weiter?« Was wollte der Kerl?

»Ich wollte von Ihnen wissen, ob das gefährlich werden kann.«

»Wieso? Sie sind doch wieder aufgewacht …«, erwiderte Rebecca und grinste dabei.

»Ach so.«

»Wenn Sie eine Überdosis von dem Zeug erwischen, versagt Ihnen als Allererstes die Atmung. Sie würden an Sauerstoffmangel sterben. Im Schlaf, sozusagen. Also nicht schlimm, eigentlich.«

»Oh.«

»Wenn Sie also das nächste Mal *nicht* mehr aufwachen, wissen Sie, dass das gefährlich war«, erklärte ich.

»Na, dann habe ich ja noch mal Glück gehabt.«

»Gut erkannt. Aber es scheint so, als machen Sie das nicht zum ersten Mal.«

»Ja. Aber ich höre heute damit auf«, versprach der Junkie und blickte Rebecca an.

»Klar«, sagte ich und packte meinen Kram zusammen. Der Spruch war uns nicht neu. In dieser Hinsicht sind alle Junkies gleich: Für Stoff verticken sie ihre Großmutter und erzählen uns Rettern dann, dass sie sofort mit allem Schädlichen aufhören und ein neues Leben anfangen wollen. Der Vorsatz hält dann nicht lange, und wir werden mit unserem Rettungswagen wieder an die gleiche Adresse geschickt. Und irgendwann sterben die Junkies einfach – sang und klanglos. Dann wiederholt sich das gleiche Spiel mit einem anderen Junkie.

Wir verließen die Wohnung. Am Funk erwartete uns gleich der nächste Einsatz – und die nächste Überraschung, nachdem ich unten an der Eingangstür geklingelt und mit 35 Kilo Material die Treppe hinaufgelaufen war. Eine Dame mitten in den Fünfzigern öffnete.

»Haben Sie denn auch meinen Hustensaft dabei?«

»Klar – darf's vielleicht auch noch ein Kaffee sein?«, grinste ich, musste aber eine Sekunde später feststellen, dass die Dame es durchaus ernst gemeint hatte.

»Junger Mann, ich habe seit heute Morgen einen schrecklichen Husten. Vorhin habe ich die Notrufnummer angerufen … das ist ja schließlich ein dringender Notfall. Sonst kann ich heute Abend nicht schlafen.«

»Ernsthaft jetzt?«

»Ja natürlich. Also wenn Sie den Hustensaft nicht mithaben, können Sie wieder gehen.« Blam. Sie schlug mir die Tür vor der Nase zu. Rebecca murmelte noch etwas, das nach »ist hier völlig normal«, »Stadtmensch« und »bescheuert« klang. Ich überlegte in diesem Moment nur, wie wohl ein entsprechendes Gespräch mit dem Leitstellendisponenten ablaufen könnte …

»Feuerwehr- und Hustensaftnotruf.«

»Ja … guten Tag. Mein Name ist Jessica Seifert. Ich bräuchte einen Hustensaft gegen meinen Husten.«

»Kein Problem, Frau Seifert. Ich schicke Ihnen selbstverständlich gleich das Hustenmobil mit ganz viel Blaulicht vorbei. Kann ich sonst noch etwas für Sie tun?«

»Danke. Wenn mir die Kollegen noch einen Einkauf erledigen könnten, wäre das fantastisch.«

»Aber natürlich. Sie benötigen dafür nur Ihre Krankenversichertenkarte. Auf Wiederhören.«

So ungefähr? Es war mir schleierhaft. Ich benötigte einige Sekunden, um mich zu sammeln, dann stapfte ich in Richtung Rettungswagen. Noch eine Stunde bis zum Feierabend.

Als wir auf die Hauptstraße abbogen, schossen einige zivile Polizeifahrzeuge mit Blitzern auf dem Dach an uns vorbei. Der nächste Einsatz ließ nicht lange auf sich warten. Bislang hatte ich es mit weitgehend gesunden Patienten zu tun gehabt. Ich hatte noch niemanden die Treppe hinuntertragen oder gar mit Medikamenten behandeln müssen. Das sollte sich aber gleich ändern. Unsere Piepser gingen, und wir lasen auf dem Display die Einsatzmeldung: »Messerstecherei. Eigenschutz beachten.«

»1/83/1?«, sprach mich der Disponent an.

» 1/83/1 auf Empfang.«

»Bitte die Einsatzstelle nicht ohne Polizei befahren. Dringend auf Eigenschutz achten.«

»Verstanden.« Nicht gut. Gar nicht gut.

Die Sonne stand schon tief. Nach zwei Minuten Anfahrtszeit bogen wir um die Ecke. Ein Meer an Blaulichtern umgab einen kleinen Teil eines Parks, der insgesamt so groß war wie ein Fußballfeld. Ein junger Mann mit Knarre am Gürtel und kugelsicherer Weste lief auf mein Seitenfenster zu. Ein Polizist. Ich drückte den Schalter und ließ die Scheibe hinunter.

»Da hinten sitzt er. Dort am Baum.« Er deutete auf einen Mann, bekleidet mit Trainingshose und einem Feinripphemd, das auf der linken Seite blutgetränkt war, der sich die Seite hielt.

»Gibt's hier sonst noch Beteiligte?« Der Polizist deutete auf zwei Typen, die in einem Streifenwagen saßen.

»Die beiden, die nur helfen wollten, haben auch etwas abbekommen. Den Täter haben wir.« Ich wandte mich zu Rebecca und bat sie, zunächst die Trage herzuschaffen, damit wir den Verletzten in den Rettungswagen bringen und so eine ruhige Umgebung schaffen konnten. Dann sollte Rebecca die beiden anderen Beteiligten sichten und nach eigenem Ermessen Hilfe nachfordern. Bis dahin wollte ich mit der Versorgung beginnen.

Im RTW war ich mit dem Typen allein. ABCDE-Schema. Die Wunde, aus der nur wenig Blut sickerte, klaffte einige Zentimeter auf und sah aus wie ein sauberer Schnitt mit einem Skalpell. Kritische Blutung? Bislang nicht. Trotzdem sah die Blutmenge auf dem Hemd nach viel mehr aus.

»Strecken Sie mir bitte die Zunge heraus. Bekommen Sie genug Luft?« Die belegte Zunge sah aus wie ein Kraterfeld. Der Mann hatte nichts im Mund, das er verschlucken und mir zum Problem machen konnte.

»Na … aber i bin da Beda aus Passau.« Dazu schüttelte er den Kopf. Peter stammte offenbar aus dem tiefsten Bayern. Der niederbayerische Dialekt war für meine Ohren nicht gerade einfach zu verstehen, obwohl ich schon über 30 Jahre in Bayern lebte. Ich stellte mich selbst vor, packte die Sauerstoffmaske und riss die Verpackung auf. Dann stülpte ich sie Peter über und stellte den Knopf auf 15 Liter ein. Es zischte. Ich packte mein Stethoskop und presste es auf die Brust. Zuerst rechts knapp unterhalb des Schlüsselbeines. Dann am rechten Rippenbogen. Gut hörbare Atemgeräusche. Jetzt links oben und links unten. Das Atemgeräusch war deutlich leiser als auf der gegenüberliegenden Seite. Schlechtes Zeichen. Auch die Sättigung lag bei 85 Prozent anstelle der üblichen 98, stieg aber wieder mit dem Sauerstoff, den ich dem Mann gab. Der Aggressor hatte mit seinem Messer wohl das Rippenfell verletzt und den Pleuraspalt getroffen, den

Bereich zwischen Rippen- und Lungenfell. Sie müssen sich vorstellen, dass sich die Lunge nur entfalten kann, wenn im Pleuraspalt ein konstanter Unterdruck herrscht. Strömt hier Luft durch eine Verletzung ein, schrumpft die Lunge auf der betroffenen Seite zusammen. Die kollabierte Fläche steht für den Gasaustausch nicht mehr zur Verfügung. Die Folge ist zunehmende Atemnot. Die Sauerstoffsättigung fällt in den Keller. Rebecca öffnete die Beifahrertür, packte den Hörer des Funkgeräts und drückte den Status Null: dringender Sprechwunsch. Der Disponent rief sie auf.

»Einmal männlich, 37 Jahre mit thorakaler Stichverletzung linksseitig, schwer verletzt. Zwei Mal mit Schädelprellung. Ich brauche noch zwei RTW und einen Notarzt.«

»Verstanden.« Rebecca setzte nochmals nach. »Ich benötige einen Schockraum in nächster Umgebung. Der Patient ist instabil.«

»Alles klar. Ich melde mich.« Rebecca hängte ein, kam zu mir in den Patientenraum und schnappte sich wortlos die Blutdruckmanschette. Die Füllzeit des Nagelbetts, die man in Medizinerkreisen auch als Recap-Zeit bezeichnet, lag bei unter zwei Sekunden. Drücken Sie einfach mal auf Ihr Nagelbett, das daraufhin weiß wird. Wenn sich das Nagelbett anschließend erst in mehr als zwei Sekunden wieder färbt, hat man einen Hinweis auf ein Kreislaufproblem. Peters Zustand war zwar nicht im grünen Bereich, aber dafür, dass er gerade ein Messer in die Seite gestochen bekommen hatte, zumindest akzeptabel. Rebecca staute den Arm, nahm sich eine Nadel mit großem Durchmesser für viel Flüssigkeitsdurchsatz. Die Nadelspitze drang in die obere Hautschicht ein. Dann floss Blut zurück. Treffer. Jetzt noch die Infusion und abwarten. Wenn man Dinge sich selbst überlässt, tendieren diese blöderweise dazu, sich vom schlechten Zustand zu einem noch schlechteren zu entwickeln. Und der Gott der Medizin ist immer auf der Seite des Fehlers.

»I … kriag … koa … Luft!« Der Zustand verschlechterte sich urplötzlich. Erneute Beurteilung, ich startete wieder bei A. Die Atemwege waren noch immer frei. Jetzt B. Atemgeräusche rechts in normalem Umfang vorhanden. Peter hatte blaue Lippen. Aber Mist – auf der linken Seite hörte ich nichts mehr. Was war da los? War die Lunge gänzlich kollabiert? Aber die Lage schien mit der Sauerstoffgabe doch stabil. Weshalb ging es dem Mann auf einen Schlag schlechter? Die Sättigung fiel auf unter 80 Prozent. Das Herz randalierte. 125 Schläge pro Minute, steigend, und ein unterirdischer Blutdruck deuteten auf einen beginnenden Schock hin. Die rechte Seite des Brustkorbs sah seltsam aus. Sie schien höher und voluminöser als die linke Seite. Unter bestimmten Umständen kann es im Rahmen einer derartigen Verletzung zu einer Ventilfunktion kommen. Das heißt, dass zwar Luft durch die Verletzung in den Spalt eindringen kann, diese aber nicht mehr nach außen gelangt. Der Effekt ist ganz klar: Die Luft verdrängt alle Organe auf die gegenüberliegende Seite. Das Herz kann nicht mehr ausreichend schlagen. Der Blutdruck sinkt. Das Herz reagiert darauf, indem es einfach schneller schlägt. Aber lange kann der Kreislauf das nicht durchhalten. Und auch die gegenüberliegende Lungenseite wird am Sauerstoffaustausch behindert. Peter, der sich längst in akuter Lebensgefahr befand, steuerte auf eine Katastrophe zu. Und wenn jetzt nicht irgendjemand dafür sorgte, dass die Luft auch wieder entweichen konnte, sah es zappenduster aus. Ich zog am Griff und öffnete einen der Schränke, nahm eine großlumige Braunüle heraus. Orange musste es sein. Das Lumen dieser Braunüle ist so groß, dass es einen gewissen Zeitraum für Druckentlastung sorgen kann. Peter reagierte nicht mehr und sah ins Leere. Ich riss sein Hemd auf und sprühte Desinfektionsmittel auf. Und jetzt? Ich hatte bislang noch nie eine lange Nadel wie diese senkrecht in einen Brustkorb gestochen. Eine andere Möglichkeit gab es aber nicht, denn sonst würde Peters Leben hier und jetzt in diesem Rettungswagen enden. Rebecca stand neben mir und sagte nichts. Ich sah sie an.

»Hast du so was schon mal gemacht?«

»Nein. Aber ich war dabei.«

»Immerhin. Ich hatte das bislang nur theoretisch. Und jetzt?«

»Der dritte Zwischenrippenraum. Dann die Schlüsselbeinmitte senkrecht nach unten. Auf dieser Linie muss die Punktion passieren.« Sie bestätigte meine Angaben. Ich nahm Maß.

»Jetzt das Ding senkrecht reinstechen …«

»Genau. Die Viggo senkrecht am Oberrand der Rippe einstechen.« Ich zögerte, aber eine Wahl hatte ich nicht. Ich schob die Braunüle bis zum Anschlag hinein und zog den Stahl heraus. Pfffffffffffffffffffffhhh …. es entwich deutlich hörbar Luft. Der Puls ging runter, die Sättigung nach oben, der Gesamtzustand ebenfalls. Blutdruck 100 zu 70.

»Des wor'aba gnab.« Ziemlich knapp, um es genau zu sagen. In dem Moment ging die Schiebetür auf. Ein Notarzt kam in den RTW. Er sah über seine goldumrandete Brille in die Runde. Dann blieb sein Blick an der Braunüle hängen.

»Echt, oder?«

»Ja.«

»Gibt's schon ein Haus?«

»Bogenhausen nimmt uns«, sagte Rebecca.

»Dann los. Lasst uns keine Zeit verlieren.«

So endete meine erste Schicht in der Stadt. Der Rettungsdienst ist und bleibt auch hier ein Hochrisikobereich, in dem es katastrophale Folgen haben kann, wenn man eine Maßnahme nicht beherrscht oder einfach einen Fehler macht. Das Beste erhoffen, aber für das Schlimmste gerüstet sein – ein Grundsatz, dessen Befolgen mir und somit meinen Patienten schon öfter den Hintern gerettet hat.

Nachwort und Dank

Die warme Luft riecht nach Sand und Meer. Während ich hier im italienischen Caorle auf meiner Liege am Strand sitze und meinen Blick über den blauen August-Himmel und auf die warme Adria vor mir schweifen lasse, habe ich mein Tablet auf dem Schoß. Ich schreibe an diesem Nachwort und überlege, wie sich dieses Buch am besten abschließen ließe. Dazu fallen mir viele großartige Menschen ein, die meinen Weg im Laufe der letzten Jahre gekreuzt haben. Nie hätte ich damit gerechnet, dass auch Menschen darunter waren, die meine Bücher in den Rettungsdienst gebracht oder durch diese motiviert wurden. Mich macht stolz, dass die Menschen den Kontakt zu mir gesucht und mir ihre Geschichte geschildert haben. Ein paar Beispiele möchte ich Ihnen mit Erlaubnis der Absenderinnen und Absender nicht vorenthalten:

Hallo Christian,

ich lese derzeit deine Bücher und bin komplett begeistert. Ich interessiere mich selbst für den Rettungsdienst und setze mich damit schon lange auseinander. Bewerbe mich seit 2 Jahren deutschlandweit für den NotSan und hatte bisher leider nie Erfolg. Aber deine Bücher animieren mich dazu, weiterzumachen und da dranzubleiben. Danke, dass du deine Erfahrungen mit anderen teilst! Celina Sophie Mantel

Und sie hat einen Teilerfolg auf ihrem Weg erzielt: Celina ist seit März 2019 Rettungssanitäterin und hat hoffentlich eine erfüllende Karriere als Notfallsanitäterin vor sich. Schön, dass Du Dein Hobby zum Beruf gemacht hast und schön, Dich zu kennen!

Über Facebook schrieb mir Manuel Wiesmüller aus dem benachbarten Österreich:

Lieber Christian,

ich danke dir für die Motivation, die mir dein Buch geschenkt hat. Seit 3 Minuten bin ich Rettungssanitäter.

und

Ich hatte vor dem Buch echt absolut keinen Plan, dass ich das machen will. Für irgendjemanden wird es mal lebensrettend sein.

Dessen bin ich mir absolut sicher, lieber Manuel – geil, dass Du drangeblieben bist. Ich fühle mich geehrt, diese Nachricht als einer der Ersten bekommen zu haben!

Und Jessy Kickert schrieb mir aus der Eifel etwas Ähnliches:

Hey,

also ich muss dir das jetzt echt gerade mal schreiben und mitteilen, weil es mir gerade einmal aufgefallen ist. Deine Bücher haben mich dazu gebracht, zum Rettungsdienst zu gehen. Und ich bin mehr als glücklich mit dieser Entscheidung und dir echt dankbar dafür. Ich folge dir schon länger auf Instagram und habe erst jetzt bemerkt, dass die Bücher von dir waren!

Besonders freut mich, dass Jessy einen Ausbildungsplatz zur Notfallsanitäterin ergattert hat. Mach weiter so und lebe Deinen Traum!

Julia Schaller aus Bayreuth schickte mir eine sehr intime Nachricht über ihre Krankheitsgeschichte und hängte folgenden Absatz an:

[...] In dieser Klinik hat mir eine Verwandte auf meinen Wunsch »Gehört dieses Bein zu Ihnen?« geschenkt, und es hat mir unglaublich ge-

holfen! Es hat mich inspiriert und mir wieder Mut gemacht. Es hat mir einfach wieder gezeigt, wofür ich gegen die Krankheit und für mein Leben kämpfe! […]

Ich wünsche ihr nichts mehr, als dass sie ihren großen Traum verwirklichen und Notfallsanitäterin werden kann.

Sie können sich bestimmt nicht vorstellen, was mir diese Nachrichten bedeuten, aus denen ich aus Rücksicht auf die Druckkosten meines Verlags nur einige wenige ausgewählt habe. Meine Leserinnen und Leser und der Kontakt zu ihnen sind und bleiben für mich der größte Motivator, zu schreiben und an der ein oder anderen Stelle sogar Gutes zu bewirken – oder meine Leser für ein paar Stunden einfach nur zu unterhalten.

Es gibt übrigens noch einige Menschen, die fest an mich geglaubt haben und denen ich dafür sehr dankbar bin. Einer davon ist Oliver Kuhn. Als ich im Winter 2011 die unbekannte Münchner Rufnummer auf meinem Festnetztelefon zurückrief, wusste ich absolut nicht, was mich erwartet. Am Telefon meldete sich Oli, der Verlagschef des RIVA-Verlags, und bat mich zu sich. Einige Tage später saß ich direkt im Herzen des Verlagshauses und sagte zu, »*Sie sehen aber gar nicht gut aus!*« zu machen. Ich stolperte bei klirrender Kälte aus dem Hochhaus in der Nymphenburger Straße 86, setzte mich in meine Karre und flippte aus. Gut, dass das niemand gesehen hat, denn sonst hätte mein Autorendasein möglicherweise in der Psychiatrie begonnen …

Aber das war es noch nicht. Ich danke noch …

… Caroline Kazianka in der Redaktion, die für dieses Buch unersetzliche Arbeit leistete. Dadurch wurde es einfach besser. Auch diesmal habe ich wieder eine Menge gelernt.

… Loni, die schon lange als Fels in der Brandung an meiner Seite ist und seit 2006 ihr Leben mit mir verbringt. Das macht mich sehr viel reicher, als Dagobert Duck es je sein könnte.

… Armin »Lenny« Maurer, der mich von 1994 bis zu meinem Organisationswechsel 2018 nicht nur in einem Rettungswagen begleitet hat, sondern seitdem nach wie vor als mein bester Freund in meinem Leben ist. Das bedeutet mir sehr viel!

… Anna Castronovo und Laura Paganelli, die mir und meinen lächerlich rudimentären Italienischkenntnissen für dieses Buch perfekt auf die Sprünge halfen.

… Georg Lehmacher, der selbst Autor und Rettungsassistent ist und seit unserem ersten Treffen zu einem echten Freund wurde. Tut mir sehr leid, dass Dich Deine Patientin auf Eurer Fahrt ins Krankenhaus mit mir verwechselt hat. Bitte stellen Sie sich an dieser Stelle dazu einen grinsenden Smiley vor …

… Vreni Solms für das perfekte Shooting und dafür, dass ich mit Dir befreundet sein darf. Du wirst eine verdammt gute Ärztin!

… meinen Kollegen der MKT-Rettungswache Nord. Ihr habt es mir sehr leicht gemacht, bei Euch anzukommen.

… den Leuten der JUH Altomünster. Die Zeit mit Euch und dem Akkon Alto vergesse ich sicher nie.

… den wenigen Rotkreuzlern meiner ehemaligen Wellblech-Wache an der B471, die mich noch kennen und mögen.

Und dann danke ich noch in zufälliger Reihenfolge für ganz unterschiedliche Sachen: Nadine Grain (endlich Notfallsanitäterin!), Carina Mengele, Lavinia Mouret (beste Springreiterin!), Judith Beer, Lilly Wegner, Marcus »Nuke« Hübner, Stefanie Kiermaier, Ronja Lumpp (beste Stimme!), Karla Jürgens, Claudia Biendl, Thomas Sieghart (mit MBODY, dem geilsten Team ever!), Fenja Krentz, Jessica Seifert, Denise Stalph (bald Notfallsanitäterin!) und Boris Kolodziejczak (hoffentlich habe ich Deinen Namen richtig geschrieben!). Schön, Euch alle zu kennen!

Ich möchte übrigens auch gerne weiterhin Post von Ihnen erhalten. Sie erreichen mich am besten per klassischer Email unter *christian@fentanyl.eu* oder über meinen Instagram-Account *www.instagram.com/christianstrzoda*.

In diesem Sinne – bleiben Sie gesund und nutzen Sie Ihr Leben für Sachen, die sehr viel wichtiger sind, als Geld und Macht: Zeit mit Ihren Liebsten, Zeit für die eigene Gesundheit (ab ins Fitnessstudio!) oder für das eigene Wohlbefinden. Nichts davon lässt sich mit Geld zurückkaufen, wenn es einmal verspielt ist.

Bis bald – wir lesen uns!

Ihr Christian Strzoda